LA CIVILISATION

ET

LA CROYANCE

PAR

CHARLES SECRÉTAN

Professeur à l'Académie de Lausanne,
Correspondant de l'Institut de France et de l'Institut genevois.

PARIS
ANCIENNE LIBRAIRIE GERMER BAILLIÈRE ET Cie
FÉLIX ALCAN, ÉDITEUR
108, BOULEVARD SAINT-GERMAIN, 108.

1887

LA CIVILISATION

ET

LA CROYANCE

LA CIVILISATION

ET

LA CROYANCE

PAR

CHARLES SECRÉTAN

Professeur à l'Académie de Lausanne,
Correspondant de l'Institut de France et de l'Institut genevois.

PARIS
ANCIENNE LIBRAIRIE GERMER BAILLIÈRE ET Cie
FÉLIX ALCAN, ÉDITEUR
108, BOULEVARD SAINT-GERMAIN, 108.

1887

PRÉFACE

Le plus grand nombre des hommes fatiguent leurs muscles ou leur cerveau pour conquérir leur subsistance personnelle, et cherchent le délassement dans les plaisirs des sens ou de l'imagination. Quelques-uns obtiennent une vie plus large en utilisant à leur profit le travail de leurs semblables, comme chefs d'industrie ou comme pensionnaires du trésor public. Le pouvoir de diriger l'activité d'autrui, qui offre ainsi des moyens de jouissance matérielle, est en lui-même une jouissance fort appréciée, et devient fréquemment l'objet principal de l'effort chez les hommes placés de manière à pouvoir se flatter d'y parvenir. Ce but ne diffère pas essentiellement du premier. C'est toujours l'existence individuelle qu'il s'agit de conserver d'abord, puis d'enrichir et d'agrandir.

La science, qui permet d'arracher au sol la nourriture de populations plus serrées, devient elle-même un gagne-pain. Mais quelques hommes font du savoir l'objet propre de leurs désirs et la fin de leur activité. Le prix de la vie consiste pour eux à leur permettre d'apprendre. Sans être toujours indifférents aux profits, aux distinctions, à la renommée, à l'autorité qu'ils peuvent acquérir par leurs études, le plaisir d'avoir trouvé surpasse à leurs yeux tous les avantages personnels qui peuvent résulter de leurs découvertes, et les succès d'autres investigateurs dans d'autres domaines, peut-être même dans les recherches qu'ils auraient tentées, les réjouissent également. Ce qui leur importe, c'est que le champ de la science soit élargi, c'est que la lumière se fasse.

D'autres esprits enfin, non moins dépouillés d'eux-mêmes que les plus purs amants de la vérité, s'attachent surtout à la vie. Ils ne sauraient s'abstraire du monde et ne comprennent pas un bonheur égoïste. Eux aussi voudraient pénétrer les secrets des choses ; mais les choses elles-mêmes leur importent plus que le plaisir d'en découvrir les secrets. Ce qu'ils en voient ne les satisfait pas, ce qu'ils savent d'eux-mêmes ne satisfait pas davantage. Un idéal du bien, vague ou précis, flotte devant leur pensée, ils le voudraient saisir ; ils voudraient se corriger, s'améliorer en s'employant au bien de l'ensemble ; ils voudraient comprendre, mais pour servir, avant tout ils voudraient servir, leur passion dominante n'est pas la curiosité, c'est l'amour. Ils ne sauraient ni se prendre eux-mêmes pour but, ni placer leur but dans l'abstraction de la pensée ; ils ne se sentent pas isolés vis-à-vis d'un monde étranger qui serait l'objet de leur étude ou l'instrument de leur ambition, ils vivent dans tout ce qui vit, ils souffrent dans tout ce qui souffre. Ne pouvant se persuader que tout soit bien, ils n'attachent de prix à leur propre existence, à leur savoir, à leurs moyens d'action que dans la mesure où ces choses leur permettraient d'améliorer la réalité qui les environne. Exister pour eux, c'est se rendre utiles.

Que cette dernière conception de la vie soit juste ou fausse, étroite ou compréhensive, l'auteur de cet écrit cherche à s'y conformer avec un succès médiocre, mais il ne saurait s'en départir. Pendant un demi-siècle il a gagné le pain du jour en exposant les pensées d'autrui et quelquefois proposé les siennes. De bonne heure les problèmes généraux de l'existence ont fasciné son imagination ; au bout d'un temps relativement assez court il s'est trouvé fixé sur quelques points essentiels pour l'assiette de la pensée et pour la direction de la conduite, sans que le courant toujours plus vif des tendances opposées ait réussi mieux que ses propres efforts critiques à les ébranler un seul jour ; tandis que par défaut d'une information ou d'une pénétration suffisantes, il essayait en vain de résoudre à la lumière de ces évidences intérieures des problèmes accessoires sur lesquels il aurait fallu prendre parti pour faire un tout de sa pensée et composer une philosophie. Satisfaite ou découragée, la curiosité de l'esprit, qui n'avait peut-être jamais été son mobile le plus intime, passa donc au second plan, et sans cesser de chercher et d'écouter, toujours jaloux de se compléter, de s'expliquer et de se réformer, il fit son propos constant de propager et de défendre les croyances raisonnées qui lui paraissent propres à faire avancer l'ordre, la paix et le bonheur dans la société, comme elles ont mis l'ordre et le repos dans son esprit. Bien d'autres se sont consumés en un semblable effort sans obtenir de résultat appréciable. Aussi vaudrait-il peut-être mieux, sous une telle inspiration, s'enfermer dans une sphère absolument pratique, chercher à guérir tel mal donné dans tel milieu donné. Mais l'action directe de la charité n'est pas à la portée de tout le monde. Ne sachant faire mieux, il s'efforce d'agir en écrivant. Malgré des expériences décourageantes, il tâche de croire qu'une parole sincère trouvera quelque part une oreille attentive. On tente beaucoup, content de faire peu, pourvu que ce soit quelque chose. Et dût-on n'arriver à rien, encore parlerait-on, car il faut parler.

Si l'exécution ne trahit pas mon dessein, je mettrai donc ici tout ce que j'ai sur le cœur, c'est-à-dire toutes les convictions personnelles sur la généralité des choses que je voudrais voir partagées, tous les sentiments dont il me semblerait essentiel à l'avenir qu'on les admit, qu'on les comprît et qu'on s'en pénétrât. Sans les ériger en système, j'essaierai de les justifier. La plupart des notions que je voudrais répandre paraissent fort simples ; elles devraient être banales ; leur évidence est telle à mes yeux qu'il est gênant d'y insister. Et pourtant nos générations n'en tiennent pour ainsi dire aucun compte ; on néglige, on oublie, on perd de vue celles qu'on ne renie pas en termes exprès. Cette impopularité des croyances qui nous sont chères ne nous inspire aucun doute à leur égard, pensant avoir assez interrogé les doctrines qu'on leur oppose pour entendre qu'elles sonnent creux. Les questions de vérité ne se tranchent point à la majorité des suffrages. L'idée du progrès, qui a conservé bien des partisans, et qui nous semble justifiée en quelque mesure, n'implique-t-elle pas qu'à chaque journée de l'humanité, la vérité qui importe ne peut se trouver que chez quelques-uns ? Ce que sera demain s'aperçoit aujourd'hui ; mais tandis qu'au dire des mieux écoutés, l'histoire aurait déjà passé jugement sur nos opinions, il nous semblerait depuis bien longtemps qu'elles ne se soient jamais produites dans leur pureté, sans alliages contradictoires, et que nous tenions dans des mains débiles, peut-être indignes, la vérité du surlendemain.

Tout progrès n'est-il pas une restauration, comme toute restauration véritable est un progrès ? Du moins dans le domaine des conceptions générales, avons-nous jamais eu la pensée de faire un pas en avant sans reprendre pour les élaborer de nouveau quelques éléments écartés par le point de vue dont l'esprit commence à se détacher? L'histoire générale nous semble obéir à la même loi. Le monde moderne ne sort-il pas d'une combinaison de l'antiquité classique avec les éléments fournis par le Moyen-Age? L'originalité du siècle qui s'achève n'est-elle pas d'avoir voulu concilier les aspirations des deux précédents? Si cette loi se vérifie sur une plus grande échelle, on y trouverait quelques motifs de conjecturer que le XXe siècle ne sera pas ce que voudraient plusieurs, un élargissement, pour ne pas dire une caricature du XVIIIe, épuisé dès longtemps ; mais qu'après des crises inévitables, la pensée et la civilisation, qui répugnent à mourir, reprendront, pour les marier à ce qui pourra subsister d'un présent troublé, les éléments négligés ou méconnus du XVIe.

Cependant la combinaison du présent et du passé dont se compose l'avenir ne devient féconde que par la vertu d'une idée nouvelle ou demeurée latente. Hegel n'allie le progrès de Condorcet à la substance de Spinosa que dans une rotation logique stérile, sa glorification du fait n'est qu'impuissance, parce qu'il a laissé tomber l'inspiration de la philosophie critique, la pensée morale qui avait permis à Kant de concilier Locke et Leibnitz en s'élevant au-dessus de l'un et de l'autre. Cette vue féconde : que la conscience morale est une méthode, que nous sommes autorisés à tenir pour certaines les thèses dont nous avons besoin pour bien agir, lors même que nous nous trouvons incapables de les expliquer, de les développer et de les faire rentrer dans le corps de la science, Kant ne l'a sans doute empruntée à personne : c'était la propre inspiration de son cœur généreux ; mais il en aurait trouvé le germe dans Pascal, il en aurait trouvé le développement trop confiant, peut-être, et trop hardi dans le mysticisme décrié du Moyen-Age, suivant lequel le progrès de la connaissance a pour condition et pour mesure la fidélité du penseur à régler sa conduite sur la vérité déjà connue. Cette idée du rapport intime entre la pensée et la conduite est pourtant dans son siècle le trait original de la Critique. C'est elle qui assure la valeur des synthèses kantiennes, c'est elle aussi qui doit les ramener à leur juste limite. Le seul *a priori* de l'esprit humain, c'est le devoir et ce qui l'implique, parce que le devoir, c'est l'homme lui-même.

Sous l'impulsion du devoir, l'esprit demande à l'expérience toutes les règles de la vie pratique aussi bien que toutes les lois de la nature. La suprématie de l'idée morale est l'élément vital de la pensée moderne, c'est la semence de vérité qu'il importe avant tout de conserver et de cultiver. Nous voyons dans l'idée morale, trop vite obscurcie, l'étoile sous laquelle la science inductive du XIXe siècle pourra s'unir aux inspirations libératrices de la Réforme pour donner un produit fécond. C'est assez dire qu'il ne saurait être question pour notre âge d'en revenir aux formules des réformateurs, mais que leur œuvre doit être reprise, renouvelée, et transformée jusque dans ses fondements.

Nous voudrions qu'il nous fut accordé de jalonner le terrain pour un tel édifice. Le vent d'athéisme qui souffle sur l'Europe occidentale n'ébranle pas nos convictions et n'ajoute guère au poids des raisons qui nous détourneraient de les exprimer avec la perspective de n'être guère écouté de personne et d'avoir, une fois de plus, battu l'onde en vain. L'état présent des esprits nous est au contraire un sujet d'espérer. Notre ambition serait de gagner quelques hommes capables d'en conquérir d'autres à leur tour. Eh bien, si quelques personnes honnêtes et de sens rassis s'accordent le loisir de considérer sous ses grands aspects l'état présent des choses humaines et de comparer les observations recueillies en des champs divers, la philosophie à la mode leur deviendra suspecte par le seul effet du rapprochement auquel nous les invitons. Etre de son temps fut toujours la grande affaire pour le grand nombre ; mais lorsqu'il s'agit de l'avenir, il importe peut-être davantage d'appartenir au petit nombre qui juge son temps. Quelle que soit la manière dont on concevra le rapport de causalité entre les mouvements de la pensée et les modifications de l'état social, la corrélation des deux termes est un phénomène historique à peu près constant, et la réflexion nous permet d'ajouter un phénomène inévitable. Tant vaut le siècle, tant vaut sa philosophie. Mais par la bouche de ses poètes, le siècle se vante lui-même d'être un siècle de décadence, et ses poètes n'ont peut-être ici d'autre tort que de s'en vanter. On voudrait bien laisser quelque chose à glaner aux capucins, si les capucins avaient encore la liberté de parler ; on n'accusera pas M. Spencer du phylloxéra, ni Charles Darwin de la concurrence américaine, mais franchement une littérature qui s'inspire de Pétrone et de Lucien pour évoquer des voluptés longtemps innommables est-elle un symptôme de bonne santé ? Un peuple incessamment occupé de grossir sa dette en pleine paix, après l'avoir vu doubler d'un seul coup à la suite d'une guerre désastreuse, est-il sagement administré et se rend-il capable d'une action virile, ou ne se prive-t-il pas lui-même des moyens d'agir et ne consent-il pas à sa subordination définitive, tout en évitant d'y penser ?

Et si nous gravissions les Alpes, le Jura, les Pyrénées, les falaises de l'Artois pour nous rapprocher d'autres contrées, y trouverions-nous des spectacles beaucoup plus réjouissants ? Dieu et le devoir ont été relégués dans la châsse et le culte des reliques est délaissé. Le monde en est-il plus gai ? A-t-il beaucoup plus d'esprit depuis qu'il n'entend plus parler de l'esprit ? Voit-on diminuer le nombre des attentats et des suicides, ou ne s'élève-t-il pas dans une proportion de jour en jour plus menaçante ? Les riches sont-ils plus prudents, plus discrets, plus généreux dans l'usage de leur fortune, et la liberté d'acquérir a-t-elle réconcilié le pauvre avec la propriété, ou les indulgences, les complaisances, les cajoleries prodiguées par la politique aux ennemis déclarés de l'ordre social n'ont-elles pas eu pour unique effet d'attiser leur haine par l'espoir d'un succès plus facile ? Si méprisable et si punissable que fût le calcul de ceux qui entendaient se réserver les plaisirs de la terre en ajournant au monde à venir la réclamation des déshérités, il est difficile d'admettre qu'en arrachant la crainte de Dieu du cœur de ces derniers, on les rende plus modestes et plus maniables.

Aussi bien tous les disciples du naturalisme n'ont-ils pas épousé les espérances dorées de M. Spencer ; ils n'affirment pas tous que leurs doctrines soient salubres et qu'elles nous préparent un meilleur avenir : ils estiment simplement qu'elles sont acquises à la science et n'ont cure de leurs effets sur la société. Ceux qui ne peuvent pas s'en réjouir s'y résignent.

Nous estimons qu'ils se trompent. Sans une loi d'ordre et d'harmonie entre le mouvement de la pensée et celui des choses, nous ne concevons pas la possibilité de la connaissance, et si l'ordre ne régnait pas dans le tout, il ne pourrait s'établir nulle part. Dès lors on ne peut pas admettre que la vérité soit malfaisante, et les généralisations indémontrables du naturalisme ne sauraient être prises pour vérité.

Sans se prononcer sur ces questions ardues, les esprits capables d'embrasser du regard l'ensemble des phénomènes s'apercevant qu'à titre de cause, d'élément ou de symptôme, le matérialisme en vogue fait partie d'un tout lamentable ne trouveront pas dans ce rapport une présomption de vérité qui les dispense d'un examen plus approfondi. Loin de faire crédit au matérialisme, ils le tiendront plutôt pour suspect, et ils se demanderont s'il n'y aurait rien à mettre à la place. Les circonstances nous semblent donc plutôt favorables à une démarche dont le sentiment de notre faiblesse ne suffit pas à nous détourner.

Nous implorons l'indulgence du lecteur pour les retours impatientants d'une polémique dont une obsession naturelle est la cause, mais qu'un peu d'art et de résolution aurait sans doute fait disparaitre.

LA SITUATION

PREMIÈRE PARTIE

LA SITUATION

CHAPITRE PREMIER

LA QUESTION POLITIQUE

I

La société politique a pour objet de faire régner la paix chez ses membres, en faisant connaître la justice à ceux qui l'ignorent et en réprimant ceux qui l'enfreignent.

L'organisation d'une force militaire dont les chefs sont contrôlés par d'autres forces diversement ordonnées, lui permet d'atteindre son but d'une manière à la vérité très imparfaite, et néanmoins assez utile pour que le fonctionnement ininterrompu de ce mécanisme paraisse à tous le plus impérieux des besoins. La paix entre les particuliers est donc procurée au moyen d'un pouvoir supérieur à chacun d'eux. Mais la société politique se fractionne en Etats souverains, qui ne reconnaissent au-dessus d'eux quoi que ce soit. La libre faculté de se faire la guerre les uns aux autres pour des motifs dont chacun reste le seul juge, forme l'attribut essentiel de leur souveraineté. Et la guerre entre les Etats, c'est la guerre entre leurs ressortissants ; de sorte que la pluralité des Etats souverains, le droit de guerre et de paix, où chacun d'eux met son orgueil, contredit absolument la raison d'être de la société politique en général. Ce droit, qui fait l'essence même de l'Etat particulier, est la négation virtuelle de l'Etat.

Le peuple le plus fort détruit l'organisation de ses voisins et s'annexe leurs territoires ; ainsi la pluralité tend à se coaguler en unité, la contradiction radicale à s'effacer par la conquête. Mais l'œuvre est difficile. Les provinces soumises ne restent fidèles que si leur nouvelle condition leur paraît supérieure à l'ancienne ; les races ou les classes dominantes s'épuisent dans la jouissance ; l'unité d'administration ne triomphe que par la rigueur des diversités nationales ; l'impulsion du centre s'éteint en rayonnant jusqu'à des frontières trop éloignées ; la puissance assimilatrice des organismes sociaux semble limitée par une loi intérieure comme celle des organismes physiologiques. Le télégraphe a beau supprimer le temps pour la transmission des ordres, la vapeur a beau raccourcir l'espace pour leur exécution matérielle, l'unité politique de la planète paraît encore une chimère, et, semblât-elle possible, l'humanité ne voudrait pas en payer le prix. Cependant l'Etat supérieur à chacun de ses voisins pris à part ne serait peut-être pas de force à les vaincre tous ensemble. Le commun danger suggère des alliances, dont la prolongation conduit les alliés à consolider leur pacte de résistance en s'interdisant à perpétuité la guerre entre eux. Ils se confédèrent contre le dehors : l'expérience leur apprendra bientôt que leurs engagements réciproques ont besoin de garanties ; ils constitueront un pouvoir collectif en arbitre de leurs inévitables différents ; ils l'assureront contre leurs propres défaillances par l'attribution de ressources financières indépendantes ; ils étendront peu à peu sa compétence aux objets d'intérêt commun, et le gouvernement fédératif aura pris naissance. La confédération universelle supprimerait tout danger possible du dehors, et par le respect des diversités nationales et provinciales elle réduirait au minimum ceux du dedans. La confédération universelle n'est pas seulement une vue abstraite, l'aboutissement logique de l'idée d'Etat ; c'est un besoin réel, senti d'un grand nombre. C'est à la confédération universelle qu'aspirent les cœurs avides de voir la justice et la paix régner sans contradiction sur la terre.

A défaut de l'humanité tout entière, où l'extrême inégalité du développement intellectuel, suivant les climats, ne laisse concevoir l'unification que par la conquête ; à défaut de toute l'humanité civilisée, que partagent les océans, les Etats unis de l'Europe sont devenus le mot d'ordre et l'espérance d'un parti déjà nombreux. Ce n'est pas dans les classes supérieures qu'il se recrute; ceux qui disposent personnellement des forces de chaque Etat, ou qui trouvent un large entretien dans son budget attachent naturellement un grand prix à son existence indépendante. Leur sentiment est partagé par les gens à l'aise, satisfaits de leur condition présente et médiocrement soucieux de l'avenir. Mais, loin d'être inséparable de l'abondance, le pouvoir de réfléchir semble plutôt aujourd'hui s'aiguiser par le besoin. Les classes laborieuses se sont mises à raisonner. C'est principalement sur elles qu'a porté jusqu'ici le poids de la guerre, dont elles ne recueillent ni les honneurs, ni les profits. Le patriotisme réfléchi, cette vertu équivoque dont on cherche à faire une religion, est plus facile à ceux pour qui la patrie a des faveurs qu'à ceux qui n'en connaissent que les charges. Et le patriotisme instinctif, la foi naïve dans la supériorité des siens sur l'étranger qu'on ne connait pas, les antipathies héréditaires cèdent graduellement à la conscience croissante de la solidarité des intérêts. La ligue internationale des travailleurs, qui a si déplorablement versé dans la violence, reposait sur une idée parfaitement juste. En effet les ouvriers de chaque industrie ne sauraient obtenir une amélioration durable de leurs rapports avec les patrons, aussi longtemps que ceux-ci pourront les remplacer par des étrangers satisfaits d'un moindre salaire, ou que le

prix de vente des produits de l'industrie nationale
peut être avili par la concurrence d'autres pays. Demander la protection de l'ouvrier aux législations locales avant d'avoir résolu ces difficultés, c'est courir
à la ruine certaine, si ce n'est pas amuser les yeux
d'un vain semblant. Ainsi la solidarité des intérêts
brise les barrières et comble les fossés entre les peuples. Les destinées de l'idée fédérative se confondent
avec celles de la démocratie, que partout nous voyons
grandir.

II

La loi de la gravité règne dans le monde moral aussi
bien que dans le monde physique. Les sommets de ces
montagnes qui percent le bleu comme des fers de
lance, et qu'on prendrait volontiers pour ce qu'il y a
de plus solide et de plus compact, ne sont bien souvent que des blocs entassés en pyramides. Partout les
alpages fleuris sont infestés de rochers épars ou d'éboulis continus, dont les forêts, les paliers et les seuils
naturels n'arrêtent pas indéfiniment la descente. Et ce
mouvement dure toujours : de loin en loin un pic entier s'écroule, couvrant des champs et des habitations ;
de minute en minute, de seconde en seconde des
millions de pierres de toute grandeur roulent et bondissent jusqu'au fond des ravins, où les eaux les reprendront bientôt pour les entraîner dans le plat pays

et finalement jusqu'à la mer, dont elles forment le sable. L'eau trouble qui sort des glaciers, l'eau limpide qui dissout la roche poursuivent incessamment ce travail. Au milieu de vastes plaines, l'aspect d'un petit caillou soulevé par le soc de la charrue annonce le voisinage de massifs que l'œil ne saurait apercevoir. Les monts s'abaissent donc ; le chaud, le froid, le vent, la pluie, la foudre travaillent tous à les désagréger ; à les ressouder durablement, rien. La nature aspire à l'aplatissement, il est bon de s'en souvenir pour faire chemin dans ce monde. Si fières qu'elles soient de leurs cimes blanches, nos Alpes ne sont qu'un débris. Malgré les indications fournies par la perforation des couches superficielles, il n'est pas prouvé que la température du globe aille croissant vers le centre en suivant une gradation continue; cependant, si l'on abusait des soulèvements dans notre jeunesse, la géologie nouvelle n'a pas encore expliqué bien clairement la formation des grandes cordillières par le jeu des agents qui nous sont familiers. Nous voyons crouler lentement toutes les montagnes, nous en voyons peu s'élever, et celles qui surgissent ne subsistent pas. Nous savons que l'intérieur de la terre est brûlant et que les espaces stellaires sont glacés, d'où résulte pour le globe un refroidissement continu, démontré d'ailleurs par la succession des flores. La condensation qui doit s'en suivre paraît bien être la cause principale des inégalités de la surface terrestre. Comme la pelure d'un fruit se ride à mesure que le volume en est réduit par l'évaporation, de même la réduction de la masse planétaire obligerait la croûte solide à se fendre et à se couvrir de sillons. Une action continue des mêmes forces aboutirait de loin en loin à des ruptures d'équilibre soudaines et violentes. Ainsi la surface terrestre tendrait constamment à se niveler, tandis que les hauteurs ne se dessineraient que par des actions intermittentes.

Nous croyons — c'est peut-être l'effet d'une double erreur — discerner dans l'histoire une loi pareille. Les inégalités politiques, l'opposition du gouvernement et des gouvernés ne se produisent que par un effort momentané, et tendent naturellement à s'effacer aussitôt que cet effort se relâche, sans préjudice des failles, qu'on constate aisément dans les deux domaines. Dans la formation d'états nouveaux, les petits se groupent autour des forts pour une conquête dont les chefs se partagent le fruit, sans oublier ceux dont les enchantements et les bénédictions ont assuré la victoire à leurs armes. Les privilégiés se concertent, les vaincus reçoivent des lois et les hiérarchies s'installent ; mais elles ne sauraient s'affermir que par la constante harmonie et l'action énergique de tous les pouvoirs ; tandis que les forces qui tendent à les niveler sont en œuvre dès le premier jour. Les règles dictées par la sagesse et consacrées par la tradition ne résistent pas longtemps aux chocs répétés des passions égoïstes, dont la myopie n'aperçoit que le présent. Ici le prince affranchit les bourgeois et les arme contre les barons ; là les barons appellent les communes au parlement pour brider l'autorité royale. Les gens d'épée pillent le clergé, les docteurs de l'Eglise enseignent la souveraineté du peuple dans l'ordre séculier et justifient le meurtre des tyrans, sans arrêter les progrès du despotisme, dont l'exercice fait crouler les appuis naturels du trône. L'arbitraire et l'excès des impôts aigrissent les peuples, les maîtresses règnent et la royauté s'avilit. Parfois, pour comble, on a vu la monarchie absolue s'employer à fonder des républiques et des principautés constitutionnelles, dont le succès renferme sa condamnation. Les débuts de la Révolution française ont excité la plus vive sympathie dans toute l'Europe, et quelque horreur qu'inspirent ses crimes, sa propagande armée a trouvé partout des adhérents; ceux que n'atteignaient pas directement la turpitude et la brutalité de ses commissaires étaient enthousiasmés par ses principes. Napoléon s'efforça de dompter la Révolution en faisant du peuple français une meute et du continent une proie: il ne réussit qu'à porter la semence égalitaire au loin, jusqu'aux marches de l'Asie. Lorsque ses premiers revers et ses derniers excès eurent triomphé de l'antagonisme entre la Prusse et l'Autriche et scellé l'inévitable coalition, les princes de l'Allemagne soulevèrent leurs peuples contre la main qui broyait leurs couronnes, en leur promettant de gouverner désormais suivant les avis des représentants que la nation aurait choisis. Cette promesse ne fut pas tenue et ne fut pas oubliée. Pendant un tiers de siècle l'Europe eut les yeux attachés sur les Chambres françaises, même après que le sanglant escamotage de Juillet eut amplement fait voir que personne ne prenait au sérieux les conditions du gouvernement constitutionnel. Le nouveau régime s'était assis sur la fiction démasquée de la couronne inviolable, sur le cens électoral et sur les baïonnettes des gardes-nationaux, citoyens du second degré. Une étude attentive des innombrables transactions qui ont assuré la paix publique et la prospérité de la puissante Angleterre fit comprendre sans doute au célèbre historien Guizot que la monarchie de Juillet ne devait accorder quoi que ce soit aux réclamations de ses fondateurs, qui demandaient quelqu'élargissement du privilège électoral. Il mit ainsi la nouvelle couronne aux prises avec la garde-nationale ; le suffrage universel, auquel nul ne semblait avoir songé, se dressa victorieux sur la brèche, et la révolution dont les peuples caressaient l'espoir depuis si longtemps bouleversa l'Europe entière en quelques semaines. Bientôt elle a dû reculer, sans que l'ordre ancien pût être restauré nulle part. Elle laissa partout au moins quelques éléments des institutions représentatives.

La question du suffrage universel est posée partout, c'est dire qu'en principe elle est résolue. A moins que des facteurs inconnus ne changent le cours de l'histoire, son avènement semble partout inévitable, parce que, tour à tour, chaque parti se trouve conduit à lui faire quelque concession pour obtenir un avantage momentané sur son adversaire ; tandis que l'on s'accorde à considérer comme étrangement périlleuse la tentative de retirer les droits politiques à une classe qui s'en trouve une fois en possession. Dès lors, toute inconséquence, tout instant de faiblesse des privilégiés fera faire un pas à la démocratie, dont le succès résulte à la fois de l'élévation progressive des classes populaires et de l'abaissement progressif des classes dominantes ou dirigeantes. Elle avance ici brusquement, ailleurs d'une manière insensible, mais elle avance partout. L'avènement en favoriserait la paix entre les peuples et la confédération générale, où le droit pourrait trouver enfin quelque garantie, quels que puissent être les inconvénients de ce régime à d'autres égards.

Cependant le jour de la démocratie universelle n'est pas encore arrivé. On fait et l'on défait encore des empires. Au partage de la Pologne, peuple homogène, a succédé le partage inachevé de l'empire ottoman, dont les morceaux assemblés par la violence tendaient naturellement à se séparer.

La voix publique a déjà nommé l'état qui doit suivre, mais elle peut s'être trompée. Au moment d'atteindre la position à laquelle ils ont droit par leur supériorité numérique et par une longue patience, les Slaves catholiques d'Autriche ne sont pas pressés de se jeter dans les bras du tzar orthodoxe, et, le voulussent-ils, ils ne sauraient y parvenir avant la solution d'autres conflits dont l'explosion est plus aisée à prévoir que l'issue. La France, qui a tenu sous ses pieds l'Europe entière, s'est donnée elle-même un voi-

sin avec lequel elle ne s'aviserait plus de croiser le
fer sans s'être assurée préalablement une grande al-
alliance. La Russie, qui a couvert l'Allemagne avec
ostentation dans son habile et glorieuse entreprise de
1870, n'a pas été longtemps à s'apercevoir qu'il n'est
pas sans inconvénient d'élever trop haut les meilleurs
amis. Pologne, Livonie, Bosphore, Slaves de l'Adria-
tique, la matière à procès ne fera jamais défaut quand
le moment semblera propice. On récompenserait volontiers le tzar de ses services contre la France comme
on a récompensé l'empereur des Français de ses services contre l'Autriche, et l'on ne désespère peut-être
pas de pouvoir, cette fois encore, prendre l'attitude de
gens attaqués. La rivalité permanente de la Russie et
de l'Angleterre en Asie permettrait de compter sur
un concours maritime important dans une lutte qui
ne pourrait plus être localisée. C'est avec raison qu'on
se prépare d'avance à faire face de tous les côtés, car
l'esprit des peuples les plus acquis à la paix ne l'est
pas encore au point d'oublier toutes les blessures, et
les vaincus de la dernière guerre occidentale ne sauraient laisser un voisin déjà trop fort devenir plus
puissant encore sans renoncer à l'ombre même de
l'indépendance.

Ainsi, malgré les progrès de la démocratie et la
contradiction réelle entre les aspirations guerrières et
la tendance à l'égalité, la perspective de conflits vio-
lents entre les nations n'est point conjurée; les derniers grands États se préparent à s'agrandir encore en

consommant l'anihilation ou la subordination des plus petits. Auquel des deux l'avenir ménage-t-il la victoire finale, à l'esprit militaire, qui inspire l'obéissance et fonde les hiérarchies, à l'esprit niveleur, qui tend à confondre les nations réduites en poussière et qui rend impossible la stabilité du pouvoir? On ne saurait énoncer une prévision à ce sujet sans arbitraire, ni même affirmer que l'humanité soit vouée infailliblement à l'une ou à l'autre de ces deux alternatives. Il semble que l'esprit de conquête ne puisse agir que par secousses, à des intervalles plus ou moins éloignés, tandis que l'action des forces égalisatrices est constante, les classes inférieures tendant à s'élever par les calculs et les efforts qu'inspire le besoin, les classes fortunées à s'abaisser par la jouissance, à perdre de vue leurs intérêts collectifs sous l'empire de préoccupations individuelles, à s'endormir enfin dans la sécurité qu'engendre la possession. D'autre part les nécessités du travail et du commerce mélangent les peuples et triomphent insensiblement des haines factices, des souvenirs amers et des défiances héréditaires que la politique cherche à raviver.

L'idée du droit est immortelle. Le droit n'est pas un corollaire de la force. Soumettre la force au droit, faire de la force un instrument du droit, c'est réaliser l'humanité, et l'humanité veut vivre. Le droit n'est réalisable que dans la paix, le droit, c'est la paix; et la paix durable, la paix garantie est incompatible avec une pluralité d'Etats souverains. La sainte alliance des peuples n'est donc pas une chimère, c'est un idéal dont il faut tendre constamment à se rapprocher, sans oublier jamais que l'idéal ne saurait être atteint sur un point qu'il ne le soit en même temps sur tous les autres, et que par conséquent la réalisation complète en recule nécessairement dans un incalculable avenir. Ce n'est pas le bien absolu, c'est le meilleur ou le moins mauvais dans une condition donnée qui forme le but raisonnable de l'effort. La confédération universelle serait l'idéal juridique absolu, les Etats unis de l'Europe seraient un idéal politique plus rapproché, qui semble même prendre une certaine consistance par les difficultés économiques résultant de la concurrence d'autres continents. Néanmoins les obstacles qui nous en séparent sont trop grands pour qu'on pût y travailler directement avec quelque espoir de succès et sans risquer d'aller à fins contraires. Il ne saurait être question pour le moment que d'en propager l'idée, d'en inspirer le désir, d'en établir la nécessité et de combattre les passions ennemies.

III

Détournons-nous donc de ces lointaines perspectives, ne demandons pas ce dont l'avènement de la démocratie permet l'espoir à la justice pour un avenir indéterminé, attachons-nous à ses conséquences prochaines, inévitables. Celles-ci, chacun les a déjà nommées.

Nous trouvons ici des exemples vraiment saisissants de cette ironie qui semble régir toute œuvre de l'homme et qui, plus que tout autre phénomène, réclame une explication. La démocratie ne se fonde point exclusivement sur la force : une troupe organisée a facilement raison de multitudes qui ne le sont pas; en fait, ce sont partout des minorités qui gouvernent. La démocratie se fonde sur la justice et sur la liberté. Il est juste que tous ceux qui sont intéressés à la marche de la république possèdent les moyens d'exercer quelque influence sur des affaires qui sont les leurs, ou tout au moins d'être écoutés. Borné de tous les côtés par les ordres et par les interdictions du pouvoir, l'individu souffrirait une perte excessive du fait de l'Etat, si l'Etat lui-même ne lui ouvrait pas de nouveaux champs d'activité. Celui qui ne peut se mouvoir que sur la ligne tracée par un autre n'est pas libre. Quoi qu'on en dise, par exemple, les femmes ne seront pas libres aussi longtemps qu'on les tiendra loin du suffrage, quels que puissent être d'ailleurs les attentions et les galanteries du législateur à leur égard. Et jusqu'ici le législateur n'en a pas abusé. Le sexe fort n'a su voir dans sa compagne que l'organe de sa perpétuation et la matière de ses plaisirs. A la question posée autrefois de savoir si les femmes ont une âme, le Code Napoléon a répondu franchement par la négative. Il faut que l'épouse apporte à l'époux sa personne et ses biens sans compensation d'aucune sorte ; il faut que la fille du peuple meure de faim ou se prostitue ; surtout il faut que chacun puisse la séduire impunément. Et ce résultat a paru si précieux que pour l'assurer on n'a pas craint de semer dans la société des milliers d'enfants qui ne lui doivent que la haine. Les protestations ont beau se multiplier, on ne saurait attendre une réforme sérieuse de ces iniquités aussi longtemps que la voix des femmes ne pèsera pas dans la balance. Nulle part on n'a vu une classe privilégiée rendre spontanément justice à la classe asservie. Il n'y a rien de commun entre la justice et le bon plaisir. Ainsi, la participation de tous les ressortissants de l'Etat aux affaires publiques est un postulat de la justice, une forme de la liberté, c'est entendu. Etre un citoyen libre signifie précisément pour un grand nombre, avoir son mot à dire dans les affaires d'intérêt commun.

Mais être libre, c'est faire ce qu'on veut. Je ne suis pas libre si je ne puis pas faire faire aux autres ce que je voudrais qu'ils fissent et m'aider de leur force pour l'accomplissement de mes desseins ; je ne suis pas libre lorsque je suis obligé de voir mon voisin dire et faire ce qui me déplaît sans pouvoir l'en empêcher ni l'en punir. C'est ainsi que nous sentons naturellement et que nous sentirons peut-être toujours. La démocratie confiant le droit d'ordonner à des masses irresponsables, dépourvues de cette culture artificielle qui nous façonne à restreindre nos passions, il est clair que la majorité fera purement et simplement ce qu'elle voudra. Le commandement et l'exécution se trouvant en fait dans les mêmes mains, le pouvoir public ne connaît aucune limite. Quelle que soit la valeur des théories de Rousseau sur le contrat social, l'omnipotence absolue qu'il attribue au souverain démocratique est l'énoncé brutal du fait. Les théoriciens d'une autre école auront beau tracer autour de chaque personne individuelle un cercle de droits dits naturels et crier à la loi : « tu ne pénétreras pas dans cette enceinte, » la démocratie ira partout, fouillera tout, et, si on lui résiste, écrasera tout; car, enfin, qui pourrait l'en empêcher ? — Uniquement un frein intérieur qu'elle n'a jamais porté !

La démocratie comprend d'instinct, elle sent que votre liberté prétendue insulte à la sienne. Elle est gênée si vous faites une chose qu'elle n'approuve pas, la fissiez-vous seul, en chambre fermée ; elle est blessée si vous n'allez pas où elle entend que chacun se porte ; vous lui manquez si vous ne pleurez pas lorsqu'elle veut qu'on se lamente ; vous l'offensez si vous n'illuminez pas lorsqu'il lui plaît qu'on illumine. Des lampions, si vous êtes sages, beaucoup de lampions, ou ce ne sont pas vos vitres seules qui pourraient bien être brisées ! La démocratie, où l'on arrive par l'effort des individus pour conquérir la liberté personnelle, aboutit dans la pratique à supprimer cette liberté d'une manière plus complète et plus incisive que tout autre système de gouvernement. Ceux qui seraient

tentés de contester cette assertion en comparant la
police de Paris ou de Berne à celle de St-Pétersbourg
ou de Pékin ne regardent pas à ce qui importe le plus.
L'état de fait est partout l'œuvre du passé, mais ce
qui fait l'avenir ce sont les tendances. Le gouvernement français est démocratique, mais la loi française
n'est pas l'œuvre de la démocratie. Attendez, pour juger, que la démocratie ait abattu tout l'ancien édifice
et renouvelé toutes les institutions suivant son idée.
Il faut savoir de quel jour on date, comparer ce qui
existait alors à ce qui existe aujourd'hui, mesurer le
chemin parcouru et déterminer le point où l'on marche. Ce que veut la masse, c'est ce que veulent les
individus les plus fortement animés des sentiments
communs à la classe la plus nombreuse, c'est-à-dire la
moins cultivée intellectuellement et moralement, et
ceux qui prendront la peine d'observer verront bientôt combien les autres jouissances paraissent fades au
prix du plaisir d'humilier et de faire souffrir ceux qu'on
hait et ceux qu'on envie. « Aristocrate, fais ta prière, »
voilà le mot ; et par aristocrate, il faut entendre tout
ce qui sort de la foule par la fortune, par la nature du
travail ou par la direction de l'esprit et la noblesse du
caractère. Est aristocrate quiconque se permet d'avoir
une idée à lui sur un sujet quelconque, la chose s'entend d'elle-même, puisque le nombre des personnes
qui en sont capables est assez restreint. Naturellement
la politique ne saurait arriver à réaliser l'égalité de
fait qu'en supprimant sans rémission toute liberté,

puisque le libre jeu des supériorités naturelles aurait bientôt rétabli des distinctions. L'aristocratie du savoir, l'aristocratie de la vertu ne sont pas moins odieuses que les privilèges de la naissance et de la fortune; la démocratie aspire en vertu de sa nature propre à refouler tout ce qui s'élève au niveau de la culture moyenne, et par conséquent à faire baisser constamment ce niveau lui-même, qui ne saurait se maintenir que par le déploiement et par l'attrait des supériorités naturelles.

Un gouvernement démocratique travaillera certainement à répandre l'instruction. Il rendra l'enseignement primaire obligatoire et gratuit, et dépensera beaucoup pour cela. Mais ses programmes scolaires refléteront toutes les ambitions de l'ignorance; mais la politique aura le dernier mot dans le choix des instituteurs, dont le cœur ne sera pas à leur école; mais la préparation des instituteurs sera mauvaise, parce que la culture scientifique proprement dite sera suspecte et mal vue, comme tout ce qui suppose quelque éminence et tend à créer des rangs. Où la haute science est méprisée, l'instruction élémentaire ne saurait fleurir. Ainsi la démocratie, dont l'avènement n'est rendu possible que par un développement général de l'intelligence, tend à paralyser l'intelligence; la démocratie sortant d'une commune aspiration vers la liberté, aboutit à la négation de la liberté.

Fondée en principe sur la justice, la démocratie va-t-elle se tourner aussi contre la justice? — Nous le craignons. Pour faire régner la justice entre les particuliers, tout comme dans les rapports entr'eux et l'Etat, il faut des tribunaux éclairés et indépendants ; mais l'indépendance des magistrats ne saurait tarder à faire échec sur un point ou sur l'autre aux volontés populaires. Le peuple souverain ne souffre rien qui lui résiste et rien qui n'émane de lui. La majorité populaire voudra désigner les juges, et les nommera à terme, pour les avoir bien dans sa main. Exiger des candidats la science des lois ou la preuve de connaissances quelconques serait apporter des restrictions au pouvoir des électeurs, qui n'en comporte aucune. On aura donc des juges de parti, choisis exprès pour rendre des services, l'indulgence ou l'impunité seront assurées aux bons, quoiqu'ils fassent, tandis qu'innocents ou coupables, les mauvais seront frappés dès qu'ils seront mis en cause, et le gain d'un procès dépendra du choix d'un avocat bien noté. Ce ne sont pas là de simples déductions, les exemples foisonnent : la justice des démocraties est en proverbe depuis longtemps.

Au milieu du XVIII⁰ siècle, Helvétius a réclamé l'abolition des privilèges afin d'assurer au mérite la direction de la société : il se fiait à l'ambition pour mettre au jour les talents et faire pousser le génie. Et en effet, durant une période transitoire qui n'est peut-être pas écoulée en tous pays, l'accès de toutes les classes aux charges publiques et l'établissement des assemblées représentatives a produit une sorte de gouvernement des capacités et réalisé des progrès véritables. Mais en approchant du terme de l'évolution, on ne peut plus méconnaître que le gouvernement populaire fait dépendre fatalement la direction des affaires, le règlement des compétences et le sort des particuliers des opinions et des sentiments qui prévalent dans la partie du peuple la plus nombreuse et la moins éclairée, ce qui ne saurait manquer, semble-t-il, d'immobiliser la civilisation dans le médiocre ou de la ramener vers la barbarie. Peut-être même un calcul fondé sur l'observation conduirait-il à conclure que le gouvernement finira toujours, en vertu d'une loi statique infaillible, par tomber aux mains des moins scrupuleux, des plus rusés, des plus fourbes, des plus formidables. D'elle-même la crédulité se porte au-devant du mensonge, et lorsqu'on juge un homme capable de tout, on ne se met pas volontiers en travers de son chemin.

V

Cependant le principe de la démocratie est juste, pour peu que l'existence de la société, c'est-à-dire de l'humanité, le soit elle-même, car nul, finalement, n'a qualité pour dire : c'est à moi de commander, à vous d'obéir. Chacun étant intéressé à la marche des affaires publiques, chacun, nous le répétons, a le droit d'y dire son mot et de concourir effectivement à la décision. L'expérience prouve suffisamment qu'on ne saurait compter sur une classe pour avancer ni pour sauvegarder les intérêts d'une autre classe. Celui qui reçoit sa loi toute faite des mains d'un autre n'est pas libre et n'est pas ménagé. Le gouvernement de la noblesse est inséparable des privilèges économiques de la noblesse ; le gouvernement des riches, nommé jadis gouvernement des classes moyennes ou gouvernement de la raison, faisait peser sur les classes laborieuses le poids de l'impôt et les risques de guerre ; la loi faite pour le sexe par les hommes seuls fait de l'épouse une servante et de la fille pauvre une chose. Un mandataire irrévocable est un maître qui gère vos affaires dans son intérêt propre et non dans le vôtre. Ainsi la démocratie a sa raison d'être indéniable. D'ailleurs, ici comme partout, de telles discussions sont oiseuses. Il n'y a pas de choix. Sauf une armée conquérante, on cherche en vain la force qui pourrait abolir durablement la démocratie une fois qu'elle est installée. Rien ne saurait en arrêter le progrès, bien qu'il puisse quelquefois être retardé ; et s'il était possible de donner aux masses une conscience de leurs besoins véritables assez nette pour obtenir d'elles une abdication volontaire, il n'y aurait plus de raison pour en exiger un tel sacrifice, puisqu'elles seraient désormais capables de se gouverner. Ce que la justice demanderait, on le voit sans peine, ce serait un ordre de choses où chacun aurait voix au chapitre dans le règlement des affaires de tout le monde, mais où la voix de chacun compterait en raison de sa capacité présumée et de son apport constaté. Bien qu'un tel résultat ne pût être approché que grossièrement par des lois générales, ce serait déjà beaucoup d'en approcher. L'organisation des comices par centuries dans l'ancienne Rome, le système électoral autrichien nous offrent des exemples de tels essais.

Pour que le gouvernement représentatif méritât son nom, il serait essentiel que chaque électeur fût réellement représenté ; or, on n'est pas représenté par le fait d'avoir donné son suffrage à quelqu'un. Il faudrait qu'il y eût un rapport positif entre la personne élue et les intérêts permanents de ses électeurs, ce qui est incompatible avec des circonscriptions électorales purement géographiques, où les éléments sociaux les plus différents concourent à la nomination d'un même député. Un système qui grouperait les électeurs par professions : agriculture, industrie, commerce, science, etc., réaliserait mieux les deux conditions d'une représentation véritable, équité et sincérité [1]. Mais les institutions de ce genre ne sont pas bien stables, les circonstances ne s'y prêtent pas également dans tous les pays, et lorsque l'heure de les fonder est passée on s'efforcerait en vain de la rappeler.

Le problème politique n'est donc pas de remplacer la démocratie ; et ce que les lois pourraient essayer

---

[1] Voir le développement de ce point de vue dans *La démocratie et le régime parlementaire*, par Adolphe Prins. Bruxelles 1874.

pour en corriger les abus, l'obligation de voter, par exemple, ou la représentation proportionnelle, ne va qu'à la réaliser d'une façon plus complète et plus conséquente. Le problème serait de concilier dans la mesure du possible le gouvernement populaire avec les lumières, la justice et la liberté. Tel serait le mieux, tel serait le bien dans la sphère politique. Eh bien ! ce mieux politique, nous ne voyons pas comment il pourrait être obtenu par les procédés politiques. Ceux qui le poursuivent se meuvent dans un cercle vicieux. On n'a aucune chance de faire adopter d'autres mesures que celles qui plairont aux masses, et c'est précisément le jugement et les goûts des masses qu'il importerait de corriger. Quelle que soit la constitution, c'est toujours la volonté humaine qui en fait mouvoir les rouages ; c'est toujours sur la volonté d'un seul, de plusieurs ou de tous qu'il faut agir pour en obtenir un bon résultat. La commune illusion des théoriciens politiques est de croire que leurs mécanismes perfectionnés corrigeront par leur vertu propre les vices de l'impulsion initiale, de sorte que chaque fonctionnaire ne songeant qu'à son avantage particulier, le public sera bien servi. L'erreur est grossière : l'opposition des intérêts et des amours-propres assurera bien, si l'on veut, la sévérité des contrôles et garantira l'exécution ponctuelle des ordres donnés ; mais si les ordres sont mauvais, si l'intérêt général n'en est pas l'inspiration véritable, leur exécution ponctuelle n'en rendra pas le résultat meilleur. La difficulté s'accroit en démocratie, où la responsabilité n'existe nulle part. Partout où subsiste réellement l'opposition du souverain et des sujets il y a certaines précautions à prendre, il faut observer certains ménagements vis-à-vis du peuple, dont le mécontentement deviendrait redoutable s'il allait trop loin ; qu'ils fussent l'incarnation d'un droit divin ou l'émanation d'un pays légal, les pouvoirs qui l'ont oublié s'en sont mal trouvés. Mais quand le droit et la force ne sont qu'un, qui les bornera ? et s'il plaît à l'omnipotence de franchir les barrières qu'elle s'était prescrites elle-même, qui les relèvera ? Les délégués s'armeront-ils de leur mandat contre celui dont ils le tiennent ? Ils l'ont essayé de bonne foi dans quelques rencontres, mais la tentative n'était pas moins illégitime que désespérée, car, écrite ou non, la loi ne subsiste que par la volonté du souverain.

VI

L'omnipotence est incompatible avec tout droit des minorités et des individus, mais l'omnipotence ne saurait se limiter elle-même par voie de contrainte, elle ne comporte que des freins moraux. La moralité du grand nombre est l'unique recours que la liberté puisse trouver pour subsister en démocratie. La liberté des citoyens resterait compatible avec l'exercice de la souveraineté par le peuple, si le peuple respectait, s'il aimait, s'il comprenait la liberté. Sentiment de justice, calcul d'intérêt, il n'importe : si la conscience du devoir était réveillée en lui, la conscience du devoir lui apprendrait que rien ne saurait dispenser personne de faire son devoir et que par conséquent certaines défenses, certains ordres ne pouvant pas être observés, ne doivent pas être donnés, mais qu'il faut laisser agir chacun suivant ce qu'il croit être bien aussi longtemps qu'il n'empêche pas le voisin d'en faire autant. L'intérêt personnel bien consulté dirait à chaque citoyen que les rôles peuvent changer et que, si quelque jour la majorité l'écrase, le souvenir du plaisir qu'il a trouvé jadis à faire marcher les autres ne lui paraîtra peut-être pas une compensation suffisante. Que les citoyens apprennent, chacun pour son propre compte, à se gouverner, c'est-à-dire à se limiter eux-mêmes, et leur volonté collective respectera la liberté des particuliers. Ce sont-là certainement des banalités, et l'espoir d'un tel avenir pourrait bien être une utopie ; il serait infiniment à souhaiter qu'il s'ouvrît un chemin plus court pour arriver au respect des droits naturels par la législation ; malheureusement, la démocratie n'en fournit pas.

Pour l'application des lois, le problème est identique. Les magistrats seront éclairés, seront impartiaux lorsque ceux qui les nomment tiendront à ce qu'ils le soient. Celui qui, sans méditer d'usurpation, voudrait être protégé dans ses biens, dans son honneur et dans ses entreprises comprendra, s'il réfléchit, que pour appliquer les lois il faut les connaître, et ne craindra pas de restreindre son bon plaisir comme électeur en imposant aux candidats à la magistrature l'obligation de présenter quelque preuve de leur compétence ; puis dans leur nombre il choisira des juges non suivant ses sympathies politiques, mais suivant l'opinion qu'il a de leur intelligence et de leur caractère ; enfin il ne reculera pas devant les sacrifices de pouvoir nécessaires pour assurer leur indépendance. L'important est qu'il sache réfléchir. Bref, pour avoir de bons jugements en démocratie, il faut que la conscience publique mette la justice au-dessus des partis. Ce point essentiel ne saurait être obtenu par les voies légales, il dépend uniquement des mœurs.

Loin de mettre en péril la haute culture, la démocratie en favoriserait plutôt l'avancement si le peuple souverain était assez éclairé pour comprendre, d'un côté que cette culture, qui restera nécessairement le partage d'un petit nombre, est néanmoins indispensable aux progrès de sa propre instruction, de l'autre que loin de pouvoir définir cette culture supérieure et d'en connaître les chemins, il ne se fait pas même une idée bien claire de la culture à laquelle il doit tendre et qu'il peut espérer pour lui-même. En matière d'instruction publique à tous les degrés, il faudrait qu'il se dessaisît en faveur des hommes les plus éminents dans chaque branche, ou du moins qu'il prît le parti d'adopter leurs avis de confiance. Pour s'y résoudre, il lui faudrait tout au moins savoir qu'il ne sait pas ce que c'est que savoir, humilité qui suppose une intelligence assez développée. Ce n'est pas la loi, ce ne sont que des efforts individuels qui peuvent porter à ce niveau le législateur démocratique.

Ainsi, la justice, la liberté, la civilisation ne se concilieront avec la souveraineté du peuple que par un progrès des lumières et de la moralité générale dont l'exercice de cette souveraineté rend le besoin très sensible à quelques-uns sans le procurer par lui-même; car ce qu'il fait gagner en expérience est tout au moins compensé par l'aliment qu'il fournit aux passions cupides, à l'orgueil, à la présomption. Si décourageante que puisse être cette conclusion, le salut politique en démocratie dépend uniquement des efforts privés, de la mission intérieure, s'il est permis de généraliser cette locution, bref, des conversions individuelles que les hommes sains d'esprit et droits de cœur pourront obtenir par leurs exhortations publiques, par leurs entretiens particuliers et par leur exemple. N'attendez rien des partis : évidemment ils se valent tous, car celui qui reculerait devant les moyens employés par son adversaire n'aurait aucune chance de l'emporter. Dès lors, s'il n'a pas disparu de la scène, c'est qu'il est prêt à faire tout ce que fait l'autre, suivant l'occasion. Chacun d'eux accepterait gaîment la charge d'exécuter le programme qu'il prétend combattre aujourd'hui, s'il plaisait à la majorité de la lui commettre. De ce côté, il n'y a rien, absolument rien.

VII

Chercher dans quelque perfectionnement du mécanisme politique un remède aux excès de la démocratie sans toucher au principe de la démocratie, c'est chercher un levier propre à fonctionner sans point d'appui. L'unique ressource est de gagner les individus l'un après l'autre au respect de la justice. Mais la mission moralisatrice où l'on se rabat n'est pas une entreprise aussi chimérique, aussi désespérée qu'il le semblerait à première vue. En effet, pour obtenir quelque chose en politique, et même de beaux résultats, il ne serait pas nécessaire d'avoir réformé les sentiments du peuple entier, ni de la majorité du peuple ; il suffirait de changer un peu les proportions dans le sens du bien, et de persuader à ceux qui ont déjà pris intérieurement parti pour la liberté que c'est un devoir pour eux de travailler à propager leurs convictions. Finalement, il y a dans le monde quelque chose comme le bon sens. Chacun aime à voir triompher la justice dans les affaires où son intérêt personnel n'est pas engagé. Si la candidature d'hommes consciencieux et connus pour tels se trouvait franchement posée, un ou deux avocats décidés y rallieraient bien quelquefois assez d'électeurs pour faire sortir leur nom des urnes, car tous les électeurs ne sont pas

enrégimentés. La notoriété désigne déjà quelques
hommes purs dans les parlements de chaque pays, et
prouve ainsi que la possession de la confiance publique n'est pas absolument incompatible avec la dignité
du caractère. Si le noyau des députés résolus à faire
passer la justice avant tout grossissait au point d'être
compté parmi les groupes de la Chambre, il rallierait
dans bien des rencontres les fractions dont l'intérêt particulier ne s'opposerait pas à la justice en l'affaire agi-
tée, tantôt l'une, tantôt l'autre. On a déjà vu des choses pareilles. Les puissances que nous invoquons sont
à l'œuvre en bien des lieux; il s'agirait simplement
de les renforcer.

Concilier la démocratie et la liberté, tel est le but,
inspirer aux individus, un à un, le respect de la liberté individuelle, leur en communiquer l'intelligence,
telle est la tâche. L'œuvre n'est pas impossible, elle
est difficile. Nous avons vu qu'en face de la souveraineté populaire les garanties politiques, les dispositions
constitutionnelles pour assurer la liberté des individus
dans l'état sont illusoires. Cette liberté ne subsistera
que dans la mesure où la majorité voudra qu'elle subsiste. La majorité ne le voudra pas sans de puissants
motifs, car la liberté du voisin est un obstacle à la
nôtre : naturellement nous voudrions lui faire faire ce
qui nous plaît, nous voudrions qu'il voulût ce qui
nous plaît. Pour modifier ce sentiment ou pour en
contenir les effets, l'esprit politique lui-même ne nous
offre que de faibles ressources. Celui dont la politique

est l'inspiration, dont un idéal politique est l'idéal, celui dont les affections se concentrent exclusivement sur l'état auquel il appartient, voit naturellement dans l'Etat le moyen et le lieu convenables pour réaliser tout ce qui lui paraît bien. Par conséquent il ne tend pas à limiter la compétence de l'Etat, mais bien plutôt à l'affranchir de toutes limites, soit qu'il ait réellement le bien public en vue, soit que, ambitieux vulgaire, il cherche simplement à se satisfaire lui-même par l'exercice du pouvoir. Nous ne ferons donc pas aimer la liberté par les considérations purement politiques, nous ne la ferons pas même comprendre, car on ne l'entend pas sans quelque peine, et tout effort suppose un intérêt.

Réussirons-nous mieux par des considérations matérielles ? — Peut-être auprès de quelques-uns, s'ils ne sont pas déjà tout convertis. Sauf à réclamer dans l'occasion des droits protecteurs, les industriels, les négociants, les capitalistes sont volontiers libéraux, ils n'aiment pas que l'Etat se mêle de leurs affaires ; mais ces groupes ne forment ensemble qu'une minorité. Le nom de classes dirigeantes ne leur convient déjà plus dans certains pays et ne leur conviendra bientôt plus dans quelques autres. Le pauvre qui leur vend son travail et le travail de ses enfants paraît libre dans ce contrat ; mais cette liberté nominale ne lui suffit pas ; il invoque la protection de l'Etat, et ses réclamations sont assez pressantes, assez fondées pour décider à intervenir les gouvernements que leur composition devrait le moins y disposer. L'intérêt économique pourra suggérer à quelques-uns de grands sacrifices pour la liberté, il ne les décidera pas à tous sacrifices, et le fit-il, ce ne serait pas encore assez.

Il faut décidément chercher ailleurs. Il faut trouver un objet, un bien, un but qui puisse être un but pour toutes les classes de la nation, un bien tel que nul prix ne semble trop grand pour le conserver ou pour l'acquérir, et qui implique la liberté politique comme garantie ou comme condition indispensable. Les forces qui ont créé les libertés modernes pourraient servir à les défendre. Si nous ignorions que l'histoire véritable commence avec l'an 1789, nous nous risquerions à dire que celle des Provinces-Unies sous Philippe II, celles de la Grande-Bretagne et de l'Amérique du Nord sous les Stuarts nous montrent assez clairement la nature de ces forces et nous en attestent la puissance. Quoi qu'il en soit, un renouvellement moral peut seul arracher la liberté civile aux périls qui l'environnent; il s'agit de trouver le mobile capable de produire un tel renouvellement.

En résumé, la démocratie, où tous les peuples s'affaissent plus ou moins rapidement en vertu de leur pesanteur, semble s'opposer par ses tendances naturelles à la guerre entre les nations; mais elle favorise à l'intérieur la violence des partis et la médiocrité des idées. Hostile aux supériorités individuelles, elle tend par là même à déprimer le niveau général; organe des passions populaires, elle se concilie mal avec l'impartialité de la justice et menace au plus haut degré la liberté des individus. Il n'y a pas de remèdes politiques à ces maux politiques, attendu qu'en démocratie la force destinée à balancer l'impulsion populaire ne saurait prendre un appui nulle part.

Nous n'affirmons point, on l'a bien vu, que l'empire exclusif du nombre soit le régime le plus équitable. Nous n'entendons point fermer la porte aux réformes légales qui auraient pour objet de tempérer, de corriger cet empire ; mais l'adoption de telles réformes par la masse investie aujourd'hui des droits politiques supposerait une intelligence des conditions de l'ordre et du progrès social dont les peuples de l'Europe semblent aujourd'hui bien éloignés. Prêts à s'incliner sous des maîtres de leur choix, ils exécreraient l'idée de sanctionner légalement une hiérarchie quelconque. Ainsi toute réforme politique sérieuse impliquerait préalablement une réforme morale, et d'autre part la réforme morale tiendrait bien lieu, du moins en quelque mesure et pendant quelque temps, de la réforme politique.

Pour qu'un peuple arrive à borner son action collective — et tout le problème politique est au fond là — il faut et il suffit qu'un nombre de citoyens capable de déterminer un mouvement de l'opinion aient appris chacun pour son compte à se limiter, à se gouverner eux-mêmes.

CHAPITRE II

LA QUESTION ÉCONOMIQUE

I

La réalisation d'une idée politique ne saurait être le but du grand nombre. La première question pour lui, c'est de vivre; la seconde, c'est de bien vivre. Toujours restreint dans ses jouissances, souffrant fréquemment du besoin, anxieux de l'avenir, il ne saurait attacher un prix sérieux au droit de voter qu'avec l'espoir d'en tirer parti pour améliorer sa condition matérielle. Le suffrage universel est un legs de 1848; le flux du socialisme qui fit irruption dans cette mémorable année l'a planté comme un gage de son retour. Il ne s'explique que par son histoire, car l'égalité des droits et l'inégalité des apports ne s'entendent pas et ne sauraient se mettre en équilibre. Vraiment politique en ses visées, la première révolution, la grande, avait été conçue par des gens à leur aise ; elle est l'œuvre de ceux qu'on nommait le tiers et qu'on appelle aujourd'hui la bourgeoisie. Un grand nombre des personnages qui lui servirent d'instruments y cherchèrent la satisfaction de leur cupidité ; la masse ne s'y rallia que lorsque la facilité d'acquérir les propriétés confisquées lui eut imprimé le caractère d'une révolution économique dans un sens égalitaire, et c'est à ce côté profitable de la révolution que s'est attaché le peuple français. Le succès de l'Empire a montré le cas qu'il faisait du reste. On trouverait des exemples semblables un peu partout.

Ainsi la question sociale : supprimer les classes ou les satisfaire toutes, assurer une existence matérielle tolérable à quiconque n'a pas absolument démérité, prend nécessairement la première place avec l'avènement de la démocratie. Les diversions ne sauraient être que des palliatifs momentanés, et la répression n'est plus possible ; car ce n'est ni d'émeute ni de pillage que nous voulons parler, l'émeute et le pillage sont l'œuvre de gens trop pressés. Mais il est manifestement impossible que la classe la plus nombreuse n'arrive pas en peu de temps à se rendre compte de la force irrésistible dont elle dispose par le suffrage. Il est impossible que, sachant ce qu'elle veut, elle n'en vienne pas à choisir pour mandataires des hommes animés du même désir, dût-elle à cet effet les tirer en majorité de son propre sein. Pièce à pièce ou dans son ensemble, il est impossible que la question sociale ne se pose pas devant des assemblées résolues à la trancher dans un sens conforme aux vœux populaires. Mais il est à craindre que ces efforts ne tournent à contre-fin, car il n'est pas certain que le problème social comporte une solution purement législative.

Nous demandions tout à l'heure comment la démocratie peut s'accorder avec la liberté personnelle, condition du bonheur et de la dignité des individus, ressort de l'initiative et du progrès. Et nous avons reconnu que la démocratie ne possède pas de contre-poids capable de balancer le pouvoir du nombre; de sorte qu'elle ne saurait se concilier avec la civilisation qu'en apprenant à s'arrêter elle-même devant les droits de l'individu, par l'effet d'une éducation morale, œuvre de la volonté sur la volonté, dans l'intimité des consciences. Ici nous cherchons quelle organisation du travail et de la consommation pourrait assurer le bien-être universel, et nous pressentons déjà la difficulté du problème.

Il ne s'agit point, en effet, de distribuer une quantité donnée. Les biens à partager sont produits au fur et à mesure par un travail qui, pour répondre à des besoins toujours croissants, exige un énergique effort des bras et de l'intelligence, tandis que cette entière sécurité du travailleur qui paraît justement si désirable paralyserait, ou, tout au moins, affaiblirait le seul mobile dont on puisse attendre un tel effort. Elle tendrait donc naturellement à faire baisser le produit total, qui suffit à peine, ou plutôt qui ne suffit pas. Et si l'on en venait, en désespoir de cause, à remplacer la contrainte interne du besoin par la contrainte extérieure, alors on serait plus loin que jamais du but poursuivi, puisqu'en supprimant la liberté l'on aurait ôté à chacun ce qui donne un prix quelconque à l'existence. Lorsqu'il s'agit d'effectuer des créations ou des réformes, il n'est absolument pas permis de séparer le problème économique du problème politique, chacun d'eux n'étant qu'un côté d'un seul et même problème, le problème social, lequel à son tour n'est qu'une face du problème de l'humanité. La question n'est pas simplement d'assurer au travailleur la pitance du lendemain, quoique, bornée à ces termes, la tâche fût déjà bien lourde; il s'agirait de lui préparer un sort digne d'un être raisonnable et qui lui permit d'accomplir sa destination. Le moindre effort entrepris dans ce sens mérite notre gratitude, le moindre pas de ce côté doit être salué comme une victoire, mais s'écarter de ce but si peu que ce soit serait aller en perdition.

II

Ne songeant qu'au plus pressé, au repos dont ils ont besoin, à leur nourriture, qu'ils voudraient meilleure, peut-être aussi, nous le craignons, au plaisir d'abaisser ceux dont le sort est pour eux un objet d'envie, les soldats de l'armée socialiste font trop souvent bon marché de leur liberté. Communisme, collectivisme, ces combinaisons par lesquelles on cherche à éviter le conflit entre l'ouvrier, qui veut obtenir de son travail le plus haut prix possible et l'entrepreneur, qui veut le payer au plus bas, ce droit au travail dont la pratique obligerait l'Etat à concentrer entre ses mains tous les capitaux, sont tout simplement les galères, avec la satisfaction pour la chiourme de choisir ses argousins. L'Etat distributeur du travail industriel et de la paye, c'est la plus complète, la plus conséquente, la plus épouvantable des tyrannies qu'il soit possible à l'imagination de se figurer; c'est ensemble l'anarchie et la tyrannie, ce serait la guerre et la confusion universelles, car chacun voudrait commander; ou plutôt un tel ordre ne saurait subsister un seul instant, il ne serait point; mais la tentative de l'introduire ferait crouler la civilisation dans le sang avec toutes ses richesses, et les survivants se hâteraient de s'abriter sous un despotisme dont le premier soin serait nécessairement de rétablir le travail en restaurant la propriété individuelle, sans laquelle il lui serait impossible de l'obtenir. Telles combinaisons réalisables sous la protection des lois générales dans un petit groupe de personnes qui se connaissent, ne le sont plus lorsqu'il s'agit d'en faire la loi de la société tout entière. Toutes les résistances seraient vaincues que la machine ne se mettrait pas en mouvement, ses vices intérieurs l'en rendraient incapable. Comment ceux qui refusent aujourd'hui l'obéissance aux entrepreneurs trouveraient ils l'abnégation nécessaire au fonctionnement d'un pouvoir incomparablement plus impérieux que celui contre lequel ils s'élèvent? Pour surveiller le travail, il faudrait en distraire tant d'inspecteurs, et pour prêter main-forte aux inspecteurs, tant d'agents que la quantité de travail possible risquerait fort de ne plus suffire au plus chétif entretien de tous. Si l'on croyait pouvoir renoncer à cette contrainte de tous les instants, dans la pensée que chacun comprendrait bien la nécessité du travail collectif pour lui donner son morceau de pain, alors on aurait organisé l'exploitation des vaillants par les lâches, des travailleurs par les paresseux et des intelligents par les imbéciles, en d'autres termes l'exploitation du fort par le faible. Une telle répartition des profits et des charges ne se conçoit que dans l'amour; et si l'amour était le ressort des actions humaines, quel besoin serait-il de rien changer aux cadres de la société?

III

La jouissance inhérente à l'activité cérébrale et musculaire, le dévouement et la bienveillance, la contrainte, l'intérêt personnel, tels sont les seuls mobiles concevables qui puissent porter l'homme au travail ; mais évidemment le besoin d'exercice ne saurait produire à lui seul la somme d'efforts nécessaire pour nourrir les hommes et soutenir la civilisation : il n'est pas impossible, il est désirable de rendre la tâche de l'ouvrier moins pénible qu'elle ne l'est, mais le travail attrayant est une chimère, il n'est plus besoin aujourd'hui de le démontrer. — L'amour est le principe d'action d'un petit nombre. S'il devenait celui de tous, il trouverait aisément lui-même l'organisation qui lui convient ; mais il est inutile de tracer le plan d'une société économique dont l'amour serait la force motrice avant d'avoir découvert le moyen de créer cette force. S'imaginer qu'elle jaillira de la combinaison sociale elle-même serait un comble de déraison dont on ne croirait pas que l'esprit humain pût être capable si nous ne trouvions la preuve du contraire dans des utopies dont le souvenir n'est pas encore effacé. Sans relire les réfutations qui en ont été faites, il suffit, pour en faire toucher du doigt l'impuissance radicale, d'observer qu'il ne s'agit pas seulement d'élaborer une conception systématique, mais de la faire adopter. Si le désir de travailler au profit de la communauté doit résulter de la combinaison nouvelle, il n'existe pas au moment où on la propose, et chacun convient qu'en effet ce qui prévaut aujourd'hui partout, c'est l'intérêt personnel. Les individus et les groupes qui veulent transformer l'ordre social agissent pour la plupart eux-mêmes sous l'impulsion de leur propre intérêt, bien ou mal entendu ; c'est donc l'égoïsme des uns qui voudrait forcer les autres à sacrifier leur égoïsme pour entrer dans un régime où l'égoïsme serait supprimé. Que peut-il sortir de là, sinon la guerre? Et si la victoire restait aux adversaires de l'ordre établi, comment ces agresseurs, dont l'égoïsme est le mobile, pourraient-ils fonder un régime d'où l'égoïsme serait banni? Il y a là des contradictions inextricables. En admettant la possibilité d'une société combinée de manière à développer les sentiments bienveillants chez ses membres et à obtenir d'eux un travail suffisant sous l'empire de ces affections, l'établissement de cette société nouvelle impliquerait une prépondérance préalablement acquise au mobile même qu'elle serait destinée à produire. Le cercle vicieux est manifeste. — A défaut d'amour, la contrainte ; mais la contrainte est précisément le mal qu'il s'agit d'éviter ; le progrès consiste à diminuer le rôle de la contrainte au profit de l'activité spontanée. Cependant il ne manque pas de gens disposés à subir l'esclavage dans l'espoir de commander à leur tour ou seulement d'avoir moins d'ouvrage et plus de jouissances qu'ils n'en obtiennent aujourd'hui sous le régime du contrat. Mais on cherche vainement la force nécessaire pour astreindre tous les ouvriers à la diligence, et sans une telle communauté d'efforts le travail collectif resterait infailliblement au-dessous du nécessaire.

Il reste donc que le seul fondement possible de la société économique est l'intérêt personnel du travailleur. Pour qu'une machine pareille fonctionne bien, il faut que le ressort puisse en déployer librement sa puissance; il faut que chacun puisse à son gré consommer, épargner, échanger et transmettre les produits de son activité. Affaiblissant le désir de produire, toute restriction apportée à ces facultés tend à diminuer la somme des produits utiles. Mais l'épargne c'est le capital, c'est la propriété, c'est l'héritage, c'est l'inégalité des conditions, c'est le loisir pour quelques-uns de se dispenser du travail personnel en consommant ce qu'ils ont acquis ou ce que d'autres ont acquis à leur bénéfice, c'est la commodité d'utiliser à leur profit le travail d'un autre lorsque cet autre y consent, et il y consentira moyennant salaire, toutes les fois qu'il n'aura pas les moyens de se procurer mieux en travaillant pour son propre compte. Enfin, comme à la seule exception de l'eau, du vent et de la terre brute, tous les outils sont le produit d'un travail antérieur, la liberté du travail implique l'appropriation des outils en quantité quelconque, par donation, par héritage ou par échange aussi bien que par fabrication directe, avec la faculté de prêter ces instruments du travail à ceux qui en auraient besoin et de recevoir pour cette location le prix que l'emprunteur en voudra donner. Bref, le travail fondé sur l'intérêt du travailleur n'est pas absolument la société d'aujourd'hui, dont les abus les plus criants résultent peut-être moins du libre jeu des facultés naturelles que de monopoles constitués par l'autorité politique ; mais enfin c'est le régime de la concurrence, la loi du plus fort, avec ses inégalités révoltantes, avec ses excès et ses privations, avec l'oisiveté, foyer du vice, et le dénuement, conseiller du crime.

IV

Cette société là, Dieu nous préserve de l'admirer, ce serait bête ; Dieu nous préserve de nous croiser les bras devant ses misères, ce serait lâche. Mais Dieu nous préserve surtout de méconnaître la gravité du problème qu'elle nous pose, de nous laisser emporter par nos sentiments à des conclusions précipitées, de nous dérober à l'étude laborieuse que réclame l'enchaînement des effets et des causes et d'ébranler si peu que ce soit, fût-ce par un souffle murmuré dans l'ombre, la maison de l'humanité, sans avoir une idée claire et précise de l'édifice par lequel nous voudrions qu'elle fût remplacée, des avantages de notre programme et des moyens de l'exécuter, en un mot, sans la foi la plus entière dans la sagesse de notre dessein. Il faudrait être certain que l'ordre actuel est non seulement mauvais, mais inguérissable, et que le néant vaudrait mieux, pour être en droit de l'attaquer avant de savoir exactement que mettre à la place. Et encore, pour avoir ce droit, il faudrait savoir avec certitude que cet ordre mauvais n'est plus susceptible d'empirer, puisqu'il est infiniment peu probable que nos plus fortes attaques aboutissent à l'anéantissement de l'univers, tandis qu'un changement à l'ordre existant peut aggraver son état, si fâcheux qu'il soit, aussi bien que l'améliorer. Qu'en présence de maux définis on propose des modifications définies, nous le voulons bien, quoique l'effet d'un changement particulier sur l'ensemble ne puisse guère être exactement calculé d'avance. L'ordre social n'est point immuable, toutes les révolutions amenées par le cours des âges n'ont pas été du mieux au pire, et l'expérience seule permet de juger la valeur d'un établissement. Qui ne risque rien n'a rien, et qui n'entreprend rien se ruine. Ce n'est pas l'immobilité que nous prêchons. Mais la loi romaine dit avec raison que l'imprudence peut atteindre un degré qui la rend criminelle. Nous tenons pour criminels, s'ils ne sont pas des imbéciles, ceux qui passent condamnation sur la société et prennent rang parmi ses adversaires sans pouvoir en donner d'autre raison que l'indignation dont ils sont émus au spectacle de ses misères, et la croyance *a priori*, pour ne pas dire la croyance aveugle, à l'existence d'un remède, qu'on découvrirait infailliblement si l'on prenait la peine de le chercher... plus longtemps qu'ils ne l'ont cherché. Nous les tenons pour criminels, ces beaux sentiments, parce que ceux qui les invoquent ne sont pas de bonne foi : ils parlent et agissent comme s'ils étaient certains d'une chose dont ils savent au fond de leur cœur n'être point certains. Pour généreuse que soit leur passion, c'est à la passion qu'ils obéissent et non pas à la conscience, qui leur fermerait la bouche s'ils se donnaient le loisir de l'interroger. Depuis plus de cinquante ans, nous suivons du regard ces coupables rêveurs. Autrefois ils se réclamaient de Dieu, et s'enchantaient d'une espérance aujourd'hui desséchée. Il ne leur est resté que la fureur. « La société ne vaut rien, faisons-la sauter, enivrons-nous de sang et de flammes : ensuite il arrivera ce qui pourra. » C'est à ces termes que se réduit aujourd'hui la doctrine des plus agissants. Il serait inutile de chercher à la combattre par des discours ; elle offre d'ailleurs peu d'attrait et réunira peu d'adeptes ; mais il suffirait d'un petit nombre de fanatiques résolus pour accomplir une œuvre de destruction dont nous ne saurions calculer l'étendue.

L'humanité ne peut subsister que par un travail pénible ; la contrainte et l'intérêt personnel restent les seuls moyens concevables de l'obtenir. L'organisation du travail économique universel sur la base de la contrainte ne paraît pas possible aujourd'hui. Fût-elle possible, le produit d'un travail semblable se trouverait insuffisant; enfin suffit-il même aux besoins matériels, l'adoption d'un tel régime n'en serait pas moins le pire malheur dont l'humanité puisse être frappée, attendu qu'il opposerait un obstacle insurmontable à son développement moral, c'est-à-dire à la réalisation de son être propre. Il tendrait à nous replonger dans l'animalité, dont nous essayons de sortir. Il n'y a donc absolument autre chose à faire qu'à laisser l'intérêt des individus déterminer le travail social; c'est-à-dire à conserver et à défendre l'ordre fondé sur la propriété privée, tout en s'efforçant d'en corriger les abus et de pallier les maux qui résulteraient du principe même : tel est le résultat d'un premier examen du problème économique.

Aujourd'hui les hommes les plus affligés de ces abus et de ces misères n'en arrivent pas moins à la même conclusion. Les réformateurs contemporains entendent bien que chacun de nous étant son propre maître, conserve les fruits de son activité personnelle; mais ils pensent que notre droit individualiste excède et contredit son principe en deux points : l'appropriation du sol et la transmission des biens par l'hérédité.

V

Il est sans doute inutile de réfuter ici les sophismes par lesquels, dans un louable désir d'affermir l'ordre existant, on essaie d'établir que la valeur de la terre est entièrement due au travail humain. Le prix de la terre résulte du fait qu'elle est indispensable à toute production et que l'étendue en est limitée. S'il était loisible à chacun de borner à son profit le champ qu'il pourrait défricher, la thèse de Bastiat serait défendable, mais ces lieux vacants, ces terrains fertiles, sous un climat propice au travail du blanc, n'existent pas en quantité suffisante et ne se trouvent pas à notre portée. S'il y en avait quelque part assez pour un nombre illimité d'immigrants, la terre n'en conserverait pas moins, dans les pays occupés, une valeur intrinsèque déterminée par le coût de l'émigration, auquel il conviendrait peut-être d'ajouter quelque indemnité pour les douleurs qu'elle entraine. Non, l'appropriation de la terre permanente et de plein droit n'est pas compatible avec la doctrine qui, fondant le droit de l'homme à disposer des choses sur son droit à disposer de lui-même, cherche dans le travail l'unique source de la propriété légitime et considère comme un effet ou comme un aspect de la liberté personnelle cette appropriation des choses hors de laquelle il se-

rait impossible de réaliser et de concevoir la liberté.
Nous estimons que cette doctrine est la bonne, nous
pensons que le sol appartient naturellement à l'humanité toute entière. Dans le volume intéressant qu'il a
publié sur le *collectivisme,* M. Paul Leroy-Beaulieu a
mis en pleine lumière les illusions et les contradictions de l'école qui voudrait centraliser entre les mains
de l'Etat tout les instruments de production ; il fait voir
que, de l'aveu de ses propres docteurs, un collectivisme viable n'existe pas. En revanche, il ne nous
semble pas qu'il ait rien avancé de valable contre
l'idée que le sol de cette planète est la propriété du
genre humain, et que chaque homme naissant dans le
monde a le droit d'en réclamer sa part ou l'équivalent
de cette part. Il n'ose pas reproduire la thèse frivole
qu'un instrument de travail indispensable et limité ne
possède pas de valeur par lui-même, bien qu'il s'efforce d'abaisser cette valeur fort au-dessous de ce
qu'autorise un impartial examen des faits. Son argument favori consiste à dire que si les réclamations des
particuliers dépourvus contre les propriétaires du sol
dans un pays donné pouvaient être admises, les nations mal partagées en auraient de pareilles à faire
valoir contre les occupants des pays plus vastes ou
plus favorisés. Cet argument, reproduit avec complaisance, ne s'adresse qu'aux intérêts et à la passion,
la raison ne saurait lui reconnaître aucune force. Oui,
les nations à l'étroit sur un sol stérile ont droit à
s'élargir en occupant les territoires que leurs habi-

tants n'utilisent pas ou qui pourraient nourrir un plus grand nombre de bouches s'ils étaient mis en valeur d'une autre manière ; ce principe justifie seul l'établissement de toutes les colonies, et le contester, c'est poser en principe que le globe terrestre ne saurait être conquis à la civilisation que par le crime. Quant aux rapports entre les peuples dits civilisés, ils sont réglés par des contrats fondés sur l'intérêt réciproque. Aujourd'hui nous voyons l'étranger s'établir dans tous les pays du monde, y exploiter des industries, y acquérir des propriétés foncières. Ces riches vignobles de la Sicile, du Douro, du Médoc même et de la Bourgogne, à qui sont-ils et qui les exploite? n'y a-t-il point d'Allemands, point d'Anglais qui en tirent de l'or? Du moment où les étrangers sont admis comme particuliers à jouir des avantages qu'offre un territoire, il est satisfait au principe. Et l'histoire contemporaine, celle de l'Asie orientale en particulier, montre assez comment l'Europe envisage la prétention d'un peuple à se fermer.

Au commencement de notre histoire nous voyons la propriété du sol se confondre avec la souveraineté. Cette identification nous paraît juste en principe; mais le morcellement, de quelque manière qu'il se soit produit, est légitimé par l'intérêt de l'agriculture, c'est-à-dire par l'intérêt général. Et comme l'échange des services a pour corrélatif l'échange des produits; comme il faut tirer du sol des moissons toujours plus abondantes pour subvenir aux nécessités d'une population qui tend naturellement à s'accroître ; comme le premier besoin est qu'il y ait du pain en suffisance et la première condition du bien être qu'il y en ait en abondance, nous estimerons que la propriété foncière est justifiée, s'il n'existe pas d'autre tenure éprouvée qui donne un produit supérieur à celui qu'on peut attendre du régime actuel, sans détriment pour la liberté du laboureur. Ce fondement rationnel du droit de propriété sur la terre en marque bien la limite ; l'histoire et la loi positive la fixeraient au même point. Une fois que la terre est dans le commerce et que la propriété s'en échange contre les fruits du travail, cette propriété doit évidemment être respectée à l'égal de toute autre dans les rapports des particuliers entre eux ou des particuliers avec l'Etat : il ne saurait être question de laisser le premier venu piller mes vergers ou s'établir dans mon champ ; il ne saurait être question pour le fisc d'acquérir ma terre sans en donner au moins le prix du marché. Mais si le crédit lui rendait possible une expropriation générale, comme certains économistes l'ont supposé, et si l'Etat pouvait obtenir du sol une moisson plus riche en l'affermant ou en l'exploitant sous toute autre forme compatible avec la liberté civile, nous pensons que les possesseurs actuels ne trouveraient pas d'objection valable contre cette mesure d'intérêt public dans un droit antérieur et supérieur au droit de l'Etat. Dans le conflit des abstractions juridiques, le droit concret se fonde, ici comme partout, sur la nécessité. Les propriétaires du sol ont gouverné jusqu'ici la Grande-Bretagne, et nous voyons le parlement anglais chercher la pacification de l'Irlande dans des compromis d'où la propriété des seigneurs terriens ressortirait singulièrement amoindrie. Le droit des propriétaires anglais ne se fonde pas sur des titres essentiellement différents, quoiqu'ils soient un peu plus anciens. Si les particuliers et les familles pouvaient acquérir sur le sol, sans le concours de l'Etat, des droits permanents, supérieurs à ceux de l'Etat, il y aurait aujourd'hui bien peu de propriétés légitimes ; au moins, n'en connaissons-nous pas dont l'origine ne remonte à quelque disposition du souverain. Ainsi l'appropriation exclusive de la terre étant primitivement l'œuvre de la force et ne se justifiant que par des considérations d'utilité ne saurait prévaloir contre le droit de tout homme naissant dans le monde à sa part aliquote dans la jouissance d'un bien naturellement commun à tous. Si cette jouissance ne peut pas lui être offerte en nature, il lui est au moins dû quelque compensation. Ceci légitime, ce nous semble, quelques-unes des prétentions du socialisme, notamment ce qu'il nomme le droit au travail, la terre étant l'instrument naturel du travail. Mais il ne s'agit pas seulement de savoir si le droit existe, il faudrait en calculer de près la valeur, car la possession d'une terre inculte serait un instrument de travail bien insuffisant. Puis, cette valeur appréciée, il faudrait voir comment la société pourrait s'acquitter de sa dette sans détriment pour d'autres obligations non moins pressantes. Peut-être se trouverait-il que, tout balancé, la jouissance des routes, des monuments publics et de tant d'autres produits du travail collectif, la protection des lois et la gratuité de l'instruction constitueraient une indemnité presque suffisante. Sans l'affirmer absolument, nous poserons comme une règle incontestable que nul moyen de réparer le tort fait aux déshérités de la fortune par l'appropriation du territoire ne saurait être réputé juste et praticable, s'il tendait à diminuer la somme et l'efficacité du travail économique; parce que l'élévation du produit total, en face d'une consommation croissante, restera toujours le premier des intérêts matériels, et très spécialement le premier intérêt de la classe pauvre. C'est de là qu'il faudrait partir pour apprécier les suggestions rappelées plus haut, ainsi que les diverses formes de travail et de jouissance collective que nous trouvons en usage dans certains pays ou que les théoriciens du socialisme nous recommandent. On écartera d'entrée toutes les combinaisons qui auraient pour effet naturel une diminution dans l'activité, la prévoyance et l'esprit d'épargne chez ceux dont il s'agit d'améliorer la condition, car si l'on doit nourrir les enfants, c'est pour qu'ils deviennent des hommes.

L'expropriation du sol par les individus n'est donc pas l'effet d'un droit naturel, elle se justifie par l'intérêt de la production et trouve sa limite dans l'intérêt de la production. Il ne faudrait pas objecter, comme on l'a fait avec une logique un peu prompte, que si la communauté peut sacrifier son droit à la terre à des considérations d'utilité, le sacrifice de la liberté personnelle à l'intérêt de la production se justifierait au même titre. La comparaison boite trop bas ; la communauté peut renoncer dans l'intérêt général à la propriété de la terre parce que cette propriété lui appartient ; mais elle n'a pas le droit de supprimer dans l'intérêt général la liberté personnelle, parce que cette liberté ne lui appartient pas. La différence des deux cas est une opposition formelle.

Tout écourtées que soient ces considérations, celui qui les pèsera ne tardera pas sans doute à reconnaître que s'il est nécessaire de changer quelque chose aux arrangements actuels pour donner à chaque arrivant sa part dans l'instrument du travail fourni par la nature, et s'il était possible à la loi d'effectuer ce changement d'une façon qui répondit à toutes les exigences de la justice, le tableau de la civilisation n'en serait pas très sensiblement modifié, la propriété immobilière n'entrant que pour une part décroissante dans la somme de ses richesses, et la valeur du terrain brut ne formant à son tour qu'un élément de la propriété immobilière.

Les principales inégalités subsisteraient donc, avec leur cortège d'abus, de souffrances et de plaintes.

VI

Nous parlons d'une dette de l'Etat, dont il conviendrait de fixer le chiffre. La reconnaissance d'une telle dette ne dispensant point l'Etat de ses autres obligations, il ne pourrait s'acquitter sans imposer de nouvelles charges au travail. Pour adoucir le sort des réclamants sur un point quelconque, pour attaquer la question sociale où que ce soit par la voie législative, il faudrait de nouvelles ressources, dont l'Etat ne dispose pas. Où les trouver? l'Europe, saignée à blanc, succombe déjà! Le triomphe complet de la démocratie la soulagerait peut-être des charges militaires, qui sont les plus lourdes de toutes; mais s'il est permis de croire à ce triomphe, il serait bien téméraire de prétendre en fixer la date, même en comptant par générations ou par siècles. Pour l'instant, la dépense militaire s'accroît toujours. D'ailleurs la démocratie n'est rien moins qu'économe, elle a beaucoup d'appétits à contenter et les responsabilités n'y sont pas sévères. Ce n'est donc pas sur les épargnes du trésor qu'il faut spéculer pour subvenir à des besoins nouveaux; ce n'est pas non plus sur les impôts actuels, qui donnent à peu près tout ce qu'ils peuvent rendre. La question de l'héritage se pose ainsi d'elle-même.

On peut douter de bonne foi que la propriété, conséquence du droit d'épargner ou de disposer de notre travail, s'étende au-delà de la vie ; à première vue, le testament semble moins un droit naturel qu'une faveur de la loi. Cependant si la faculté de prescrire ce qu'il adviendra de mes biens après ma mort ne m'appartient pas de plein droit, ce n'est pas qu'ils reviennent de plein droit à tel ou tel particulier, autrement ce qu'on appelait mon bien n'aurait pas été mon bien ; si l'hérédité dans la famille était juridiquement nécessaire, l'individu ne posséderait jamais qu'un usufruit. La propriété de famille et la propriété individuelle sont deux principes inconciliables ; nos codes ont établi entre eux des compromis bons à conserver aussi longtemps qu'on s'en trouve bien, et qu'il est prudent d'honorer aussi longtemps qu'on les conserve, mais qui, dépourvus de toute valeur intrinsèque, ne sauraient arrêter le législateur dès qu'il verrait quelque avantage à les abroger. La propriété individuelle seule est compatible avec la doctrine qui ramène notre droit sur les choses à notre droit sur nous-mêmes et fonde la propriété sur le travail. Mais si le mort n'a pas qualité pour disposer des biens dont il jouissait, si nul ne possède sur eux un droit exclusif, ne s'ensuit-il pas naturellement qu'ils appartiennent à la communauté et qu'ils doivent être dévolus à l'Etat? Cette idée a déjà pénétré dans la loi, qui s'en imbibe en vertu d'une capillarité naturelle, les besoins du fisc s'accroissant toujours. Partout la portée du droit d'hérédité dans la famille est limitée arbitrairement. Au-delà d'un certain degré, il n'y a plus de parenté reconnue et le trésor public hérite à défaut de légataires. Les successions testamentaires et collatérales sont grevées de taxes qui font de l'Etat un véritable cohéritier. Dans quelques pays la ligne directe est déjà frappée. Quand les ennemis de l'hérédité démasqueront leur front de bataille, ils auront déjà fait bien du chemin et trouveront dans la loi de quoi s'autoriser.

La dévolution à l'Etat de toute l'épargne le mettrait, semble-t-il, en possession de ressources inépuisables et lui permettrait de satisfaire à toutes les réclamations légitimes. Si cette apparence était fondée, la cause de l'héritage serait à peu près perdue. Néanmoins, cette cause nous paraît bonne : suivant nous, la justice exige la reconnaissance du droit à tester. Le testament n'est qu'une forme de la donation, et l'objet essentiel en pourrait toujours être atteint par une cession de biens contre un viager. La forme consacrée offre l'avantage de garantir jusqu'au dernier moment la liberté du propriétaire et de respecter un secret nécessaire à son repos. La succession *ab intestat* se justifie aisément comme une conséquence du même principe : à défaut d'une désignation spéciale, on observe la volonté du propriétaire telle qu'elle ressort de son silence même et du cours naturel des affections. Souvent aussi la succession *ab intestat* ne fait que manifester une co-propriété véritable, résultant d'un travail commun. Mais ce n'est pas sur des considérants de cette nature que la question sera jugée, et ce n'est pas sur des considérants de cette nature qu'elle doit être jugée : la société, dont le concours est nécessaire pour garantir l'hérédité, ne le fera que si elle y trouve son intérêt. Où est ici l'intérêt réel de la société ? c'est ce qu'il importe avant tout d'examiner, et ce point éclairci, nous pourrons négliger le reste. Le législateur qui cherche à régler suivant la justice absolue les rapports des particuliers entre eux, sans égard aux effets des dispositions adoptées sur l'ensemble de la société, poursuit un but illusoire, et sacrifie la justice vraie à son abstraction, car en nuisant à tout le monde, il nuit à ceux qu'il croit protéger. L'intérêt social ne prime donc pas la justice, il la constitue, et réciproquement l'observation de la justice reconnue sera toujours le véritable intérêt social.

Toutes les questions économiques sont solidaires ; le législateur qui oublierait ce principe un seul instant conduirait son peuple à la ruine. Chercher les règles d'une équitable distribution sans se préoccuper de leur effet sur la production serait méconnaître absolument les conditions du problème. Il ne s'agit pas, nous le répétons, de diviser une quantité donnée en portions égales, ou proportionnelles à quel mérite que ce soit ; ce qu'il faudrait, c'est que la part de chacun lui suffît, et la première condition pour arriver là, c'est que la masse à partager reste ou devienne égale aux besoins de la totalité, car cette masse n'est jamais donnée, elle est toujours en formation. Pour qu'il y ait assez de valeurs à distribuer, il faut avant tout qu'il s'en crée assez, et le mode de répartition en vigueur exerce une influence décisive sur le chiffre de la production. Là est le nœud du problème, que le sentimentalisme et la cupidité n'aperçoivent pas. La création des objets à distribuer exige le concours du travail et du capital, autrement nommé l'épargne, et la quantité des produits se proportionne à la quantité de l'épargne et du travail. Or, encore une fois, le premier intérêt économique, le premier intérêt social, ce qui est nécessaire avant tout pour qu'on puisse jamais panser et guérir les blessures de l'humanité, c'est l'abondance des produits utiles. Certaine marchandise donnée peut se trouver en excès quelque temps, mais quant à l'ensemble des articles de consommation, il n'y en a jamais trop ; il n'y en a jamais assez pour tous les besoins ; ceux qui prétendent le contraire ont mal fait leur compte. La question de l'hérédité doit par conséquent être posée en ces termes : quelle est l'influence de notre droit de succession sur la formation de la richesse sociale, c'est-à-dire sur l'épargne et sur le travail ?

En se plaçant à ce point de vue, le seul sérieux, on observera d'abord avec raison que la faculté d'hériter par legs ou par droit de naissance amène l'inégalité des conditions et permet à quelques-uns de vivre dans l'oisiveté ou dans une activité stérile, en gaspillant le produit du travail d'un plus grand nombre. Le luxe fait vivre sans doute beaucoup d'ouvriers, mais le travail de ces ouvriers ne laisse rien après lui, la part du revenu social consommée par les serviteurs du luxe est purement et simplement anéantie, tandis qu'affectée à d'autres besognes, elle eût nourri tout autant de bouches et se fût retrouvée avec accroissement dans le résultat de leur travail. Que je donne un bal ou que je plante un verger, ce sera, nous le voulons, la même dépense, mais le résultat sera différent : dans le premier cas, j'aurai fait vivre pendant quelques jours des lampistes et des cuisiniers et ce sera tout; dans le second j'aurai fait vivre des jardiniers et des terrassiers, et il restera des arbres et leurs fruits, que je ne mangerai pas tout seul. Dans le premier cas, j'aurai, pour ma part, fait renchérir des produits utiles, dans le second j'aurai fait, pour ma part, baisser le prix d'autres produits utiles. Cette distinction entre la consommation reproductive et la consommation stérile appartient assurément à la classe des notions les plus élémentaires. Toutefois il n'était peut-être pas superflu de la souligner ici, car l'utilité du luxe pour la prospérité de l'industrie est encore un axiome dans certains milieux. Les gouvernements l'invoquent encore aujourd'hui pour justifier un faste insensé, et nous avons entendu de nos oreilles un ministre de la troisième république professer cette erreur de très bonne foi. Elle n'en est pas moins grossière. Non, le luxe ne fait pas aller les affaires, il les paralyse ; les ouvriers qu'il semble nourrir et dont la vie ne laisse rien après elle sont autant de bras enlevés aux travaux qui amélioreraient la condition du grand nombre en faisant baisser le prix des objets vraiment utiles. La prodigalité des classes opulentes est bien la source de quelques fortunes privées, mais quant à la société dans son ensemble, elle tend manifestement à l'appauvrir ; et si c'est l'hérédité des fortunes qui la rend possible, l'hérédité des fortunes est nuisible sous ce rapport. Reste à savoir si l'héritage est bien ici le grand coupable ; reste à savoir surtout quelle est l'importance relative de ce point particulier dans une question qu'il faudrait considérer sous tous ses aspects.

Pour dépenser, il faut posséder, mais la richesse n'est pas la cause positive des folles dépenses, leur véritable cause est l'irréflexion, l'immoralité, l'ennui résultant du défaut d'occupations sérieuses, par-dessus tout, la sottise, le vide de l'intelligence et du cœur. Les biens les plus mal employés ne sont peut-être pas les fortunes héréditaires, mais les trésors acquis sans travail par des jeux de bourse, et qu'on pense pouvoir renouveler de même après les avoir gaspillés. A bien chercher le foyer de chaleur qui fait monter le vice à si gros bouillons, la raison principale du mauvais goût, du luxe criard, de la corruption fétide où notre Occident se plonge avec un emportement sans joie, nous les trouverions, je pense, dans la disproportion croissante entre la richesse et la culture de l'esprit, et dans une facilité d'acquérir qui place des ressources importantes à la discrétion de gens incapables d'assigner à leur dépense un but raisonnable et généreux.

Quoi qu'il en soit, les riches qui mangent leur bien

sont l'exception, la plupart s'efforcent de le conserver et de l'accroître. Cette accumulation de capitaux dans peu de mains est un grief ; elle peut devenir un danger ; mais enfin la société ne s'enrichit que par l'épargne des particuliers, car l'Etat, lui, n'épargne pas, bien au contraire. La richesse totale est la première condition d'une répartition satisfaisante, et l'on ne saurait économiser que le superflu. L'inégalité des fortunes est donc une indispensable condition du progrès économique. Si l'on pouvait résoudre jamais ce problème insoluble d'attribuer à chacun une part égale de capital sans que la somme des revenus en fût diminuée, chacun aurait tout juste de quoi manger à sa faim dans les pays pauvres, et l'épargne y deviendrait nulle ; dans les pays riches, chacun pourrait s'accorder quelques modestes jouissances, et c'est tout. Les prudents, les austères, un petit nombre par conséquent, épargneraient seuls, et les économies de chacun d'eux seraient nécessairement fort restreintes. Les riches seuls peuvent capitaliser la majeure partie, quelquefois la presque totalité de leurs revenus. L'inégalité dont on se plaint accumule au profit de tous des réserves indispensables à la sécurité commune aussi bien qu'à l'exécution de toute œuvre importante. Rien ne saurait la remplacer. L'inégalité des conditions que produit l'héritage, ou plutôt qu'il accentue et qu'il consolide, n'est donc pas un motif suffisant pour condamner cette institution naturelle ; et quand on cherche à mesurer d'une manière générale l'influence qu'elle exerce sur la production, on ne tarde pas à se convaincre qu'elle est indispensable à tout bien-être. Loin de l'attaquer où elle règne, il faudrait donc, malgré ses inconvénients, se hâter de l'introduire dans les sociétés qui ne la possèderaient pas.

Non seulement toute production développée exige une avance de capital, et l'hérédité dans les familles paraît nécessaire à la formation des capitaux sous le régime de la propriété personnelle ; mais la faculté de perpétuer son œuvre en assurant le sort de sa famille est pour le travailleur une source inappréciable de persévérance et d'énergie. S'il ne peut rien pour les siens, évidemment il s'arrêtera dès qu'il verra devant lui ce qu'il croit nécessaire pour aller commodément jusqu'à sa fin. Faites une loi qui, sans rien changer d'ailleurs aux conditions du travail, attribue au fisc toutes les successions, et vous verrez aussitôt le sang se figer dans les vaisseaux du corps social : le travail sera paralysé par la diminution simultanée de l'incitation morale et des moyens matériels dont il a besoin, tandis que les trésors accumulés par les générations passées se dissoudront dans le flot des dépenses courantes. Enfin l'effet croissant de chacun de ces trois facteurs se multipliant par l'effet croissant des deux autres, la misère complète, la ruine absolue seront l'infaillible et prompt résultat de votre décision.

La suppression pure et simple de l'hérédité privée équivaudrait à l'anéantissement de la société économique. Ceux qui l'ont compris ne tarderont pas à se convaincre que la suppression partielle de l'hérédité sous une forme quelconque serait une cause d'appauvrissement et d'affaiblissement pour la nation qui la déciderait. Un impôt assez élevé pour affecter sensiblement le capital de toutes les successions ou d'un grand nombre d'entre elles tendrait à diminuer le bien de la communauté par l'effet combiné des causes que nous énumérions tout à l'heure : destruction partielle du capital acquis, diminution de la production par la diminution simultanée des instruments de travail et de l'activité des travailleurs. La dévolution à l'Etat de préférence aux collatéraux en l'absence de testament n'aurait pas sur la production un effet direct aussi pernicieux, mais elle n'en fonctionnerait pas moins comme cause d'appauvrissement, puisqu'elle fournirait la commodité d'affecter des capitaux constitués à la dépense annuelle, ce qui est, comme on ne l'ignore pas dans les ménages, une manière à peu près infaillible de se ruiner. On s'abuserait donc en cherchant dans un remaniement des lois sur l'hérédité de quoi porter remède au mal social.

Toutes ces lois ne sont pas sans doute également avantageuses. Les codes qui exigent un partage à peu près égal entre les enfants ne restent pas conséquents en ce point au principe de la propriété individuelle. En ôtant au père la libre disposition de son épargne, ils diminuent singulièrement une autorité dont ses enfants pouvaient avoir besoin ; ils tendent à restreindre le nombre de ces derniers fort au-delà de ce que demanderait l'intérêt public et de ce que permet la morale naturelle ; ils donnent au fils du riche un crédit dont il abuse trop souvent à l'âge des passions; enfin, par un double effet trop réel, bien qu'il semble contradictoire, ils s'opposent à la consolidation de grandes existences, dont les avantages économiques et politiques surpassent peut-être les inconvénients, et ils tendent à créer une classe plus nombreuse d'oisifs sans responsabilité, sans position ferme et souvent sans culture. Dans la mesure où les biens d'un homme peuvent être considérés comme le fruit de son travail, la légitime naturelle de ses enfants, la seule qu'il importe à l'État de leur garantir, ne serait pas rigoureusement proportionnelle au chiffre des fortunes, mais plutôt égale pour tous, sauf à tenir quelque compte des différences d'éducation suivant la position des familles : ce serait l'éducation elle-même, l'apprentissage complet d'une profession, avec les fonds nécessaires pour en commencer l'exercice. Un dispositif à cet effet nous semblerait préférable à la loi française. Il y aurait peut-être lieu d'étudier d'autres changements, de considérer par exemple si la position faite aux femmes relativement aux biens de famille s'accorde avec celle que la loi leur assigne dans leur propre ménage, si elle tend à leur assurer le bonheur domestique et à favoriser les unions les plus conformes à l'intérêt durable de la société. Mais il n'y a rien dans tout cela dont on puisse attendre raisonnablement l'extinction du paupérisme et bien moins encore la satisfaction de ce droit au bonheur que chacun de nous croit apporter en naissant.

Pareillement le retour de la rente à l'Etat n'aurait rien que de juste en principe, et s'il était possible de l'effectuer sans diminution du produit agricole, il suppléerait avantageusement tout ou partie des impôts dont le travail est affecté ; mais la solution du problème social n'est pas là non plus. En leur supposant tout le succès imaginable, il n'y a pas de proportion entre l'effet possible de semblables mesures et le but que le socialisme s'est proposé.

Ce but, dont le socialisme autoritaire nous éloigne, et auquel il faudrait arriver, c'est la vie pour tous, la possibilité d'un développement vraiment humain pour tous ceux qui en acceptent les conditions. Sans être assuré de l'atteindre, il faut essayer de s'en rapprocher.

VII

Il n'est point ici-bas de biens sans mélange, il n'en est point dont il ne faille payer le prix ; la liberté et l'égalité sont toutes les deux excellentes, malheureusement elles s'excluent. L'inégalité résultant de la nature ne saurait être supprimée par quelque moyen que ce soit et ne peut être atténuée, contenue, ou corrigée dans ses effets les plus criants que par des procédés artificiels, par la contrainte, aux dépens de la liberté et par conséquent aux dépens de la production, c'est-à-dire aux dépens de la vie même. Une loi sage respectera donc les différences résultant de la liberté humaine et de la solidarité des générations. Si complets, si profonds que puissent être de tels contrastes, ils ne sont pas abusifs en eux-mêmes, et ne deviennent un mal social que par l'effet d'un mal moral dont ils ne sont pas la cause, quoiqu'ils lui prêtent l'occasion de se déployer. Et l'inégalité des conditions fût-elle absolument mauvaise en elle-même, nous la préférerions toujours à la contrainte et à la destruction du capital social, instrument de la liberté ; car ces résultats équivaudraient à la négation de l'humanité par elle-même. S'il en est qui connaissent une troisième voie, évitant la cruelle alternative, qu'ils nous la montrent, c'est de ce côté qu'il faudrait aller et c'est de ce côté que le développement de l'instruction publique et la puissance de l'association libre nous permettront de faire quelques pas importants sans révolution, mais sous la condition indispensable d'une préparation intérieure dont il sera question plus bas. Quant à la méthode qui consiste à tempérer les effets d'un principe avec des dispositifs légaux suggérés par l'autre, nous la voyons journellement à l'œuvre et cette expérience nous semble établir qu'elle ne réussit pas mal à cumuler les désavantages inhérents à tous les deux. Honorons la liberté quoi qu'il en coûte, en cherchant à bien user de la nôtre ; soyons patients et comptons sur elle pour guérir les maux qu'elle a faits.

Ce qu'il faut supprimer décidément, dans la mesure du possible, ce sont les causes d'inégalité résultant de la contrainte elle-même, les privilèges conférés par le pouvoir qui permettraient aux particuliers favorisés de s'enrichir aux dépens d'autrui par des services indispensables dont ils fixent le prix à l'abri de la concurrence. Ainsi les droits protecteurs, les concessions de chemins de fer, les banques dotées et privilégiées. Le monopole est incontestablement une source de fortune impure, et le rôle du monopole est grand dans notre société moderne. Efforçons-nous de le restreindre, visons à l'anéantir ; mais ne nous flattons pas d'un prompt succès, prenons garde de ne pas nous blesser nous-même en combattant, et ne nous abusons pas sur la portée d'une victoire, même complète.

Et d'abord, en poursuivant la justice ouvrons bien les yeux : il est fâcheux que l'État fournisse à quelques-uns un moyen de s'enrichir dont il exclut les autres ; mais si l'on ne sait pas éviter cet inconvénient, cette injustice, sans nuire au public en général, la vraie justice, qui commande aux dépositaires du pouvoir public de servir l'intérêt public, exige qu'ils s'exposent à cet inconvénient, qu'ils commettent cette injustice. Un chemin de fer, par exemple, ne saurait s'établir sans des expropriations, que l'État peut seul ordonner, et la contrée a besoin de ce chemin de fer.

Il faut donc que l'Etat le construise lui-même, s'il ne délègue pas ses pouvoirs à des particuliers qui vont infailliblement en user dans leur intérêt privé, pour se constituer un monopole. L'Etat posera-t-il en principe la libre concurrence? Il n'éviterait pas ainsi le mal qu'on redoute, toute ligne construite étant par le fait un monopole large ou restreint, mais il multiplierait les expropriations forcées et favoriserait le gaspillage des capitaux, pour aboutir soit à la démolition des lignes tout à fait improductives, — on en a déjà vu quelques exemples, — soit, après quelques mois de luttes ruineuses, à des tarifs concertés ou à des fusions dont le pays fait toujours les frais. L'Etat construira donc lui-même, c'est le procédé le plus correct; mais les frais de construction pèseront en totalité sur les contribuables et l'on risquera d'attendre longtemps l'instrument dont on a besoin. Et l'exploitation? l'affermer, c'est à peu près en revenir au monopole; s'en charger, c'est pour l'Etat écraser le budget, c'est-à-dire le pays ; car les frais du service seront supérieurs et le prix des services inférieur aux frais et aux tarifs d'une compagnie industrielle qui doit boucler ses comptes sans déficit. Le mieux serait, semble-t-il, si la chose était possible, une adjudication publique à celui qui offrirait les tarifs les plus avantageux pour le commerce ; mais comme il faudrait de sérieuses garanties, les concurrents seraient généralement peu nombreux et la ressource illusoire.

Cet exemple suffit à montrer qu'il n'est ni toujours

aisé ni même toujours juste de se refuser à la constitution d'un monopole, car il n'est pas juste d'imposer au public tout entier, même dans un intérêt égalitaire, l'obligation de payer plus cher ce qu'il pourrait obtenir à meilleur compte. D'ailleurs l'intervention de l'Etat n'est pas nécessaire à l'établissement des monopoles ; ceux-ci naissent spontanément de l'accumulation et de l'association des capitaux, du jeu même de la liberté, de sorte que la suppression la plus radicale des privilèges concessionnés n'apporterait qu'un remède partiel et temporaire au progrès du mal général. Les grands magasins font disparaître les boutiques et dictent des lois à la fabrication. Celle-ci tend également à se concentrer pour économiser ses frais généraux, commander le marché des matières brutes et perfectionner constamment son outillage. Certains produits de consommation générale sont ainsi fournis à l'Europe entière par un très petit nombre de maisons, qui s'accordent sur leurs prix courants. Toute concurrence est désormais supprimée pour de tels articles ; ceux qui risqueraient quelques millions dans le but de la rétablir devraient s'estimer fort heureux s'ils échappaient à la faillite par leur admission dans une confrérie qui pourrait les ruiner aisément en vendant pendant quelque temps au-dessous de leur prix de revient.

VIII

Il est naturel de déplorer cette marche des choses, il serait plus utile d'examiner si l'on ne pourrait pas la rendre profitable à la communauté ; mais cette tâche dépasse nos forces. La concurrence ne suffit plus à régler le prix des produits et des services. Les remèdes légaux nous semblent pires que le mal. Le seul efficace se trouverait dans un relèvement de la vie morale. Nous voudrions voir la discrétion, la justice et la bienveillance des entrepreneurs et des capitalistes éveiller et nourrir la prudence et la dignité dans la classe ouvrière. Ces sentiments existent déjà chez plusieurs, ils ont déjà produit, ils produisent journellement de très grandes choses, il leur en reste à faire de beaucoup plus grandes ; il faut qu'ils se propagent, qu'ils se généralisent, il faut que les entrepreneurs s'entendent pour faire à leurs ouvriers des conditions raisonnables et qu'ils fixent leurs prix en conséquence ; il faut que les ouvriers comprennent qu'ils se suicident en ruinant les entrepreneurs ; il faut, quels que soient les motifs intérieurs de chacun, que l'œuvre de la justice et de la bienveillance se réalise, et peut-être que la considération du péril social imminent n'est pas inutile à cet effet. Comprenons enfin que fusiller n'est pas répondre, que fusiller c'est perpétuer, exaspérer la guerre sociale et non pas la désarmer. On s'aperçoit bien aujourd'hui, le suffrage universel aidant, que cette ressource est insuffisante. Partout l'État essaie de protéger les ouvriers contre les patrons, mais peut-il fixer le rapport entre le taux du salaire et le prix des subsistances? Est-il en son pouvoir d'assurer l'écoulement des produits? S'il n'est pas capable d'aller jusque-là, l'utilité de son intervention nous semble douteuse. En tout cas elle ne saurait s'exercer d'une façon vraiment salutaire qu'à la suite d'accords internationaux, car les droits protecteurs au moyen desquels on essaie d'y suppléer ne font que déplacer le mal, puisqu'ils nuisent au travail en renchérissant les produits dont il a besoin.

Ceci suffira. Nous ne saurions tenter la critique des divers systèmes socialistes, ni reprendre les problèmes économiques l'un après l'autre. En attendant les objections, essayons au moins de poser clairement notre thèse, sans craindre de nous répéter.

L'humanité ne subsiste que par un travail intense. Les seuls moyens de l'obtenir sont la contrainte extérieure et l'intérêt personnel. L'application de la contrainte à l'industrie est impossible dans nos sociétés démocratiques, où nous ne trouvons pas la force capable de l'opérer. Elle suppose l'existence d'une classe armée, qui utilise à son profit les labeurs d'hommes désarmés. Tout effort pous constituer le travail sur une autre base que l'intérêt du travailleur irait nécessairement au rétablissement de l'esclavage. A supposer qu'il aboutit quelque jour par la connivence d'un peuple affolé, rien n'en pourrait sortir que la misère, le travail servile n'étant jamais aussi productif que le travail libre. Enfin ce travail forcé donnât-il à tous un pain suffisant, le système n'en serait pas moins détestable, puisqu'il empêcherait la masse humaine d'arriver à l'humanité, pour la réduire à la condition des bêtes de somme. L'intérêt personnel doit donc rester le mobile essentiel du travail. Dès lors, tout ce qui tend à fortifier ce ressort et à lui donner un jeu plus libre est favorable au progrès économique et doit être recommandé, tout ce qui tend à l'affaiblir, à le comprimer est nuisible et doit être condamné. Telle est la maxime dont il faut partir, la règle qu'il faut appliquer avec une imperturbable conséquence, au mépris des indignations de la myopie philanthropique et des révoltes de la chair. Telle est la mesure suivant laquelle nous apprécierons la valeur des caisses de prévoyance, des fondations charitables et de la libéralité privée. Ne jamais oublier le but final, voilà ce qui importe avant toutes choses. Le but prochain sera d'adoucir quelques souffrances; au-delà nous voyons en perspective une amélioration générale. Il s'agirait que chacun pût obtenir le pain du jour et la sécurité du lendemain, la vie de famille, au prix d'un travail sans excès. Il ne faut pas que l'empressement à soulager un mal partiel nous entraîne à des actes contraires au bien général, comme cette aumône de la porte et de la rue qui multiplie les mendiants au dépens du travail, en faisant de leur état une profession lucrative. Le cas est banal, mais il saute aux yeux, et pourtant la police n'est pas encore assez avisée, ou plutôt assez impartiale pour comprendre que si le mendiant peut être traité comme un délinquant, le donneur est son complice. On trouverait aisément mille autres exemples de ces torts faits au public par l'irréflexion ou la faiblesse des « bonnes gens. » Ces bonnes gens deviennent surtout dangereux lorsqu'ils disposent de l'argent d'autrui par autorité législative [1]. Le but final n'est pas le bien-être, le but c'est l'humanité, c'est d'amener le plus grand nombre possible, et finalement la multitude à l'intelligence, à la prévoyance, à la possession de soi, à la dignité, à la liberté. Les mesures générales qui tendraient au bien-être du grand nombre en déchargeant l'individu de ses devoirs n'iraient pas moins à contre-fin que les mesures qui font disparaître un mal local en le reportant sur l'ensemble de la société. En partant de ce point de vue, dont il est difficile de contester directement la justesse, on favorisera tout ce qui tend à grossir le nombre des propriétaires, car la propriété c'est la liberté ; on s'associera volontiers aux sacrifices consentis pour féconder l'épargne de l'ouvrier et pour lui inculquer la prévoyance ; mais on désapprouvera les mécanismes qui rendent l'épargne obligatoire et la prévoyance inutile ; on se détournera des combinaisons qui diminueraient les avantages de la

---

[1] Voy. H. SPENCER, *L'individu contre l'État*. Paris, chez Alcan.

propriété en la grevant d'impôts excessifs pour adoucir la condition matérielle des prolétaires sans leur donner les moyens de s'affranchir du prolétariat; on secondera, on suscitera les sociétés de consommation qui diminuent leurs frais d'entretien; on encouragera par la sympathie et par le respect les chefs d'industrie qui élèvent la condition de leurs employés en leur facilitant l'acquisition d'une demeure ou mieux encore en leur donnant quelque part aux bénéfices de la maison; on soutiendra énergiquement de son crédit et de ses commandes les sociétés d'ouvriers qui voudraient s'établir à leur propre compte, lorsque leurs membres auront amassé par l'épargne de quoi payer la machine ou l'atelier, lorsqu'elles inspireront assez de confiance pour obtenir de l'argent aux conditions ordinaires, lorsqu'elles trouveront dans leur sein un compagnon capable de diriger leurs opérations commerciales et qu'elles sauront l'attacher durablement à leur fortune en lui faisant d'équitables conditions. Avant tout on préparera le mouvement libérateur en relevant l'instruction générale et professionnelle[1]; mais on ne voudra pas le hâter par des privilèges, et l'on refusera péremptoirement de créer une concurrence artificielle au travail des contribuables avec l'argent des contribuables.

[1] « Les socialistes pourraient être vainqueurs en cent batailles, leurs légions ouvrières pourraient faire trembler notre globe, et ses chefs lui dicter des lois, que toutes choses resteraient en l'état aussi longtemps que la production et le commerce ne pourront pas marcher sans le concours de patrons instruits (so lange in Production und Handel ohne Herren-verhaeltniss nicht gewirthschaftet werden kann). » — THÉODOR HERTZKA, Die Gesetze der sozialen Entwickelung, p. 152.

Il est permis de l'affirmer sur la foi de l'expérience, un concours d'efforts dans le sens indiqué par ce qui précède, sur la base du droit actuel[1] de la propriété privée et du contrat libre, améliorerait sensiblement la condition générale des classes vouées au travail des bras, mais il ne saurait leur donner une parfaite sécurité.

Pour la réglementation par ordonnance, le socialisme d'Etat, son résultat le moins fâcheux serait d'augmenter le pouvoir de l'Etat au détriment de la liberté individuelle, c'est-à-dire au détriment du vrai progrès. La distribution scientifique du travail et du repos propre à donner la production maximale est une œuvre malaisée, parce que toutes les besognes manuelles ne sont pas également fatigantes. Et quant à régler la journée normale sur les besoins de l'ouvrier, on pourrait le risquer sans grand danger pour la production; mais on ne saurait y réussir sans une entente que la rivalité d'états indépendants rend bien difficile; car en l'absence d'un tel accord, les pays qui auraient élevé le coût de leur production dans un intérêt d'humanité verraient bientôt s'éteindre leurs feux, s'arrêter leurs roues, et leurs populations chercher au dehors un

---

[1] « Il n'y a pas besoin de livrer des batailles pour conquérir l'égalité de droit en matière économique, le droit est conquis depuis longtemps, il s'agit d'acquérir l'art d'en tirer parti » — continue M. Hertzka au lieu cité dans la note précédente. — L'auteur, dont le projet de réforme est entièrement d'accord avec nos principes, mais qui nous paraît y rattacher des espérances exagérées, fait observer ailleurs que les ouvriers intelligents n'appliquent pas généralement leurs loisirs à étudier les objets qui favoriseraient le plus directement leur émancipation, tels que les marchés, les sources d'approvisionnement, les prix-courants, les moyens de transport, connaissances indispensables pour pouvoir diriger une affaire industrielle.

morceau de pain. Pour pouvoir fixer légalement le taux des salaires, il faudrait pouvoir tarifer les produits et procurer leur écoulement au prix arrêté. Certains ouvriers de Paris et d'ailleurs ont déjà fait sur ce sujet des expériences qu'ils finiront peut-être par comprendre. La grève est un bel instrument, mais il exige une main délicate ; coup sur coup, ils ont haussé le prix de leur travail par ce procédé, tant et si bien qu'ils ont ruiné leur industrie et que leurs patrons ferment leurs bureaux ou s'approvisionnent à l'étranger. Et quand les gouvernements, les patrons, les ouvriers parviendraient à s'entendre sur les tarifs, leur accord ne saurait garantir au travail des conditions stables, il ne surmonterait pas la force des choses, il ne supprimerait pas le goût du changement, les caprices de la mode, qui favorise tel produit pour l'abandonner après quelque temps, il n'empêcherait pas le consommateur d'augmenter ou de restreindre sa demande suivant l'abondance ou la rareté des produits du sol. Nous ne pensons pas que l'Etat n'ait qu'à se croiser les bras devant la question du prolétariat ; le « laissez faire, laissez passer » n'est point à nos yeux une panacée. Dans une société naissante, le laisser faire ne saurait aller jusqu'à permettre à un seul de confisquer tout le territoire ; il faudrait commencer par le diviser en lots. Et pour nos vieilles sociétés, on ne saurait affirmer sincèrement que la diversité des situations y résulte exclusivement du jeu pacifique des libertés individuelles. La place où chacun se trouve en naissant dépend de causes parmi lesquelles la faveur, la violence et la fraude tiennent une place considérable, quoiqu'il ne soit pas toujours possible de les déterminer avec précision. C'est un sophisme de réclamer le laisser faire absolu au nom de la liberté individuelle dans des conditions qui ne sont pas l'œuvre du laisser faire; c'est un sophisme d'en appeler à la liberté des contrats lorsque les contractants ne sont pas également libres. L'appropriation du sol, l'accumulation des capitaux entre quelques mains ont pour corrélatif l'existence d'une classe nombreuse privée de toute sécurité d'existence et de toutes les conditions du bonheur. Le salariat vaut-il mieux ou moins que l'esclavage, permet-il à ceux qui le subissent de réaliser en eux l'humanité, ce n'est pas ce côté de la question qui rend l'intervention des pouvoirs publics nécessaire ou désirable; les vrais progrès de la civilisation ne sont pas l'œuvre de la contrainte, l'humanité ne peut se réaliser que dans la liberté. Mais le salariat est mis en question par les salariés; mais la foule murmure en voyant un joueur, une courtisane gaspiller en un jour ce qui aurait nourri vingt familles pendant une année : cet état de choses ne se soutient que par la force, et la force, c'est l'impôt. Grâce à l'accise, l'ouvrier paye de son salaire la cartouche qui le tient en respect; mais l'édifice n'a pas la solidité nécessaire pour résister à de telles pressions. S'il faut restreindre l'usage de la propriété, s'il faut même en sacrifier une partie pour sauver le reste, on ne saurait contester à l'Etat le droit de le faire, du moment qu'il lève des impôts et qu'il est l'Etat : si tous doivent se saigner pour garantir les avantages d'un petit nombre, il est juste que les privilégiés versent une part proportionnelle au service qu'ils exigent. En un mot, certaines péréquations deviennent justes par cela même qu'elles deviennent nécessaires au maintien de la paix publique. L'Etat ne garantit la fortune des particuliers que parce que cette fortune est aussi la sienne. Sans contrainte, et par le simple jeu des institutions économiques, elle se rend utile à la communauté ; mais lorsqu'elle se soustrait à cette fonction pour agir en sens contraire, la garantie de l'Etat ne peut plus s'exercer à son égard d'une manière inconditionnelle. Autant l'impôt progressif est condamnable comme manière de pourvoir aux dépenses courantes, puisqu'il s'attaque aux capitaux constitués et s'oppose à la formation de capitaux neufs, autant l'impôt progressif devrait être recommandé s'il était possible d'en capitaliser le produit pour l'affecter à l'extinction du prolétariat. Il s'agirait tout simplement de trouver un chemin qui y conduise. Mais qu'on s'en tienne à l'association des efforts volontaires ou qu'on fasse intervenir l'autorité, c'est l'extinction du prolétariat, c'est la transformation du salariat ; c'est l'accession de tous à la liberté, à la propriété et à la famille qu'il faut avoir constamment en vue, c'est cette route qu'il faut jalonner d'améliorations successives, c'est l'épargne qu'il faut faciliter et féconder, ce sont des capitaux disponibles qu'il faut créer, ce sont des hommes qu'il faut appeler à la vie. L'assurance, qu'on s'applique à généraliser aujourd'hui, nous semble bonne dans la mesure où elle tend à ce but, dangereuse dans la mesure où elle s'en éloigne. Dans ce réseau d'associations dont le gouvernement tiendrait les fils, nous craignons de voir le prolétariat s'éterniser et l'ouvrier perdre ce qui lui reste d'autonomie.

Renonçons donc à poursuivre un absolu que ce monde ne comporte pas. La sécurité parfaite, la parfaite égalité ne sont ni possibles, ni désirables. La sécurité, qui est un grand bien, ne s'obtiendrait qu'aux dépens du caractère, qui est un plus grand bien. L'égalité dans la jouissance n'est un besoin que pour l'envie. Indifférente à l'esprit fier, la réflexion ne tarde pas à voir qu'elle serait nuisible. Le but digne d'un effort généreux n'est pas le nivellement des conditions, mais un état de choses où la condition des moins fortunés serait acceptable. Si l'on ne peut y arriver qu'en élevant proportionnellement la condition du riche, ou même en accroissant les différences actuelles, ce n'est pas une raison pour s'arrêter ni pour chercher autre chose. Et réellement, il nous semble que, tout balancé, les grandes fortunes privées sont utiles aux sociétés qui les possèdent, malgré le mauvais usage qu'on en fait trop souvent ; nous pensons qu'elles leur seraient d'un profit immense, si l'on en faisait généralement un meilleur usage. Les grandes fortunes permettent seules les grandes épargnes et peuvent seules courir sans inconviennent les dangers inséparables du progrès industriel, tandis que les petites économies servent principalement à subvenir aux nécessités des mauvais jours sans ouvrir au travail de nouvelles voies ; car lorsqu'ils se risquent aux aventures, les petits capitaux sont bientôt absorbés par les grands. Pour pouvoir donner quelque bien-être au grand nombre, il faut avant tout que la société soit riche. L'abondance des produits du sol en fait baisser le prix. L'importation, qui nous la fait payer aujourd'hui par l'abaissement de la rente et la gêne des cultivateurs, n'est qu'une ressource temporaire ; pour assurer durablement cette abondance il n'y a d'autre procédé qu'une culture intensive, exigeant l'emploi de grands capitaux, et les capitaux ne se porteront vers la terre que s'ils ne trouvent pas ailleurs un emploi plus avantageux, parce que le taux moyen de l'intérêt sera tombé fort bas en raison de leur affluence. L'accumulation du capital, qui augmenterait ainsi la fertilité des campagnes, ouvrirait aux talents plus de carrières en rendant rémunératrices une foule d'entreprises utiles qui ne le seraient pas aujourd'hui. Tout en maintenant le bas prix du pain, elle ferait monter celui des journées et permettrait à l'ouvrier méritant de s'affranchir du salariat en empruntant sur le gage, aujourd'hui dédaigné, de sa réputation personnelle. Cette accumulation profitable à tous ne peut se produire que par l'épargne sur les intérêts du capital constitué. Ainsi le riche sert efficacement la chose publique en thésaurisant pour son propre compte, quel que soit à cet égard le sentiment de la modiste, de la danseuse et du carrossier.

Moins considérable matériellement, l'épargne sur le salaire n'est pas appelée à jouer un moindre rôle dans le progrès social. Pour l'ouvrier, l'épargne, que la sobriété lui rendrait facile, est déjà la sécurité de la vieillesse ; elle deviendrait, s'il le voulait, l'affranchissement du travail. La transformation désirable du salariat en propriété n'est possible que par l'instruction et par l'épargne. Si tels artisans, qui ont gagné longtemps et qui gagnent peut-être encore de sept à dix francs par jour, avaient généralement devant eux de quoi vivre pendant quelques mois, leur concours pacifique pourrait aussi bien contraindre les patrons à leur céder une part dans leurs ateliers qu'à payer plus cher l'heure de travail. Sans doute, la petite industrie ne soutient pas la concurrence de la grande, ce qui empêche aujourd'hui l'émancipation des travailleurs isolés, mais l'association leur fournit les moyens d'une émancipation collective, pourvu que leur culture intellectuelle et morale les rende propres à l'association.

Cette émancipation pacifique, par des accords librement consentis, est la seule dont un homme de sens commun puisse concevoir la pensée. Il est trop évident que les procédés autoritaires tendant à déplacer le capital ou à le rendre moins profitable arrêteraient promptement l'écoulement des produits et rendraient ainsi la continuation du travail industriel impossible, sous quelque forme que ce soit. Ainsi l'objet du litige, la richesse, la possibilité du bien-être disparaîtrait entre les mains des prétendants. Rien n'est plus clair, et pourtant on ne voit pas que le jour soit fait sur ce point dans les classes ouvrières. Dissiper les illusions trop naturelles qu'entretiennent soigneusement des ambitieux sans scrupule, faire pénétrer dans l'esprit de l'ouvrier les vérités économiques élémentaires est la condition préalable de tout progrès. Nous chercherons tout à l'heure comment on pourrait y parvenir. Il n'y a rien de plus important, ni rien peut-être de plus difficile. Pour le moment nous supposons la lumière faite et ne parlons que de réformes amiables.

IX

On n'entreprendra pas l'examen un peu technique des institutions et des contrats par lesquels l'ouvrier laborieux, capitalisant l'excédent que son salaire doit lui laisser dans une condition du travail normale, deviendra co-propriétaire de l'usine et prendra sa part proportionnelle des gains et des pertes, après avoir eu quelque part aux gains seuls en qualité d'agent révocable. Il n'est pas besoin d'entrer dans le détail des combinaisons possibles pour se convaincre que les plus équitables et les plus ingénieuses n'amèneront pas au but cherché, si directement ou indirectement elles ne déterminent pas une production plus grande, ou si du moins leur mise en œuvre ne coïncide pas avec un tel accroissement. Il s'agit finalement d'enrichir l'ouvrier sans appauvrir le patron, puisqu'on n'admet que des arrangements librement consentis de part et d'autre. On ne saurait augmenter la part de l'un dans un tout donné sans rogner la part de l'autre ; mais on peut diminuer la partie aliquote afférente à l'un sans diminuer son bénéfice effectif, moyennant que le tout à partager soit augmenté. C'est pourquoi les entrepreneurs qui intéressent leurs ouvriers à la production en leur accordant une part dans leurs bénéfices, ont jusqu'ici fait constamment de bonnes affaires. Qu'ils agissent par calcul ou par bienveillance, c'est indifférent quant au résultat. D'ailleurs ces deux mobiles ne s'excluent point. Quoi qu'il en soit, augmenter la part proportionnelle de l'ouvrier en augmentant la masse à partager : le problème à résoudre est là tout entier.

Sous le régime actuel de l'industrie, la production tend déjà d'une façon normale à s'élever et il le faut bien, car la population tend naturellement à s'accroître. On peut sans doute ralentir ce mouvement, l'arrêter même. Ce moyen de conserver la richesse des familles est fort employé, mais il n'est pas bon. Indépendamment de la question morale, article délicat, sur lequel le confessionnal n'aurait pas pu capituler sans des instructions infaillibles, il suffit de rappeler après tant d'autres qu'un peuple qui n'augmente pas le nombre de ses défenseurs a pris son parti de l'asservissement. Laissons cela.

L'accroissement annuel du revenu dans les temps prospères, les arts pratiqués pour capitaliser ce revenu, bref, ce qui suffit tout juste à maintenir l'existence de nos sociétés dans leur voie actuelle n'est point assez pour leur faire atteindre un plan supérieur et pour changer leur niveau.

Il ne s'agit pas d'abolir la propriété privée ou d'en restreindre la puissance, car ce serait briser ou affaiblir le ressort du travail libre; il s'agit d'universaliser la propriété et de porter au maximum le mobile intérieur du travail en y faisant voir l'agent du bien-être universel. A cet effet sont appelées à concourir l'épargne du riche et l'épargne du pauvre : l'épargne du riche pour multiplier les instruments du travail dans la proportion des nouveaux besoins, l'épargne du pauvre pour lui permettre d'acquérir ces instruments.

Ainsi le problème social se résout, à l'examen, en un problème de morale. Ce n'est pas l'opulence des uns, le dénuement des autres qui est le vrai danger; la misère est un effet de causes morales et ne peut trouver de remède que dans des réformes morales. Que le riche et le pauvre s'efforcent l'un et l'autre de connaître leur devoir pour le pratiquer, et les réformes sociales se produiront d'elles-mêmes ; qu'ils persistent dans leur attitude actuelle, et la société s'effondrera.

En elle-même, la richesse de quelques-uns, loin d'être un péril, est une ressource, l'unique ressource, car elle seule est capable de produire et de conserver des réserves. L'égalité des situations aurait pour effet, le maintien de cette égalité pour condition indispensable l'égalité des recettes et des dépenses, la consommation totale des revenus, la disparition du capital. Le mal ne gît donc pas dans l'opulence d'un petit nombre, mais dans le mauvais emploi de cette opulence, dans l'oisiveté qui gaspille la première de toutes les forces, l'intelligence, dans la sottise inséparable de l'oisiveté, dans le faste qui engendre la haine, qui absorbe inutilement beaucoup de bras, détruit inutilement une grande partie des fruits du travail et d'une manière générale, ralentit, entrave, empêche l'augmentation de la fortune publique, dont chacun finirait nécessairement par profiter et dont, à la considérer en elle-même, l'opulence serait l'agent le plus efficace. La misère reculerait évidemment si la richesse, mieux employée, rémunérait plus de travail. Elle reculerait surtout si le travail économisait la moitié des millions qu'il dépense journellement en liqueurs fortes. La prétendue loi suivant laquelle le salaire tend nécessairement à se réduire à l'entretien du travailleur est contraire à l'histoire, puisque le capital d'où sont tirés les salaires n'est que le résidu du travail des générations précédentes. Elle est contredite par les phénomènes du temps présent, où nombre de salaires laissent un superflu, généralement gaspillé dans la débauche. C'est bien plutôt les bénéfices du capital qui tendent, dans un pays libre, à s'abaisser au profit des salaires, jusqu'au point où l'industrie cesserait d'être lucrative pour l'entrepreneur. Les ouvriers qui, sentant le prix de la liberté, veulent devenir propriétaires, y réussiront au moyen de l'épargne, partout où leur salaire sera normal, et ce salaire normal, ils l'obtiendront partout où l'abondance des capitaux favorisera les entreprises et la demande de travail. Ainsi l'épargne du riche est le salut du pauvre, et les lois qui découragent l'épargne du riche sont au détriment du pauvre.

X

Cependant, il ne suffit pas d'amasser ; il faut s'entendre. Il faut que celui qui n'a rien comprenne qu'il ne saurait demander que la rémunération de son travail ; il faut qu'il respecte la justice. Il faut que le propriétaire comprenne que tout enfant a droit à la vie et s'efforce de lui faire obtenir son droit, quoiqu'il n'y soit pas tenu personnellement plutôt qu'un autre ; il faut qu'il s'applique à la charité. Tempérance, charité, justice, la force est là, le salut est là. Si les formules de la paix ne sont pas trouvées, elles se révéleront bientôt, lorsque chacun les cherchera dans l'esprit de paix. Et les vraies formules de la paix fussent-elles connues, elles ne sauraient servir à la paix sans la commune volonté de les appliquer.

Résumons-nous encore et concluons.

Au point où la culture intellectuelle du grand nombre s'est arrêtée, la démocratie cherche nécessairement à obtenir une répartition de la richesse qui procure au travailleur une existence tolérable et la sécurité du lendemain. Les moyens de résoudre ce problème ne se laissent point encore apercevoir, parce que la question est mal posée. La richesse à distribuer n'est point une réalité existante, comme le conçoit vaguement l'imagination populaire; elle se crée incessamment par le travail, et la première condition que doit remplir une distribution raisonnable des produits n'est pas de satisfaire aux exigences du consommateur, même les plus équitables et les plus modérées, c'est d'assurer la continuité de la production dans la mesure des besoins, lesquels tendent naturellement à s'accroître. Le mobile de cette production ne saurait être que la contrainte, c'est-à-dire l'esclavage, ou l'intérêt personnel du travailleur, qui suppose la propriété privée, l'hérédité, l'inégalité des fortunes, l'appropriation des outils et des usines, aujourd'hui l'opposition du capitaliste, de l'entrepreneur et du salarié, en un mot tous les grands traits de l'organisation économique dont on se plaint. Aux souffrances de la classe ouvrière il ne peut être opposé, dans le présent, que des palliatifs, des remèdes partiels, dont l'application utile suppose la confiance réciproque et le bon vouloir général. Une amélioration plus considérable serait obtenue par l'élimination de l'entrepreneur, qui ne saurait être supprimé par la contrainte et que l'Etat est incapable de remplacer, mais que les ouvriers pourront remplacer sans révolution, lorsqu'ils auront acquis les connaissances et les talents nécessaires à la gestion industrielle et commerciale d'une entreprise de quelqu'importance, puisque la production sur une grande échelle est la seule production rémunératrice [1].

Ce sont là des vérités aisément démontrables, qui peuvent être mises à la portée de la moyenne des intelligences. Il est urgent, il est d'une importance souveraine que les masses arrivent bientôt à les comprendre, à les accepter, à s'en pénétrer. Le salut de tous est à ce prix.

Mais pour que ces vérités élémentaires de l'économie, qu'il est si pénible de s'avouer, réussissent à se faire admettre, pour que leur évidence triomphe des illusions dont se bercent les classes souffrantes et dont on les enivre jusqu'à la fureur, il est indispensable, avant tout, que ceux qui connaissent ces vérités les enseignent et soient écoutés. Pour qu'ils puissent se faire écouter, il faut qu'ils inspirent de la confiance, il faut que le peuple croie à leur sincérité, à leur bonne foi. Pratiquement, la question sociale est là toute entière. Ceux qui essaient de prouver aux salariés la nécessité de se résigner au salariat aussi longtemps qu'ils n'auront pas acquis les instruments du travail

---

[1] M. Hertzka, qui voit comme nous l'avenir de l'industrie dans les associations volontaires de production, y joindrait le rachat du sol, dont nous avons reconnu la légitimité en principe, afin qu'il fût cultivé de même par des associations agricoles, où chacun pourrait librement entrer. C'est peut-être de ce côté qu'il faudra marcher, si l'agriculture ne peut se soutenir que par l'emploi des procédés de la grande industrie.

par leur épargne sont naturellement soupçonnés de parler dans leur propre intérêt, et ce soupçon n'est pas sans fondement. Ils parlent réellement dans leur propre intérêt, mais ils parlent aussi dans l'intérêt de tous, et tout spécialement dans l'intérêt de la classe ouvrière, à laquelle ils s'adressent. Comment réussiront-ils à l'en convaincre ? Ce n'est pas la supériorité de leurs raisonnements qui les fera triompher des utopies socialistes. Il s'agit de confiance. Pour gagner la confiance, il faut prouver qu'on la mérite, et cette démonstration ne saurait consister que dans des faits. Pour éteindre la haine sociale, la ressource unique est l'amour. La conservation de la société exige que la vérité économique pénètre dans la masse du peuple. Les seuls prédicateurs de la vérité qui aient chance de se faire entendre du peuple sont ceux qui lui auront prouvé, non par leurs discours, mais par leurs sacrifices personnels, par la teneur de toute leur vie, qu'ils lui sont entièrement dévoués — prédication collective, par des œuvres, par des fondations, — prédication individuelle, par la sollicitude et l'affection témoignées aux individus. Il s'agit de porter la lumière dans des esprits très prévenus ; pour cet effet, il faudrait dissiper leur défiance, et cette conquête morale ne saurait être obtenue que par le contact des individus, au prix de grands efforts et de grands sacrifices. Il s'agirait pour la classe enviée de mettre son bon vouloir à l'abri du soupçon, comme nombre d'industriels ont déjà su le faire sous l'empire d'une conviction religieuse ou par une générosité naturelle plus habile que tous les calculs. Chacun sera écouté de ceux auxquels il aura fait du bien d'une manière assez persévérante pour qu'ils ne puissent pas révoquer en doute la sincérité de ses sentiments à leur égard. Grand est déjà le nombre des gens à l'aise qui comprennent leurs devoirs envers le pauvre et qui s'efforcent de les remplir. Ces hommes, parfois dédaignés, la plupart inconnus, sont les meilleurs étais de notre maison ruinée ; ils retardent une catastrophe qui ne semble pas moins se rapprocher de jour en jour. Mais si le nombre en était décuplé, comme il pourrait l'être ; si les amis du peuple s'appliquaient à l'instruire, tout en travaillant dans la mesure du possible à relever sa condition, le danger social serait conjuré, la question sociale serait résolue de la seule manière dont elle puisse l'être.

Nous ne saurions ni décrire ni prévoir toutes les formes sous lesquelles pourraient s'établir et s'établissent déjà ici et là ces rapports affectueux de la classe aisée et du populaire. Il n'en est pas besoin pour comprendre qu'un tel commerce entraînerait des dépenses dont la bourgeoisie, tout en respectant scrupuleusement la dignité de ses nouveaux amis, aurait à couvrir la plus grande part. La peur ne saurait remplacer l'amour; mais l'imminence du danger peut au moins faire réfléchir, et la réflexion conduire à l'intelligence de leurs devoirs quelques-uns de ceux qui travaillent aujourd'hui à envenimer la plaie par le mauvais emploi de leur fortune. Quelle que soit l'insuffisance des motifs intéressés à produire une véritable amélioration de l'ordre moral, il reste certain à nos yeux que toute possibilité d'apaisement et de progrès dans les relations sociales dépend d'un relèvement de la moralité moyenne, dont l'initiative appartient nécessairement à la classe riche. Qu'elle se fasse d'abord pardonner sa richesse, ensuite elle pourra la justifier en en montrant l'utilité pour tout le monde. Mais qu'elle se hâte, et qu'elle cesse de compter sur la force, car elle n'en dispose plus.

XI

Vous trouvez ce sermon bien long, n'est-ce pas, bien ennuyeux, bien puéril, bien chimérique ? Ennuyeux, le reproche n'est que trop juste ; il me touche au vif, car je voudrais persuader. Puéril, banal, ceci n'est plus aussi grave ; ce qui va de soi pour quelques-uns aurait, suivant d'autres, grand besoin d'être démontré. Sans doute il est évident que si chacun faisait ce qu'il croit être bien, l'ensemble irait mieux ; néanmoins, il peut être bon de le rappeler et d'y insister. Résoudre la question sociale par la vertu, la belle recette! dites-vous sans doute ; les systèmes socialistes n'ont-ils pas tous pour objet de recueillir les fruits de la vertu tout en se passant de la vertu, dont leurs auteurs ne disposent pas ? Chacun ne sait-il pas que si l'homme apprend toujours et s'enrichit d'inventions merveilleuses, sa taille ne s'élève point, que ses poumons ne s'élargissent point, que ses jours ne s'allongent point et qu'il ne devient ni plus intelligent ni meilleur ? Ainsi nos conseils seraient vides et notre logique aboutirait au désespoir.

Nous sentons douloureusement la force de cette objection : si, pour améliorer la condition matérielle des classes souffrantes, il faut changer le cœur humain, autant dire que leur mal est sans remède et s'occuper d'autre chose. — On s'y résignerait si l'on était libre de le faire, mais on ne l'est pas ; le malheur a droit sur nous ; nous sommes tenus de combattre le mal hors de nous comme en nous, sous toutes ses formes. Et nous ne nous plaignons pas de cette attache, le devoir n'est-il pas notre dignité, notre raison d'être ? n'est-il pas notre être même ? Nous devons travailler à résoudre la question sociale ; nous devons donc la considérer comme soluble. Voyant que la misère actuelle ne saurait être atténuée si les hommes n'arrivent pas à une notion plus claire de leurs devoirs et ne travaillent pas mieux à les remplir, essayons au moins de nous convaincre qu'ils en sont capables. Et réellement, en cherchant un peu, nous trouverons des raisons pour l'espérer. On s'abuse en croyant prouver par l'histoire que le niveau de la moralité moyenne est immuable ; il varie sensiblement, au contraire, suivant les temps et les lieux, au moins sur tels articles déterminés, et rien ne prouve que la supériorité d'un peuple en quelque point soit balancée exactement par son infériorité sur d'autres. Dans nos pays soi-disant civilisés, il y a des villes où les jeunes femmes sortent seules à pied, même le soir, sans crainte d'être insultées par des inconnus, d'autres où d'honnêtes filles ne le pourraient pas, toute personne du sexe qu'on rencontre étant supposée abordable jusqu'à preuve du contraire. Lorsqu'un journal de Londres apprit au public qu'on vendait de petites filles en Angleterre pour la consommation locale et pour l'étranger, on s'égaya fort de l'autre côté du Canal à la pensée que la sanctimonieuse Albion, si prompte à voir la paille dans l'œil égrillard du voisin, avait de si gros péchés sur la conscience. Mais de semblables révélations faites à Paris sur les iniquités de Paris ou de Bordeaux auraient-elles produit la même indignation nationale, le même deuil national qu'en Angleterre? C'est une question que nous nous bornons à poser. Il y a des administrations où tout s'achète, et où les marchés ne sont jamais conclus sans pot de vin; il y en a d'autres où les fonctionnaires ne reçoivent aucun présent et où le plus léger soupçon sur ce sujet serait une flétrissure indélébile. Il y a certains cantons où les portes des maisons n'ont pas de serrures, et d'autres où de hautes murailles, d'épais verrous et de gros chiens déchaînés dans les cours ne suffisent pas à garantir la sécurité d'une habitation isolée, détail qui, pour le dire en passant, ne laisse pas d'influer sur le prix des terres. Pareillement, il y a des populations qui épargnent sur d'assez maigres revenus, non loin d'autres qui travaillent bien, gagnent beaucoup, consomment beaucoup et ne font point d'économies. Si la littérature d'un peuple en reflète les mœurs, si l'on accorde quelque créance à ces ouvrages si nombreux et si goûtés qui se donnent aujourd'hui pour des miroirs de la vie réelle, on ne saurait douter qu'il n'y ait entre la moralité d'un peuple et celle d'un autre non seulement des nuances de coloration, des différences qualitatives, mais aussi des différences de valeur et de degré. La base de notre induction n'est guère contestée que par ceux qui se croient intéressés à la contester. La littérature nous apprend donc, ou nous fait au moins présumer fortement qu'il existe une échelle de moralité entre les nations contemporaines. La littérature et l'histoire nous attestent d'une manière irrécusable que, sur un fond permanent sans doute, les goûts, les passions, les caractères se sont modifiés durant le cours des âges, aussi bien que les croyances, les mœurs et les lois. L'histoire la plus récente, la mieux contrôlée, nous permet d'assigner à l'influence d'individualités déterminées une partie au moins de ces changements. Ce n'est donc pas nécessairement une folie d'en appeler aux forces morales pour guérir ou pour adoucir un mal social, et ce n'est pas nécessairement perdre son temps que de chercher à réveiller ces forces morales.

La philosophie courante au XIXᵉ siècle reconnaît les révolutions, ou mieux, pour lui laisser son mot, l'évolution des penchants et des habitudes, sans toutefois encourager directement notre effort. A l'en croire, ce serait toujours aux variations du milieu, aux changements des circonstances, à des causes extérieures, à des forces impersonnelles qu'il faudrait attribuer les modifications de l'esprit humain ; l'individu serait toujours un effet, jamais une cause. Nous ne saurions nous ranger à cette opinion, qui nous semble jurer avec les prétentions de ceux qui l'avancent à la positivité scientifique. Une proposition scientifique se démontre par des faits palpables. Les causes impersonnelles, les lois fatales ne sont pas des faits palpables. Un changement de l'esprit public est un changement qui s'est produit dans les aspirations et dans les croyances du plus grand nombre des personnalités actives. Et si le caractère de ces personnalités est un effet de leur milieu, ce milieu lui-même consiste essentiellement dans les actions et dans les paroles d'autres personnes. Sans méconnaître l'influence des pressions matérielles résultant de causes physiques, telles que l'accroissement naturel de la population par exemple, ni le rôle des conflits entre nations, décomposables sans doute en actions individuelles, mais où les nécessités extérieures jouent un rôle important, il est impossible de contester que les agents actifs dans la formation des individus sont essentiellement les individus dont ils procèdent et ceux qui les entourent. Tout, ou presque tout, dans l'histoire se résout en réciprocité d'actions individuelles ; l'analyse du fait sensible ne donne rien au-delà. Que le vice et la vertu soient des produits, comme le sucre et le vitriol, qu'agents apparents de l'histoire, purs symptômes en réalité, Charlemagne, Luther, Rousseau, Bonaparte résultent entièrement de causes externes, sans être les effets d'eux-mêmes à quelque degré que ce soit, c'est une simple hypothèse : que ces causes externes soient assignables, c'est une vaine prétention ; mais que Bonaparte, Charlemagne, Rousseau, Luther aient agi, qu'ils aient modifié la condition extérieure, les sentiments, les opinions, les tendances de l'humanité, c'est le fait qui s'incruste en tout esprit informé par la tradition, c'est une évidence absolue dont on chercherait vainement à se débarrasser. Et si les grands hommes qui semblent mouvoir le monde ou modifier l'esprit humain ne font en réalité que concentrer et transmettre des impressions qu'ils ont reçues, c'est un puissant motif pour les petits de ne point considérer comme inutile la faible action qu'ils peuvent exercer, puisque leurs aspirations et leurs sentiments constituent précisément le milieu moral, la substance d'où sort le génie qui pourra donner une forme à ces aspirations et les féconder.

Il n'est donc pas absurde de s'imaginer que la difficulté sociale pourrait trouver dans quelque réforme des mœurs une imparfaite solution, la seule qu'elle comporte. Il n'est pas absurde de penser que telles réflexions soumises au public puissent contribuer à cet heureux résultat. Il n'est pas absurde d'émettre un avis sur ces sujets, même sans le talent qui l'imposerait à l'attention, parce que cet avis a chance de tomber sous les yeux d'un homme capable de l'adopter et de le mettre en lumière.

XII

Pour atteindre notre but prochain, pour éloigner une guerre sociale qui a déjà fait explosion plusieurs fois et qui pourrait bien finir par nous enterrer sous les ruines, nous ne prétendons pas, d'une manière générale, changer le cœur de l'homme et proposer à son activité des mobiles tout nouveaux ; nous voudrions rendre nos contemporains attentifs à des faits qui les engageraient, s'ils en tenaient suffisamment compte, à modifier leur conduite à quelques égards, sous l'influence de leurs mobiles actuels Quelques-uns se règlent déjà sur ces faits bien connus ; ils s'en trouvent bien personnellement et contribuent à détourner le danger qui nous menace : quelques ouvriers, comprenant qu'il ne saurait y avoir de liberté qu'avec la propriété, ni dans le présent ordre économique ni dans aucun ordre que ce soit, travaillent à devenir bourgeois et propriétaires ; quelques patrons généreux, ou simplement intelligents, convaincus qu'ils ont tout intérêt à contenter leurs ouvriers, s'efforcent, non seulement d'adoucir leur condition, mais de la fortifier et de l'entourer de garanties, tandis qu'à bon escient, ou sans y penser, ils entourent leur propre corps et leurs propres biens d'une garde d'amis fidèles pour les jours de sang et de feu. Il s'agirait simplement de multiplier assez le nombre de ces ouvriers et de ces maîtres prudents pour qu'ils arrivent à faire la mode, à donner le ton, à dominer l'opinion dans leurs classes respectives. L'égalité politique a déjà fait disparaître le faste des vêtements dans un sexe ; une éducation plus sérieuse amènerait naturellement une réforme pareille chez l'autre. D'autres genres de luxe disparaîtraient également au profit de la richesse commune, si l'opinion des cercles influents se prononçait nettement contre eux. De même si l'opinion mettait à l'index les propriétaires qui laissent leurs champs en friche, elle pousserait au morcellement des domaines qui ne trouvent plus de fermiers, mais qui peuvent encore nourrir le cultivateur. Bref, sans entrer dans un détail qui nous retiendrait trop longtemps et qui exigerait trop d'informations, disons encore une fois que si la civilisation paraît menacée dans ses fondements, le mal ne semble pourtant pas assez avancé pour qu'un ensemble de palliatifs administrés en temps utile ne suffise pas à le contenir. Mais le temps presse !

Les mesures législatives à conseiller varient d'un pays à l'autre ; elles ne suffiront nulle part. Pour qu'elles soient adoptées et pour qu'elles fonctionnent utilement, il faudrait des dispositions et des clartés morales que la loi ne saurait donner, et qui suppléeraient à l'insuffisance de la loi. Le salut social exige un changement volontaire dans la conduite individuelle, une révolution morale ; mais cette révolution n'est pas en dehors de toutes les analogies de l'histoire. Il n'est pas besoin qu'elle soit universelle, ni très radicale ; elle ne suppose pas l'introduction de mobiles inconnus, mais le renforcement de certains mobiles par rapport aux autres, et surtout un accroissement de lumières et d'attention qui fasse mieux comprendre à chacun ce qu'exige son propre intérêt. Déjà les forces réparatrices travaillent à côté des puissances de destruction : faire prévaloir les premières est l'affaire des gens convaincus, agissant comme particuliers, isolément ou dans des associations volontaires. Le salut ne saurait venir de l'Etat, l'Etat n'a pas le dépôt de révélations surnaturelles ; l'Etat ne peut agir sur les convictions et sur les sentiments que d'une manière indirecte, lente, et très exposée à tourner à contre-fins. Mais surtout l'eau ne s'élève pas au-dessus de sa source, l'Etat démocratique ne peut revêtir de la forme impérative que les désirs du grand nombre, tels qu'ils résultent des lumières, des besoins, des passions et des préjugés du grand nombre. La tendance naturelle du grand nombre serait d'égaliser les conditions par les moyens les plus courts. Il n'en veut pas à la propriété comme telle, car il y participe ou la convoite ; mais il en veut à ceux qui lui semblent posséder trop, et dans le but d'égaliser, il pousse à des mesures légales propres à tarir les sources de la richesse publique. La démocratie va dans ce sens à peu près partout. Si ce courant ne change pas, il est inconcevable qu'elle ne finisse pas par aboutir. Si les classes souffrantes ne parviennent pas à faire prévaloir leur volonté en forme constitutionnelle, elles s'efforceront de prévaloir par la violence, tentatives dont la répression menace la liberté, redouble la haine, et ne réussira peut-être pas toujours à conjurer une catastrophe où la civilisation s'engloutirait. On réprime, c'est-à-dire on écrase; mais au bout de vingt ans c'est à recommencer. Êtes-vous certains que le peuple des casernes se prête à massacrer indéfiniment le peuple de la rue, dont il est sorti la veille, et dont les sentiments sont les siens? Il ne suffit donc pas de comprimer l'incendie, il faut l'éteindre, il faut calmer les passions en éclairant l'intelligence, il faut instruire le grand nombre de son intérêt véritable; mais pour l'informer, il faut s'en faire écouter, et pour obtenir sa confiance, il faut l'aimer. La solidarité des intérêts, que tout aujourd'hui semble obscurcir, ne peut devenir manifeste que par le concours des affections. Pour affermir l'ordre social, il faut en cicatriser les blessures, il faut en corriger les défauts les plus choquants; ce double résultat dépend d'une modification des mœurs et des sentiments de la classe la plus nombreuse qui ne peut être déterminée elle-même que par l'attitude et la conduite de la classe la plus aisée et la moins nombreuse. Une réforme intérieure est le moyen unique et suffisant de détourner le danger matériel, la question économique se résout dans la question morale [1].

Qu'on nous comprenne bien : nous ne voulons point dire qu'il n'y ait rien à changer dans nos codes et dans la forme habituelle des contrats. La société actuelle ne nous semble ni la seule possible, ni la meilleure ; nous ne disons pas comme Agénor de Gasparin : « la société est faite, et n'est point à faire; » nous voyons distinctement, au contraire, que la société se fait et se défait tous les jours. L'injustice du régime actuel est à nos yeux manifeste. Faibles et molles devant les misères méritées par l'inconduite et l'imprévoyance, nos lois et nos mœurs sont iniques envers l'enfant qui naît sans protecteur et sans héritage. C'est un problème fort délicat ; mais tout embarrassant qu'il puisse être, il faut l'aborder, et c'est déjà quelque chose de l'avoir défini. La prolongation du régime actuel est impossible. Pour s'en convaincre, il suffit de mettre en présence quelques-uns des éléments qui le constituent : les profits du travail dévolus exclusivement à l'entrepreneur-capitaliste, l'immense majorité des ouvriers dépourvus de toute garantie d'existence, de toute sécurité pour l'avenir, vivant au jour le jour d'un salaire juste suffisant pour ne pas mourir de faim ; — puis, en face de ce contraste économique, le suffrage universel chargé de faire les lois et le service militaire universel d'en

[1] Sur les devoirs des riches, sur les motifs d'intérêt qui les pressent de s'en acquitter et sur quelques moyens de le faire, on lira avec fruit l'excellent travail de M. G. Picot, *Les logements d'ouvriers*. Paris, chez Calmann-Lévy.

assurer l'observation ; — enfin le salariat condamné dans la conscience des salariés, et la guerre sociale en permanence ! Les jours du salariat sont comptés. Il faut que la révolution de l'industrie introduite par la vapeur trouve son expression légale, il faut que, sous le nouveau régime, l'ouvrier rentre en possession de son outil. Ceux qui croient à la possibilité de faire vivre le *statu quo* plus longtemps et qui frelatent la science pour en excuser les abus sont de tous les rêveurs les plus chimériques.

La seule question est de savoir si le salariat fera place à d'autres arrangements ensuite d'un accord amiable entre les parties ou d'un décret impératif émanant de l'une des parties. Nous ne saurions comprendre une révolution économique sous forme de dépossession sans destruction immédiate du crédit, sans annihilation de valeurs très importantes, sans réduction au minimum de la demande et de la consommation des produits industriels, en un mot sans une commotion qui frapperait le travail industriel de paralysie. L'accord amiable nous paraît donc indispensable au succès, et nous espérons, malgré tout, qu'il s'établira. Moyennant une réserve, la réforme sociale nous paraît très désirable ; et nous la jugeons possible sous une condition :

La *réserve*, c'est la liberté. Il n'y a de société viable et digne de l'homme qu'une société fondée sur la liberté du travailleur, sans autre contrainte positive que les contraintes intérieures de l'intérêt personnel et de l'amour.

La *condition* de la réforme sociale, c'est la confiance réciproque des classes appelées à réviser leurs accords. L'antagonisme actuel ne peut rien produire. Cette confiance réciproque ne peut résulter que d'un changement de point de vue, d'attitude et de dispositions. Tant que le capitaliste se croira le maître et ne se reconnaîtra pas débiteur, tant qu'il n'aimera pas l'ouvrier, dont il sait n'être point aimé, il n'acceptera aucune réforme sérieuse, incisive, efficace. Et si l'ouvrier, sans avoir vaincu sa haine, entre dans la place à coups de fusil ou de bulletin, il manquera le but en le dépassant, il détruira de sa main violente l'organisme du travail qu'il ne comprend pas, et centuplera sa propre misère. Une réforme salutaire ne saurait avoir lieu que par voie d'entente. Il faut donc avant tout éteindre les haines, désarmer la défiance, pour pouvoir éclairer le peuple sur ses intérêts et sur la limite de ses droits. Et l'initiative ne saurait être prise que par les riches, qui n'ont aucun sujet de haïr, quoi qu'ils aient peut-être lieu de craindre. Qu'ils s'adressent au cœur de l'ouvrier par des procédés affectueux et par des bienfaits solides; ils y parviendront, car plusieurs l'ont fait. Qu'ils suivent tous, ou sinon tous, le plus grand nombre, un très grand nombre tout au moins, l'exemple qu'une minorité d'entre eux donne avec tant de succès. Qu'ils comprennent et qu'ils remplissent sincèrement leur simple devoir envers la classe ouvrière; alors ils pourront en être écoutés lorsqu'ils essaieront de lui faire entendre quels sont ses devoirs envers elle-même. En se refusant les jouissances de la vanité dans l'intérêt de la charité, ils lui enseigneront l'économie. Quand la confiance et la bienveillance domineront dans les rapports, quand la réforme morale sera accomplie, imparfaitement sans doute, mais réellement, alors, et seulement alors, on pourra faire adopter des lois plus justes et les observer une fois adoptées. Les changements à opérer par voie législative ne sont d'ailleurs pas très considérables et ne constituent pas à nos yeux l'essentiel de la réforme économique ; l'essentiel serait un progrès de l'instruction générale qui permît aux ouvriers manuels de choisir leurs directeurs dans leur propre sein. L'augmentation de la richesse publique, résultant d'un nouvel essor de l'industrie, permettrait alors d'assurer aux enfants dépourvus l'apprentissage et la dotation qui leur sont dus. Le sérieux devoir des classes fortunées, devoir de prudence et de charité, est de favoriser le développement de l'instruction et, comme conséquence, une transformation qui, sans porter atteinte à leur propriété, en diminuerait les privilèges.

CHAPITRE III

LA QUESTION VÉRITABLE

Nos deux premiers chapitres avaient pour but de dissiper d'abord une illusion flatteuse qui détourne encore bien des gens du vrai chemin, puis également une illusion décourageante qui en paralyse un plus grand nombre et les livre tantôt au désespoir, tantôt à l'imbécillité d'un amusement plus lamentable encore.

I

L'illusion flatteuse semble déjà s'affaiblir : elle consiste à penser que le progrès se réalise dans l'humanité par la seule force des choses. Ce qui semble résulter de la force des choses, ce qui est donné dans les cartes, ce qui, sans l'intervention de nouvelles forces, ne peut pas ne pas arriver dans un délai plus ou moins rapproché, le bas de la pente où nous coulons, c'est la fin d'une civilisation qui s'éteint dans la sottise ineffable.

En effet, l'organisation militaire d'un seul état oblige tous les autres à rester en armes. Les causes permanentes de conflits subsistent, les occasions de conflits surgissent à chaque moment; les ajournements, les combinaisons provisoires où triomphe la diplomatie compliquent les difficultés plutôt qu'ils ne tendent à les résoudre. On pensait que la solidarité croissante des intérêts économiques et l'assimilation des intelligences préviendraient le danger de la guerre : c'est une illusion qui s'envole. Localiser la guerre est un jeu de fripons et de dupes, car l'issue d'une guerre localisée ne laisse point les neutres dans la position qu'ils occupaient auparavant, de sorte qu'une collision pareille en rend une autre inévitable et ainsi de suite indéfiniment. Toute guerre est générale de sa nature, mais nul ne saurait dire jusqu'où le déchaînement d'une guerre générale pourrait faire reculer l'humanité.

L'organisation démocratique est favorable à la paix entre les nations, et la démocratie tend à prévaloir partout; mais elle n'avance pas dans tous les pays avec une égale vitesse et les points de départ sont très différents, de sorte que les ambitions territoriales et les passions belliqueuses ont encore du champ devant elles. En attendant, partout où règne la démocratie, elle supprime l'une après l'autre les garanties de la liberté et de la propriété individuelles. Il est impossible que la majorité ne tarde pas à faire prévaloir sa volonté dans tous les domaines ; il est impossible que cette volonté de la majorité ne soit pas la traduction de ses penchants et de ses préjugés sous une forme impérative ; il est impossible que cette majorité ne cherche pas dans l'omnipotence dont elle dispose les moyens d'améliorer la condition matérielle de ses membres — et il est également impossible, au degré d'intelligence et de culture où elle est arrêtée, que le moyen imaginé ne consiste pas à s'approprier, sous une forme ou sous une autre, les richesses accumulées entre les mains de quelques-uns. Enfin il est impossible que cette tentative aboutisse, impossible que l'objet convoité ne disparaisse pas dans ce transfert, de quelque manière qu'il soit entrepris.

Il n'y a pas de mécanisme, il n'y a pas de combinaison politique en état d'arrêter cette marche des choses. On peut bien proposer une loi qui marque où se borne la compétence de la loi, où commence le domaine de la liberté individuelle ; peut-être même en un beau jour pourra-t-on la faire adopter. Mais, une fois adoptée, ce ne serait jamais qu'une loi comme une autre, une expression de la volonté du souverain susceptible d'être révoquée par une volonté contraire. Il est donc impossible de donner des garanties réelles aux particuliers contre l'exercice de la majesté populaire. Cette puissance, illimitée de sa nature, travaille par la force des choses à égaliser les conditions économiques, mais nul n'imagine que les possesseurs actuels se laisseront dépouiller sans résistance. Qu'on cherche à réaliser cette égalité par une mise en commun ou par une répartition nouvelle, une tentative pareille entraînerait infailliblement la ruine de notre civilisation.

On n'a point affirmé qu'une telle catastrophe dût se produire, on ne prophétise pas ; on a simplement énoncé pour la cent-millième fois ce qui est dans la logique des événements, on a dit ce que chacun voit en ouvrant les yeux. Mais, sans parler des aveugles, qui sont le nombre, combien, au lieu de regarder, détournent la tête et s'appliquent à se divertir, tandis que les malins cherchent à tirer momentanément profit pour leur compte d'une situation sur laquelle ils ne s'abusent guère ?

L'illusion flatteuse que le mieux se produit de lui-même tend à se dissiper. Cependant elle règne encore sur certains esprits, dont les progrès obtenus dans les rapports des hommes avec les choses troublent la vue sur ce qui concerne les rapports des hommes entre eux, parce qu'ils se flattent de soumettre les uns et les autres à la même loi. Si nous ne connaissions pas les enchantements de l'esprit systématique, nous jugerions le spectacle du siècle de nature à les dégriser.

II

L'erreur opposée, l'illusion décourageante, l'exagération pessimiste, c'est qu'il n'existe aucun moyen de lutter avec quelque chance de succès contre la fatalité qui nous entraîne. Cette fatalité n'est pourtant autre chose que l'ignorance et la brutalité d'un nombre déterminé d'individus. Eh! bien, on dissipe l'ignorance par l'instruction, on fond la brutalité dans l'amour. Sur quelques points, il s'agit de faire entendre à la masse où se trouve son intérêt, ce qui, nous l'avouons, n'est pas un mince travail ; sur d'autres, il faudrait créer l'intérêt, ce qui semble plus difficile encore et n'est pourtant pas impossible.

Que le petit veuille utiliser son vote pour améliorer son ordinaire, il en a le droit. Qu'il puisse y parvenir en employant les recettes du socialisme, c'est une erreur de calcul que l'économiste rendra sensible aux plus faibles intelligences dès qu'elles le croiront sincère. Voilà pour la propriété.

Quant à la liberté, c'est autre chose. En faire comprendre l'utilité, c'est en faire naître le besoin. La liberté individuelle est un instrument, elle n'a pas de prix pour ceux qui ne savent qu'en faire. La liberté positive, c'est le pouvoir, que bien peu de gens oseraient se flatter d'exercer seuls. La recherche de la liberté positive conduirait à l'omnipotence de l'Etat par l'organe duquel on espère imposer aux autres sa volonté. Pour inspirer aux masses l'amour et le respect de la liberté individuelle, il faudrait éveiller chez ceux qui les composent un intérêt dont la satisfaction soit subordonnée à cette liberté. Pour quelques-uns, l'intérêt cherché sera la richesse ; ceux qui ont du talent et des avances ne demandent à l'Etat que la protection de leurs entreprises. Aussi voyons-nous le libéralisme économique et politique recruter ses partisans dans les classes fortunées. Ces hommes-là feront à la liberté bien des sacrifices, mais non peut-être tous les sacrifices dont cette grande cause aurait besoin ; car il est difficile de comprendre comment on en viendrait à donner volontiers sa vie et la totalité de son bien pour défendre des institutions dont le prix ne consisterait qu'à nous permettre d'accroître ce bien plus rapidement. En tout cas, cette faculté reste sans valeur aux yeux du grand nombre, qui, ne possédant pas les instruments du travail, sait qu'il dépendra toujours de quelqu'un pour sa subsistance. La liberté politique consiste uniquement aux yeux des masses dans le pouvoir collectif d'ordonner. Pour les attacher à la liberté véritable, qui repose sur la restriction de ce pouvoir, il faudrait un intérêt positif et supérieur, dont la liberté individuelle se présentât comme l'indispensable garantie. En lisant l'histoire avec attention, on discernerait peut-être quel intérêt répond à ces exigences [1].

[1] Sur les conditions de la liberté politique, voir *Discours laïques*, p. 323 et suiv.

En somme, les garanties de la liberté et de la propriété ne peuvent être désormais que le dévouement d'un nombre suffisant d'hommes pénétrés de l'importance de ces biens et résolus à les maintenir. Les idées et les sentiments qui prévalent aujourd'hui nous poussent vers un abîme. Le salut est au prix d'un accroissement des lumières et d'un redressement des volontés ; le salut social est une œuvre de propagande scientifique et de renouvellement moral. Un renouvellement moral des classes riches, un changement complet de leur attitude est le seul moyen de faire arriver dans les masses la lumière qui nous donnerait la paix sociale.

Dans la mesure des besoins, cette œuvre n'est pas impossible. Pour assurer le respect de la propriété privée, il suffirait de faire comprendre à ceux qui en sont dépourvus qu'ils ont eux-mêmes le plus grand intérêt à sa conservation, vérité dont plusieurs d'entre eux sont déjà convaincus et qu'un très simple calcul, dont sont capables la plupart des hommes en état d'exercer quelque influence, rendrait évidente aux autres dès qu'ils croiraient à la bonne foi des gens qui l'ont fait avant eux. Ils n'ont donc pas tort ceux qui voient le salut social dans la science. Mais la science ne peut venir que de ceux qui savent. Ceux qui savent appartiennent à la classe qui a pu s'instruire, à la classe de ceux qui possèdent, et ceux qui possèdent ne sont pas écoutés des prolétaires, qui les tiennent pour ennemis. La défiance est le principal obstacle à la diffusion des vérités économiques, la défiance est la cause persistante du danger qui menace nos foyers. Comment dissiper cette défiance de l'ouvrier envers le bourgeois? telle est, nous a-t-il semblé, la question pratique, la question urgente. A cette question, nous n'avons trouvé qu'une réponse : Pour surmonter la défiance invétérée et peut-être, hélas, méritée, qui ferme l'esprit du peuple aux raisonnements les plus élémentaires et l'ouvre aux mensonges de ses courtisans, il faut lui prouver qu'on est sincère, il faut lui prouver qu'on veut son bien, il faut lui prouver qu'on l'aime ; et pour lui prouver qu'on l'aime, il faut l'aimer effectivement, l'aimer en dépit de tout. La crainte peut inspirer des mesures réparatrices. On songe aux intérêts du petit depuis que son suffrage élève les grands ; on a construit des chemins vicinaux, on chauffe les troisièmes des chemins de fer, on construit des palais pour l'école primaire, on travaille à diminuer les frais de justice. Mais ces mesures collectives ne suffisent pas, il faut une action personnelle, d'individu à individu, que la crainte ne va pas encore à suggérer et qu'elle dirigerait infailliblement à contre-fins. L'hypocrisie d'une bienveillance intéressée se trahirait à chaque instant et ne ferait qu'attiser la haine,

L'amour ne répond qu'à l'amour.

Cet amour s'exerce déjà de mille manières touchantes et fécondes; loin d'en méconnaître l'influence, nous pensons que c'est à lui que nous devons de subsister encore ; mais le nombre et le zèle de ses organes est déplorablement insuffisant. Trop souvent, d'ailleurs, il se complique et s'obscurcit d'intérêts sectaires qui paraissent à plusieurs et sont réellement quelquefois des préoccupations égoïstes. Il n'aime pas, celui qui soulage les corps dans le dessein d'asservir les âmes, ou, s'il pense les soumettre pour leur bien, il aime mal ; l'amour véritable ne veut point asservir, il veut affranchir, et l'amour véritable peut seul inspirer la confiance. Les efforts qu'il suggère à quelques inconnus ralentissent le déclin de la civilisation moderne. Pour l'arrêter sur la pente, pour restaurer son équilibre, il faudrait que l'action de ces forces régénératrices fût centuplée ; il faudrait que ceux qui s'étourdissent sur le danger et qui l'augmentent incessamment par leurs folies égoïstes fussent contraints de le regarder en face ; il faudrait que tous ceux qui l'ont compris et qui voient où serait le remède, se disent enfin qu'il ne leur est pas permis de se démettre de l'humanité en se désintéressant de son lendemain, que leurs calculs sont bornés, que le succès n'est pas leur affaire ; mais que leur affaire est d'agir, que leur devoir strict, péremptoire est de travailler au sauvetage dans la mesure de leurs forces, d'ordonner tous les détails de leur vie en vue de ce but et de s'y consacrer sans restriction.

Il n'existe aucun moyen de conjurer durablement le péril social résultant des conditions du travail et de la propriété dont l'application n'exige préalablement une réforme morale sérieuse et profonde dans les classes autrefois dirigeantes, qui sont encore en possession de la culture et de la fortune. Comment une telle réforme est-elle concevable? Sur quelles bases pourrait-on l'asseoir? tel sera l'objet d'une recherche dont les considérations précédentes avaient pour but d'établir l'urgence et l'opportunité. Nous ne voudrions pas nous exagérer l'importance d'un travail de cette nature : fussions-nous en situation de nous faire écouter, nous savons que les crises morales ne se décident guère par des considérations théoriques. La doctrine s'inspire de ces mouvements et leur prête des formules plutôt qu'elle ne les détermine. Cependant la règle n'est pas absolue, le départ de la réflexion et de la spontanéité n'est pas toujours net. A l'heure présente en particulier, la philosophie entre partout, et la réforme morale trouve dans les théories en vogue des obstacles auxquels ce serait pure affectation de refuser une certaine importance. Le besoin qui résume et renferme tous nos besoins, c'est une réforme morale de la société dans son ensemble, à commencer par les classes favorisées. Ce que nous appelons réforme morale serait mieux nommé peut-être une révolution, c'est une conversion à la morale, ou plus précisément encore, une naissance à la vie morale. Nous disons la morale, car au fond il n'y en a qu'une, bien qu'on la motive et qu'on la formule de plusieurs façons. Ne songer qu'à soi seul, vivre pour soi seul, c'est se perdre, nous dévouer aux autres est l'unique chance de nous sauver, telle est la leçon que les circonstances du présent nous enseignent en termes si clairs, d'une voix si haute que plusieurs ont l'air de l'entendre. Eh bien, cette vérité de l'heure présente, c'est l'éternelle vérité, c'est la vérité toute entière.

III

Le seul moyen d'éteindre l'incendie dont notre génération a déjà vu plusieurs fois jaillir la sinistre flamme, c'est de faire aujourd'hui, sans délai, ce qu'il faut faire en tout temps. Sans rien perdre de son actualité, notre discours se tourne à son véritable objet : les conditions de la santé morale.

La morale se résume en deux mots : amour et justice, deux notions inséparables, deux aspects d'une même idée, quoique la précipitation, l'irréflexion et des passions coupables les aient trop souvent opposés l'un à l'autre. Il convient d'insister un peu sur la solidarité pratique et l'identité foncière de la justice et de l'amour. Recherchant les conditions de la santé morale, il ne faut pas qu'il y ait de mal entendu possible sur cette santé.

Disons donc d'abord que l'amour sans la justice est un mensonge. Ceux qui se croient autorisés à tromper les gens pour leur bien, ceux qui asservissent leurs semblables pour leur bien, ceux qui pensent inculquer la vertu par la contrainte ne savent pas en quoi le bien et la vertu consistent : s'attribuant une supériorité qu'ils ne sauraient justifier, ils ne sont pas de bonne foi, même lorsqu'ils pensent l'être; car, du moment qu'ils croient à leur supériorité, c'est elle qui devient pour eux le but et le bien ; ils se cherchent eux-mêmes ; ils n'aiment véritablement qu'eux au moment où ils semblent se dévouer. C'est l'amour des Philippe II, des Ferdinand, des Robespierre. Pour assurer au bien la victoire, on en tarit les sources, la conviction personnelle et la volonté spontanée. Ils creusent entre le berger et le troupeau un abîme infranchissable. Leur unité c'est la mort. Sous quelque robe que se présente l'homme qui prétend faire votre bonheur malgré vous, marchez à lui, c'est l'ennemi!

Tel est donc l'amour séparé de la justice ; tandis que la justice sans l'amour reste une abstraction naturellement irréalisable, moralement vaine et logiquement contradictoire. Traiter constamment notre semblable comme étant son propre but, voilà ce qui serait la justice ; l'observation en est impossible à l'égard d'une personne que nous n'aimons point : d'abord par la raison que le jugement réfléchi n'agit pas seul sur la volonté, mais que les mobiles affectifs concourent à la déterminer, de sorte que, nous aimant constamment nous-mêmes, si nous n'aimions pas notre prochain, nous ne saurions le traiter impartialement dans les cas où son intérêt se trouve en conflit avec le nôtre ; puis et surtout parce que nos affections influent considérablement sur nos jugements eux-mêmes par les représentations qu'elles nous suggèrent, de sorte qu'avec le plus ferme propos d'être équitable, nous ne saurions tenir la balance égale entre nous qui nous aimons et celui que nous n'aimerions pas.

Sans amour, la loi de justice resterait donc stérile. Elle mesure les faits accomplis, mais ne produit pas d'actions ; elle nous interdit beaucoup de choses, elle ne nous commande rien et ne nous porte à rien. La plus sûre manière de n'y point contrevenir serait de ne point agir du tout. Elle ne fournit donc aucune réponse positive à la question pressante : que devons-nous faire ?

Si la règle de justice est purement limitative, c'est qu'isolée elle impliquerait contradiction. Pour que la justice se réalise, il faut qu'elle soit voulue, il faut qu'elle soit aimée, et comment aimer la justice sans en aimer les objets, comment aimer une pure abstraction ? Traiter les gens comme étant leur propre but n'est-ce pas vouloir qu'ils soient leur propre but, n'est-ce pas les vouloir comme des buts ? et les vouloir comme des buts n'est-ce pas les aimer ? Ainsi la justice véritable implique amour, comme l'amour véritable implique justice. La justice sans l'amour donne une règle contraire à l'ordre général et contradictoire en elle-même. Consentir à ce que les autres se prennent chacun pour but de son activité sans les prendre soi-même pour but de la sienne, c'est s'isoler des autres et les séparer de soi, c'est affirmer l'isolement, c'est poser l'individu comme un tout qui se suffit à lui-même, c'est donc s'inscrire contre le fait. Puis, si l'isolement naturel des individus doit servir de base à la justice, l'édifice n'en tient pas debout, la logique y manque : Chacun est son but à lui-même, mais si je ne leur suis rien, à ces êtres qui sont leur but, moi qui suis le mien, pourquoi les respecterais-je ? Pourquoi ne les ferais-je pas servir à mes propres fins suivant mon pouvoir ? pourquoi la borne de mon droit serait-elle en deçà de ma force ? car enfin ma nature et mon droit c'est de m'affirmer et de m'étendre.

L'obligation de respecter la personnalité d'autrui demeure une règle arbitraire et contraire au principe même de ma propre personnalité aussi longtemps qu'on n'admet pas que la personnalité des autres doit être voulue de moi simultanément à la mienne, du même vouloir dont je veux la mienne, parce que sa réalisation est nécessaire à la mienne. La justice et l'amour sont donc inséparables dans l'impératif de la conscience. Voyons maintenant si ce commandement ne nous apprend rien sur la nature de l'être auquel il est adressé.

IV

Considérée en elle-même, la justice est l'un des noms ou l'un des aspects de l'ordre. La justice veut que chaque chose ait sa place, que chaque être soit traité conformément à sa nature. Et l'ordre d'un monde de succession, composé d'êtres qui se déploient, se manifestent ou se réalisent graduellement, c'est que chacun d'eux se manifeste tel qu'il est au fond, qu'il réalise aussi purement, aussi complètement que possible sa nature essentielle. DEVIENS (en fait) CE QUE TU ES (en principe), telle est la loi universelle, qui atteste son autorité par son évidence. Inutile de rechercher comment nous l'avons obtenue, sur quoi se fonde son crédit et quelle en est la sanction ; elle ressort de la logique des choses, elle se confond avec la raison même. Elle s'impose dès l'instant où l'on a constaté que les êtres ne sont pas donnés dans une existence immuable, mais qu'ils deviennent. Appliquée à des êtres qui se sentent libres, cette loi prend la forme suivante : Fais-toi réellement ce que tu es en principe, agis conformément à ta nature. Voilà le fond de la morale universelle, dont les maximes des systèmes en concurrence ne sont que des interprétations plus ou moins heureuses, suivant que l'idée de l'homme qui préside à ces systèmes est plus ou moins exacte et profonde. Eh ! bien que son commandement soit ordre ou conseil, qu'il nous soit essentiel et pour ainsi dire inné, ou qu'il exprime un résultat d'expériences accumulées, la conscience morale nous presse de nous rendre utiles ; la conscience morale veut que nous nous considérions comme instruments du bien général ; elle nous prescrit d'agir comme si notre bien et notre bonheur étaient inséparables du bonheur et du bien du tout auquel nous appartenons. En nous suggérant une conduite quelconque, la conscience morale atteste notre liberté ; en nous proposant comme règle et comme but le dévouement à l'ensemble, elle apprend à l'esprit réfléchi qu'il appartient essentiellement à cet ensemble et qu'il ne saurait en être distrait. Ainsi la conscience morale simplement et sincèrement interrogée nous amène à des conclusions théoriques. Le sens commun nous dit que nous devons agir conformément à notre nature ou, pour exprimer la même idée en termes plus abstraits, que nous devons nous affirmer nous-mêmes, nous vouloir nous-mêmes ; la conscience morale nous ordonne de nous consacrer au bien de l'humanité : ces deux exigences ne sont évidemment conciliables que si la manière de nous affirmer et de nous vouloir suivant notre vraie nature est de nous affirmer et de nous vouloir comme instruments et comme organes de l'humanité.

Dans son état actuel, la conscience morale nous porte donc à concevoir l'humanité comme une totalité véritable, dont l'unité virtuelle est appelée à se réaliser par le libre concours des éléments individuels qui la composent. Partie libre d'un tout essentiel, tel est l'homme au témoignage de la conscience interprété par la logique. Sa liberté résulte pour la conscience du sentiment d'une obligation morale, quel qu'en soit l'objet. Son caractère d'organe ou de partie résulte du texte de l'obligation. Comment une partie peut-elle être libre ? La réponse à cette question ne saurait se trouver que dans une juste définition du tout lui-même, et pour que cette juste définition fût possible, il faudrait que le tout fût réalisé. Quoiqu'il en soit de cette difficulté, la conséquence que nous tirons des données de la conscience relativement à l'individu ne saurait en être ébranlée et serait scientifiquement établie si l'autorité de la conscience était incontestable. Mais en fait elle est contestée, ici par les parti-pris philosophiques, ailleurs par la passion. Reprenons donc la question sous un autre aspect, examinons directement, suivant une méthode plus conforme aux habitudes de l'esprit moderne, la thèse qui se présente à nous comme une inférence du devoir ; suivons la méthode inductive, consultons la nature et l'expérience. Eh! bien, la science expérimentale nous conduit également à voir dans les individus et dans leurs générations le déploiement d'une même vie. L'humanité n'est pas une abstraction, c'est un fait et c'est un être, car l'individu ne trouve que dans l'humanité les conditions de son existence. Tandis que l'unité de l'espèce se révèle en nous comme idéal par la charité, qui brise les barrières individuelles ; elle s'atteste autour de nous et malgré nous par la solidarité, dont nous subissons constamment l'étreinte.

Physiquement, l'homme subsiste par l'activité d'un principe d'assimilation et de mouvement inhérent à un germe corporel où se retrouve une partie de ses ancêtres dans une régression indéfinie. Il incombe au dualisme qui sépare absolument le corps de l'âme, pour faire de cette dernière une substance simple, objet d'une création spéciale, d'expliquer pourquoi l'enfant reproduit, dans une mesure appréciable, les dispositions intellectuelles et morales de ses parents, aussi bien que leur tempérament et leurs traits. Tant qu'il ne l'aura pas fait, nous ne saurions le considérer que comme une conception hypothétique en désaccord avec les présomptions naturelles. Ce qui reste certain, c'est qu'indépendamment de l'éducation, chacun de nous est affecté de dispositions héréditaires. Mais ces dispositions ne se développent et n'arrivent à constituer une personnalité que par l'action d'un milieu formé de personnalités déjà constituées. Hors des appétits et des instincts purement animaux, la volonté n'est d'abord chez l'enfant qu'imitation et l'intelligence, crédulité. C'est grâce à son instinct d'imitation qu'il apprend à former des sons articulés ; c'est grâce à sa crédulité qu'il acquiert des idées. Toute la substance de sa pensée lui vient du dehors, et c'est merveille s'il arrive un jour à en modifier quelque peu l'arrangement. L'être moral est un produit de l'espèce aussi bien que l'être physique.

Cet instinct d'imitation, cette crédulité, formes nécessaires et normales de l'activité puérile, restent les formes typiques de la vie adulte. Quand nous abandonnons les convictions de notre jeunesse, c'est mille fois pour une en suivant un courant d'idées qui s'est formé quelque part hors de nous, dont nous ne connaissons pas mieux l'origine que nous n'en pouvons contrôler la vérité. Quelques-uns font la mode, les autres la suivent, et la mode règne partout. Comme sur les bas échelons de la vie des milliers de germes se perdent pour un germe qui se développe et propage l'espèce à son tour ; de même, au degré supérieur de la conscience, des milliers grandissent, labourent, engendrent et parlent pour amener à l'existence une pensée personnelle, une individualité morale. Et lorsque enfin de tant d'embrassements il a pu naître une personnalité véritable, celle-ci ne trouve point en elle-même sa raison d'être et sa consommation. Elle ne pense, elle ne chante, elle ne combine, elle ne crée et n'ordonne que pour inspirer, pour se communiquer, pour se répandre, pour nourrir de son âme les âmes affamées, pour ajouter une lettre au livre de la tradition. Ce n'est pas nous qui en jugeons ainsi, c'est elle-même. Pour celui qui s'imagine à tort ou à droit avoir en lui quelque chose, il n'est pas douleur plus grande que de n'être pas compris, c'est-à-dire, au fond, de ne pas pouvoir se donner et se partager. Est-ce l'amour-propre qui souffre ainsi ? Peut-être ; mais le mot amour-propre n'explique rien. Singulier amour-propre qui veut être approuvé d'un public dont il récuse le jugement! D'ailleurs, une louange aveugle et maladroite blesse plus qu'une critique pénétrante, l'approbation qui porte à faux est presqu'une offense. Ce que nous voulons, ce n'est pas de nous élever au-dessus des autres, c'est d'entrer en eux, pour agir. Ne disons donc pas amour-propre, disons ambition. Et la véritable ambition n'est pas égoïste, elle est généreuse. Obtenir tel titre, tel cordon, telle place, c'est la convoitise des niais. Dominer pour la domination, pour se sentir au-dessus des autres, c'est la folie des méchants. Faire quelque chose, être quelqu'un, laisser un sillon derrière soi, sillon fécondé, apporter un grain de sable à la maison que se construit l'humanité, voilà l'ambition ! Car, enfin, si l'humanité compte tant d'exemplaires et si peu d'hommes, si quelques-uns seulement pensent et agissent pour tant de millions, si les appétits du grand nombre ne sont refrénés que par une contrainte physique ou morale exercée au nom d'autorités dont les titres échappent à son jugement; il n'est pas permis d'admettre que cet état de choses soit pour durer toujours ; il faudrait être lâche pour s'en contenter, il faudrait nourrir en soi les instincts de la tyrannie pour travailler à sa consolidation. Tout enfant né de femme est appelé à réaliser en soi l'humanité ; donc ce qui est doit cesser, ce qui n'est pas encore doit aboutir. Faire des hommes qui soient des hommes, voilà la tâche, voilà *la question véritable*.

Mais quand il serait enfin réalisé cet idéal que nous voyons scintiller dans les perspectives d'un insaisissable avenir, quand l'humanité, délivrée de la singerie et de la moutonnerie, ne comprendrait que de véritables individus, des personnes jugeant chacune d'après ses propres lumières et se déterminant d'après son propre jugement, quand la solidarité fatale aurait été refoulée et que chacun se ferait son sort, l'unité de l'espèce aurait-elle disparu et devrions-nous cesser d'y croire ? Loin de là ; tout au contraire, elle ressortirait mille fois plus évidente, parce qu'à la solidarité subie aurait succédé la solidarité voulue. La richesse de l'ensemble est formée par les apports de chacun ; plus chacun possède plus il contribue, et plus il donne plus il s'enrichit. La solidarité qu'accusent les faits et que réalisent imparfaitement les lois physiques, les lois économiques, les religions de l'histoire, les institutions politiques, le développement de la science et des arts, se comprend et s'affirme librement elle-même dans la charité.

Que des actes de dévouement ne soient pas exigibles par autrui, c'est ce qu'implique leur notion même. Que le dévouement ne constitue pas l'idéal de notre activité, et que nous ne devions pas exiger de nousmêmes ce qui tend à nous rapprocher de cet idéal, c'est ce que les partisans les plus décidés d'une morale juridique n'osent pas dire en termes exprès. Il n'y a donc bien réellement qu'une morale, et les lois physiologiques, les lois du travail et de l'histoire ne deviennent intelligibles que par la morale. Eclairés de sa lumière, nous voyons enfin que la solidarité des individus et des générations n'est point un accident heureux ou malheureux, mais qu'elle appartient à notre essence.

V

La solidarité de fait n'est guère contestée. Cependant tous les moralistes ne se croient pas obligés d'en tenir compte, bien qu'en négligeant un facteur de cette importance on soit à peu près certain d'obtenir un chiffre faux comme résultat. Ils négligent la solidarité parce que, partant de la pluralité des consciences comme d'une donnée première, sans en chercher le sens et l'origine, ils se font un idéal d'une personne morale indépendante qui n'est en réalité qu'une abstraction, et ne voyant qu'une gêne, une entrave dans la solidarité de fait qui régit les personnes réelles, ils croient pouvoir la considérer comme un accident. Qu'ils veuillent bien nous expliquer comment le caractère accidentel d'une loi universelle et d'une inévitable destinée est compatible avec un ordre quelconque, ou comment en supposant que le désordre et la contradiction président à la constitution des agents moraux il est possible de formuler l'idéal d'une vie morale et d'en poursuivre la réalisation ? Une critique un peu sévère montrerait bientôt que les systèmes fondés sur la considération exclusive de l'individu n'aboutissent pas.

Antérieurement à l'éveil de la réflexion, au moment où nous entreprenons d'établir quelque liaison entre nos pensées, nous possédons tous un certain nombre de préceptes moraux dont la tradition a fait des axiomes et que les auteurs de systèmes s'appliquent à justifier, chacun suivant le principe dont il est parti, soit qu'ils subissent eux-mêmes l'ascendant de ces principes, soit qu'ils comprennent la nécessité de les reproduire et d'en rendre raison pour se faire écouter. L'auteur sait où il faut arriver et se dirige en conséquence, mais s'il n'obéissait qu'a la logique de son principe sans se préoccuper de savoir où il arrivera, il atterirait sur d'autres rivages ; s'il ne greffait pas les arbres de son jardin, ces arbres produiraient des fruits d'une saveur différente ou peut-être ne produiraient rien. En partant de l'individu comme d'un être complet qui a son but en lui-même, la morale de l'amour serait simplement absurde. « Tu es un tout, agis comme si tu n'étais qu'une partie, tu es un but, deviens un organe » ; autant dire anéantis-toi, c'est le comble de la déraison ! La loi de justice ne serait guère moins arbitraire, nous l'avons déjà fait entendre. Si je suis vraiment, dans un sens exclusif, mon propre but, que m'importe que d'autres soient aussi le leur ? Qu'ils prennent soin d'eux-mêmes ! Les respecter à titre de buts serait une inconséquence : ils sont leur but et non le mien. Si ce respect n'est pas une niaiserie ou un simple calcul d'intérêt personnel, variable suivant les circonstances ; si réellement les êtres qui me semblent voir leur fin en eux-mêmes doivent être traités par moi comme étant des fins ; c'est qu'ils sont effectivement des fins pour moi, c'est qu'il existe par conséquent entre eux et moi quelque rapport essentiel, supérieur à leur personnalité comme à la mienne. Mais quand nous nous tromperions sur ce point, quand le principe de justice trouverait dans l'atomisme spirituel un fondement qu'il ne nous est pas donné d'apercevoir, il ne resterait pas moins stérile. Comme nous l'avons dit plus haut, il limite l'activité personnelle et ne la dirige point : ne fournissant pas de mobile, il laisse aux instincts, aux besoins, aux sentiments naturels l'impulsion et l'initiative ; de sorte que si le principe de justice prétendait dominer exclusivement comme étant l'expression de la raison, notre activité se rétrécirait dans la mesure où la raison élargirait son empire. Pour trouver la règle positive dont pratiquement nous avons besoin, nous serions alors obligés de recourir à d'autres principes, aux seuls principes positifs d'action que suggère la considération de la personne isolée, savoir le perfectionnement individuel et l'intérêt propre, lequel, séparé du perfectionnement, ne peut signifier que le plaisir.

Le perfectionnement est sans doute un but raisonnable, un but légitime, un but inhérent à la notion d'un être capable d'agir ; ce sera si l'on veut son but unique, son but tout entier, car si les objets de nos poursuites ne s'unissaient pas dans la conception d'une même fin, la personnalité serait déchirée, et si l'unité de la personne ne se retrouvait pas dans sa fin, cette unité première n'eût été manifestement qu'une illusion.

Mais si l'être auquel il appartient de se perfectionner doit réellement ne songer qu'à lui-même en y travaillant, le résultat de son travail intérieur s'éloignera singulièrement de ce qui nous paraît aujourd'hui constituer la bonté morale. Ne songeant qu'à lui, s'adorant lui-même dans l'excellence qu'il pense acquérir, innocemment cruel, surveillant tous ses mouvements et toutes ses paroles, confit dans la naïveté de son égoïsme : tel à peu près serait celui qui, prenant au sérieux l'absorption de la morale dans l'esthétique, viserait à l'accroissement de ses forces sans égard à leur emploi.

Quant au plaisir, chacun prend le sien où bon lui semble. On peut se dévouer pour sa propre satisfaction, lorsqu'on a des entrailles ou qu'on aime le danger. On peut aussi trouver du charme à faire souffrir les autres, et c'est un régal pour beaucoup de gens, qui ne craignent pas tous d'y mettre le prix. Mais les discours où l'on établit par raison démonstrative qu'en tout état de cause la considération de notre intérêt doit nous porter à procurer l'intérêt du grand nombre, sans souci d'une réciprocité dont l'espoir serait vraisemblablement illusoire, ces discours montrent l'intérêt du prêcheur à nous voir suivre ses conseils et ne sauraient prouver autre chose. Ce qu'ils renferment de plausible est fondé sur la solidarité qu'ils constatent sans en vouloir tenir aucun compte dans le but qu'ils nous assignent ou qu'ils supposent assigné par la nature ; mais ils ne disent absolument rien à celui qui croit pouvoir déchirer le filet de cette solidarité ou passer entre ses mailles ; et l'exemple de tous ceux, grands ou petits, qui ont accompli leur dessein en marchant sur le corps d'autrui montre qu'en fait leurs généralisations ne sont pas fondées. Ils ne pourraient les justifier qu'au nom d'un idéal de bonheur que leurs principes n'autorisent pas et ne permettent pas même de concevoir.

En revanche, si l'on fait droit à la solidarité qui nous lie en fait, tous les principes se justifient et tous les buts se confondent. L'amour des autres et l'amour de soi ne sont plus qu'une volonté ; l'on ne peut s'aimer véritablement qu'en aimant les autres ; on ne peut aimer les autres qu'en s'aimant soi-même. Se perfectionner, c'est apprendre à servir, et l'on se perfectionne en se rendant utile. Enfin la charité, le bonheur, le perfectionnement personnel impliquent la justice, car nul n'est heureux, nul ne sert, nul n'est beau qu'à sa place. Le bien collectif, dont la réflexion dans les consciences donne le bonheur individuel, est formé lui-même par la réunion spontanée de toutes les richesses et de toutes les volontés ; le bien collectif exige donc que toutes les individualités se développent librement, que toutes les compétences soient respectées ; la justice en forme la règle, la base et l'immuable condition.

VI

Ainsi divers mobiles également légitimes peuvent, soit isolément soit en combinaison, déterminer une conduite normale, le devoir se présente sous différents aspects, il comporte plusieurs définitions, et quelle que soit la formule adoptée, elle suggèrera les mêmes préceptes pratiques à tout homme qui aura compris d'une manière générale sa position dans l'univers[1]. C'est dans ce sens qu'il n'y a pratiquement qu'une morale, dont les règles se développent et se précisent à mesure que nous comprenons mieux nos rapports avec l'ensemble des êtres.

Nous voyons donc distinctement la morale se fonder en fait sur la connaissance. Un penseur contemporain n'a pas moins entrepris de l'asseoir sur l'ignorance. C'est un tour charmant, dans l'exécution duquel on voudrait un peu plus de célérité. M. Fouillée escamote le devoir, mais la muscade est dans sa manche. Comment déduirai-je le respect du droit d'autrui de la relativité de mes connaissances, si je ne me sens pas obligé, par un impératif catégorique, à borner mes désirs suivant mes lumières? Ne sachant pas si mon opinion est absolument vraie, il est logique de ma part de respecter l'opinion d'autrui. Mais pourquoi ma conduite serait-elle d'accord avec la logique? Cette conformité n'est point nécessaire, les faits le démontrent assez; reste donc qu'elle soit obligatoire: c'est tout à fait mon sentiment, mais ce n'est pas celui de M. Fouillée, qui n'accorde pas de place à l'obligation. Sa morale n'existe donc pas. Morale sans obligation est un mot dépourvu de sens. Si la morale n'est pas un ensemble de règles pour diriger l'activité pratique, mais une analyse des mobiles qui président à notre activité de fait, une enquête sur la manière dont ils se produi-

---

[1] Comparez *Le devoir et la science morale*, par M. Paulhan, *Revue de philosophie*, nos 11 et 12 de 1886.

sent au cours de l'évolution individuelle ou générique, la morale n'est plus la morale, il convient d'en supprimer le nom. Si la morale doit se borner à des conseils, comme un critique bienveillant nous le suggère[1], s'il s'agit simplement d'indiquer aux personnes sur la bonne volonté desquelles on croit pouvoir compter les chemins qui nous semblent les plus propres à conduire au but commun, alors sans doute nous trouvons encore le lieu d'une discipline relative à la conduite de la vie; mais cette discipline a perdu, irrémissiblement perdu le caractère d'universalité dont elle aurait besoin plus que toute autre et qui semble appartenir naturellement à toutes les recherches de l'esprit. Une considération si simple ne peut avoir échappé tout à fait à personne. Evidemment lorsqu'on propose de réduire la morale à des conseils sur les moyens d'atteindre le but, on suppose que le but est le même pour tous, ou du moins pour le très grand nombre; on part de la bonne volonté comme d'un fait général. Et c'est là précisément le point que nous contestons, et que nous contestons au nom d'une évidence accablante. Socialement, il est vrai, le mal radical est l'ignorance : avec plus de lumières, le prolétariat cesserait de chercher le bien-être sur la route de la famine, mais le prolétariat ne peut s'ouvrir à ces lumières que par un effort des classes instruites, qui supposerait chez celles-ci des sentiments opposés à leur façon de penser et d'être actuelle. Moralement ce

---

[1] *Revue philosophique*, septembre 1885, compte rendu du *Principe de la morale*, par M. L. Marillier.

ne sont pas les clartés, c'est la volonté qui fait défaut à peu près partout. Chacun se fait en gros le même idéal de l'honnête homme, chacun sait quelles dispositions, quelles habitudes, quels procédés il désirerait rencontrer chez les autres. Ce qui manque à chacun, c'est le ferme propos d'agir lui-même de la sorte en toute rencontre, et quoi qu'il puisse en résulter pour son individu.

L'idéal pratique n'est pas immuable, il varie dans une mesure que nous ne saurions exactement apprécier, et la conduite du grand nombre doit subir l'influence de ces changements; mais en dehors des conceptions systématiques d'une très faible minorité, ces différences ne sont pas bien considérables dans une civilisation donnée, et chacun reconnaît que si la pratique était généralement conforme à l'idée du bien moral généralement répandue, la terre serait un séjour infiniment préférable à ce qu'elle a jamais été sous les plus beaux climats. Tout irait bien si chacun faisait ce qu'il juge être son devoir; tout irait mieux si le nombre de ceux qui font le leur allait croissant. Mieux pratiquer ce qu'on croit le bien est la grande affaire, l'unique affaire en dernier ressort et pour le riche et pour le pauvre. Mais elle est plus urgente encore pour le riche, parce qu'il a plus à perdre ici-bas, parce qu'il possède plus de lumières et qu'il est plus libre de ses mouvements. Comment réduire l'intervalle entre la pratique et la théorie, comment amener les hommes à se conduire mieux qu'ils ne le font? voilà donc la question véritable.

Eh bien, cet idéal de conduite, qui existe à peu près identique en tous les esprits, s'y trouve assez généralement accompagné de la conviction qu'il est obligatoire de s'y conformer. Bien moral et devoir sont des termes inséparables pour la conscience : le bien moral est l'objet du devoir. Le bien moral est connu ; il est connu comme obligation, cependant il n'est pas pratiqué ; nous en périssons. Pour qu'il le soit mieux, faut-il affermir, renforcer le sentiment de l'obligation, ou faut-il le combattre, le dissoudre, l'expulser des croyances communes ? Voilà sous quelle forme l'éternelle question se pose aujourd'hui. Mais la poser en ces termes, c'est la résoudre. Prenons la donc au sens direct et pratique. Dans un temps où tous les appuis artificiels sont ruinés, où toute liberté, toute propriété, toute existence sont absolument livrées au bon plaisir des masses, où le pouvoir tombe aux mains des déshérités qui, trompés par un mirage, pensent trouver dans la destruction de l'ordre social la satisfaction de leurs besoins; dans un temps où les freins moraux subsistent seuls, où tout dépend plus manifestement que jamais de la volonté des individus, redresser cette volonté, préciser l'idée du devoir, ranimer le sentiment du devoir, en le mettant à sa place, au centre de la vie et de la pensée, telle est *la question véritable*, tel est l'objet de notre effort.

LES PROBLÈMES

DE LA

PHILOSOPHIE

DEUXIÈME PARTIE

LES PROBLÈMES
DE LA PHILOSOPHIE

CHAPITRE PREMIER

LE LIBRE ARBITRE

Un écrivain distingué, qui a appliqué la même méthode aux sujets les plus divers, me fit observer un jour, avec beaucoup d'aménité, que je ne procédais pas comme mes confrères en philosophie. « En général, me dit-il à peu près, nous nous faisons, à l'instar de Descartes, un abri provisoire, nous réservons l'honneur et la conscience; puis nous cherchons, sans autre préoccupation, l'idée qui nous semble expliquer le plus aisément la totalité des phénomènes. Vous, au contraire, vous vous demandez quelle est, parmi les conceptions possibles du monde, la plus favorable au bien moral, et après l'avoir arrêtée, vous vous mettez à la développer. »

— Loin de prendre en mauvaise part cette interprétation de mon dessein, je n'en admets pourtant pas l'entière exactitude. Il faut s'entendre : je n'ai pas proposé un système parce qu'il me semblait devoir être utile aux mœurs ; je ne suis pas sorti volontairement des conditions raisonnables de la science, j'ai poursuivi le vrai, comme tous les penseurs sincères; et dès le début, j'ai cru comprendre qu'aucun système ne pouvait être vrai et n'était acceptable à la raison s'il ne faisait place aux réalités du monde moral sans les comprimer, sans les travestir, sans en altérer la nature. Il fallait donc justifier la suprématie du bien moral, que la conscience ne permet pas de mettre un instant en question; il fallait faire droit à la liberté, et par conséquent tout résoudre en liberté. Telle a été la marche réelle de mes réflexions.

Mais quand j'aurais nourri le propos que m'attribuait l'éminent critique, je crois que j'en pourrais obtenir le pardon dans le monde à venir, et même ici-bas. Le vrai ne saurait être contraire au bien, pas plus que le bien au vrai. Par conséquent la recherche du bien serait un moyen et pourrait même se trouver le seul moyen d'arriver au vrai. Il faut toujours en revenir au même point, sur lequel passent sans l'apercevoir tous ceux qui ne se sont jamais demandé comment l'intelligence est possible : Si la complexité des phénomènes que nous appelons l'univers n'est pas régie par des lois, s'il n'y règne aucun ordre, nous ne saurions nous flatter d'obtenir la vérité sur aucun sujet quelconque. S'il existe un ordre, en revanche, il est clair que le bien moral, primant tout, contient les raisons de tout. Nul ne saurait contester cela sans se renier lui-même, car c'est se mentir à soi-même ou proclamer son ignominie que de mettre quelque chose en balance avec la probité. C'est pourquoi je ne croirais point déroger le moins du monde à la dignité de la science en appréciant les doctrines philosophiques d'après l'influence qu'elles doivent naturellement exercer sur la conduite, pour m'attacher à celle qui me semblerait propre à mieux servir la cause du bien. Il existe tout au moins une présomption de vérité en faveur de cette dernière; tandis que les autres ne sauraient être que fausses. Cependant il ne sera pas inutile de la justifier par d'autres considérations, le critère moral n'étant pas toujours d'un emploi facile et la légitimité n'en étant pas admise par tout le monde.

I

La question capitale est la question du devoir. Je vois la civilisation périr d'une maladie dont les symptômes les plus opposés trouvent leur raison commune dans l'anémie morale; je cherche un remède à cette anémie. Je crois que les hommes, je ne dis pas tous, mais les civilisés qui m'entourent, sont assez d'accord sur la conduite qu'ils devraient suivre pour contribuer au bien général ; je vois que ceux d'entre eux qui réfléchissent en dehors des écoles philosophiques se reconnaissent généralement obligés par devoir à la pratiquer, quoique en fait ils ne l'observent pas dans les circonstances où leur intérêt particulier et leurs passions les poussent fortement d'un autre côté — et dans cette situation je me demande s'il est plus conforme à l'intérêt social d'affermir la croyance à l'obligation morale ou de travailler à la détruire en l'expliquant comme une illusion incompatible avec une conception scientifique de l'univers et de l'humanité ? Le problème ainsi posé n'est pas difficile à résoudre. Bien que la croyance commune à la réalité du devoir ne suffise pas à lui procurer obéissance dans la mesure nécessaire à la sécurité sociale, il est clair que tout ce qui tend à l'affaiblir nuit à cette cause. Pour en inférer la réalité objective de l'obligation, il faut partir d'une synthèse que tous les esprits n'ont pas effectuée. L'utilité de la croyance au devoir ne sera donc point une preuve de l'existence du devoir, ce ne sera pas même une présomption, à la bonne heure ! Cependant une conséquence pratique nous semble ressortir des faits. Si la croyance à l'obligation est générale, et si, malgré sa manifeste et déplorable insuffisance, cette croyance est avantageuse à la communauté, ne s'ensuit-il pas tout au moins que l'idée de l'obligation morale devrait conserver au débat la position de défenderesse, et que c'est à ceux qui contestent ses titres qu'incombe le soin d'en démontrer la fausseté ; tandis qu'ils se croient permis d'en faire purement et simplement abstraction, ou que, lorsqu'ils consentent à la discuter, ils réclament d'elle des certificats incompatibles avec la nature des choses ?

L'obligation est un fait interne, que chacun constate immédiatement en rentrant en lui-même. Et ce fait est un trait caractéristique de l'humanité. Quoique les actes qu'on sait ou qu'on croit ordonnés ou interdits par le devoir diffèrent du tout au tout suivant les temps et les lieux, la croyance à l'obligation de faire ou d'éviter certains actes, la distinction du bien et du mal accompagne partout le développement des facultés intellectuelles qui élève l'homme au-dessus des autres animaux. Ceux qui n'éprouvent rien de pareil sont des monstres.

Ce fait s'impose par son évidence et n'est proprement pas contesté ; mais on dit que la conscience morale est un phénomène complexe, produit d'une évolution, et l'on s'efforce de la décomposer en éléments dépourvus du caractère moral. Nous respectons la critique et nous approuvons fort l'analyse. Nous croyons qu'effectivement la fonction morale se développe et se manifeste graduellement, soit dans l'individu, soit dans l'espèce, et que dès lors il appartient à la science de noter les phases et les moments de cette apparition. Nous ne voulons pas rechercher maintenant ce qu'il y a d'hypothétique, d'artificiel et de gratuit dans les constructions proposées. Nous ne discuterons pas les maîtres qui, parlant au nom de la science, commencent par déclarer que la présente condition des tribus sauvages ne peut pas répondre à l'état de l'humanité primitive, et poursuivent en rassemblant les traits recueillis chez les sauvages pour expliquer la genèse des idées morales chez les peuples civilisés. Cette marche est contradictoire, tenons-la pour conséquente ; les conclusions en resteraient hypothétiques, acceptons-les comme établies ; aura-t-on prouvé par là qu'une obligation réelle ne correspond pas au sentiment de l'obligation et que l'impératif catégorique est une erreur ? — Nous ne l'accordons d'aucune manière ; on aura prouvé simplement que l'humanité s'élabore, comme la planète et le soleil. Il est dans la nature du soleil d'émettre des planètes lorsque le temps en est venu ; il est dans la nature des planètes de servir de théâtre à la vie lorsque l'abaissement de la température y permet l'existence des organismes ; il est dans la nature des êtres organisés d'arriver à la conscience ; il est dans la nature de certains primates d'arriver à l'humanité dans la vie morale. De quelque manière qu'il se soit produit, le sentiment de l'obligation est le fait central, le fait réel dont il faut partir. Le sentiment de l'obligation n'en établit pas irréfragablement la réalité, puisqu'en fait l'obligation est contestée ; mais les théories proposées sur l'origine de ce sentiment ne l'infirment pas davantage.

Il y a beaucoup de vrai dans ces théories. Indubita-

blement nous avons besoin de sympathie, et nous
approuvons naturellement en nous ce que les autres y
approuvent ou ce que nos observations antérieures
nous font présumer qu'ils approuveront. L'expérience
des avantages ou des inconvénients de telle manière
d'agir se formule en préceptes que chacun s'efforce de
s'inculquer à soi-même et que se transmettent les
générations, tellement que ce qui était conseil devient
ordre. Il n'y a rien là qui soit contraire à l'autorité du
devoir. En parlant d'impératifs catégoriques pour désigner des choses qu'on doit faire parce qu'on doit les
faire, et non pas qu'on doit faire pour arriver à tel
ou tel but qu'il est loisible de ne pas poursuivre, le
célèbre philosophe Kant n'a pas introduit et n'a pas eu
dessein d'introduire une idée nouvelle, il n'a fait que
préciser dans une formule à l'abri de tout équivoque
l'idée du devoir présente à la conscience humaine depuis qu'il existe véritablement une humanité. La nouveauté, l'artifice, l'erreur ne commencent chez lui
qu'avec la prétention d'extraire de la pure forme obligatoire l'objet même de l'obligation. Lorsque nous
demanderons quel est cet objet, nous trouverons ce
qu'ont trouvé tous nos devanciers, quel qu'ait été le
point de départ et la suite de leurs pensées ; nous
trouverons le bien du grand nombre, et nous comprendrons la logique qui préside à l'histoire de la conscience. Mais c'est de la conscience adulte, c'est de
notre conscience qu'il est question. Lorsqu'on aura
doctement établi que vous ne saviez rien du devoir en

naissant, lorsqu'on vous aura persuadé que vous procédez d'ancêtres qui n'en savaient pas davantage, vous sentirez-vous moins esclave de votre parole? S'il en est ainsi, dites-le nous, et souffrez que nous prenions nos précautions en conséquence. Si vous vous sentez toujours lié, convenez qu'après toute votre psychologie et toute votre physique, le devoir reste le devoir. Mais non ! les mêmes gens qui refusent une valeur positive quelconque aux notions de l'ordre moral et qui reléguent le devoir au galetas se tiendraient pour très offensés si l'on suspectait un instant leur fidélité, leur délicatesse, leur sincérité ! il leur semble que ce soit tout autre chose. Et le parterre trouve en effet que c'est réellement tout autre chose, parce qu'il ne prend pas au sérieux ce qui se débite sur la scène. L'argument lui paraît du plus mauvais ton, il est direct, irréfutable, il passe à travers des conventions que chacun croit avoir intérêt à soutenir : c'est manifestement inadmissible !

Il faudrait s'entendre : si, d'une manière générale, vous ne considérez rien comme obligatoire, quel sujet auriez-vous de vous formaliser parce que j'imagine qu'à l'occasion vous pourriez préférer votre avantage à ce que les ignorants tiennent pour obligatoire? Cette susceptibilité n'est pas logique. Mais peut-être ne vous convient-il pas d'être logique? Alors passons.

On voit dans la conscience morale une affection dérivée, comparable à l'avarice : l'or n'a de prix qu'en raison des jouissances contre lesquelles il s'échange ; mais à ce titre il devient l'objet d'une passion si forte que ceux qui en sont atteints se refuseront jusqu'au dernier soupir toute espèce de jouissance dans le but d'amasser de l'or. « De même, nous dit-on, certaines actions sont approuvées ou désapprouvées en raison des avantages ou des inconvénients qu'elles présentent d'ordinaire à celui qui les commet ; mais l'habitude rend ces jugements si naturels et si puissants qu'on en vient à louer les actes réputés bons en raison de leur utilité, même dans les cas où ils deviennent nuisibles à leur auteur, et à condamner ceux qui, pour un motif pareil, sont jugés mauvais, même lorsqu'on y trouverait le plus grand profit. »

Ce rapprochement a dû faire un grand plaisir à son inventeur ; il se peut qu'il exprime bien la manière dont se forme la conscience, mais il laisse subsister dans son intégrité la question de savoir s'il y a réellement des actions bonnes ou mauvaises et si la conscience de l'obligation répond ou ne répond pas à l'ordre universel. L'avarice et la conscience morale sont des sentiments dérivés : voilà la ressemblance, que nous accordons. L'avarice est une passion anormale, un désordre, une folie ; la conscience morale est un fait normal, le principe et le fondement de toute existence vraiment humaine : voilà la différence, que le fanatisme peut seul contester. Que l'esprit arrive à la connaissance du bien par la connaissance de l'utile, c'est tout ce que nous pourrions concéder à cette analyse. Comprise d'une autre manière, elle aboutit au néant.

Il est vrai que la distinction entre un développement

normal et un développement morbide peut être contestée ; mais nous ne croyons pas qu'on réussisse à s'en passer longtemps, quoiqu'elle n'ait proprement pas de sens au point de vue de nos adversaires. En effet, la circonstance que les idées morales se sont formées au cours de l'histoire n'est pas leur argument principal. Ils sentent bien que cette raison ne suffirait pas. L'existence d'un ordre moral spécifique repose sur l'obligation, et l'obligation, à son tour, implique la réalité du libre arbitre. L'objet principal de l'attaque est le libre arbitre.

II

Le devoir, disent les assaillants, ne saurait s'étendre au-delà du pouvoir. Pour établir la réalité d'un devoir dont l'illusion vient, suivant eux, d'être expliquée, il faudrait démontrer la possibilité de faire ce qu'il commande, il faudrait prouver la réalité du libre arbitre : or, nous ne fournissons pas cette preuve, ainsi le devoir reste problématique.

Une telle argumentation peut sembler plausible ; en réalité, elle suppose que toute vérité peut être démontrée, en d'autres termes, que tout est enchaînement nécessaire, sans aucun point où s'attacher ; elle implique ainsi l'impossibilité de l'ordre moral, qui est précisément l'objet de la controverse. Nous ne saurions admettre cette manière de poser la question, où nous trouvons deux sophismes : la régression à l'infini et la pétition de principe. Le libre arbitre ne se prouve pas, et l'obligation pas davantage ; mais nous avons le sentiment que telle conduite est obligatoire, et que nous pourrions agir autrement. Le sentiment de l'obligation peut être illusoire, quoique le fait de prendre son origine apparente dans telle ou telle association d'idées ne démontrât point qu'il le soit ; le sentiment de la liberté de choix peut nous tromper également, et nous croyons qu'en effet les erreurs sur ce point sont assez fréquentes. Mais la croyance à la liberté de choix est inséparable de la croyance à l'obligation. Nous voulons croire à l'obligation ; nous sommes moralement obligé de croire à l'obligation ; c'est pourquoi nous voulons croire et nous croyons à la liberté de choix. Cela nous suffit et nous estimons que cela doit suffire. Quiconque a compris que la liberté de choix, qu'il s'attribue naturellement et qu'il suppose nécessairement dès qu'il délibère, forme la condition de sa responsabitité et de sa dignité, puisqu'elle est indispensable à l'accomplissement de son devoir, se prononcera par un libre choix en faveur de la liberté.

Pour ébranler cette position, les adversaires devraient faire voir que le libre arbitre est impossible. Généralement ils acceptent cette obligation : l'idée d'exiger une preuve du libre arbitre indépendamment de sa place dans le système des idées morales n'est que l'outrecuidante exagération d'une polémique enivrée. Mais ils enseignent que le libre arbitre dérogerait aux lois de la nature. Autrefois on l'aurait dit incompatible avec la toute science de Dieu ; c'est je crois la même idée sous une autre forme, que nous pouvons sans trop d'inconvénient négliger. Eh bien, répondons-nous, alléguer l'incompatibilité de notre arbitre avec les lois de la nature, et donner cet argument comme décisif, c'est une fois de plus résoudre la question par la question. Il s'agit précisément de savoir quel est le sens de ces lois et quelle en est la portée. Nous voulons bien que la liberté soit supérieure aux lois de la nature, ou plutôt nous l'affirmons positivement ; mais supposer que tout est compris dans l'ordre de la nature, c'est en appeler au préjugé. Dût-on rester chacun de son avis, il faut s'expliquer : On n'a pourtant pas dessein de faire croire que la nécessité de tous les phénomènes, ou, comme on dit aujourd'hui, le déterminisme universel, soit une vérité d'expérience? Il ne suffirait pas, pour établir une thèse pareille, de connaitre tous les faits et tous leurs enchaînements, il faudrait faire voir par l'expérience qu'une chose qui s'est passée n'aurait pas pu se passer autrement, tentative aussi absurde que celle de faire voir qu'une chose qui s'est passée aurait pu se passer autrement, ainsi qu'on le demande quelquefois aux partisans de la liberté. L'expérience, au sens propre du mot expérience, ne prouve absolument pas que la nature ait des lois. Lorsque les personnes qui savent ce qu'elles disent parlent des lois de la nature, elles pensent à certaines règles posées par l'esprit, peut-être en vertu des lois de l'esprit, dans le but de trouver entre les phénomènes des rapports qui permettent de les analyser et de les prévoir. Les lois de la nature sont donc nos propres hypothèses sur l'ordre de la nature, hypothèses suggérées par l'observation de certains faits, et qui se vérifient progressivement, sans pouvoir jamais atteindre à la certitude absolue. Le principe de la *raison suffisante* ou du déterminisme n'est qu'une hypothèse de ce genre. Ce n'est pas une loi de l'esprit, dont la conscience nous donnerait ce qu'on pourrait appeler une connaissance innée, puisque la tendance native de l'esprit, observable encore aujourd'hui chez les enfants, est au contraire de rapporter tous les événements à des causes libres, tandis que la plupart des adultes, sinon tous, s'attribuent de fait une semblable causalité. C'est moins encore une vérité d'expérience, il serait absurde de l'imaginer; mais c'est le fondement de la science expérimentale, c'est une supposition nécessaire à tous les calculs. Tels et tels phénomènes étant donnés, tel autre s'ensuivra nécessairement, sans quoi nous ne saurions le placer dans la science; et si tous les faits y doivent entrer, si tout doit pouvoir être prévu, si l'édifice de la science universelle doit être mis sous toit quelque matin, le principe de la raison suffisante doit être absolument vrai. Chaque heure du jour apporte à ce principe d'innombrables vérifications partielles; la vérification totale en est à jamais impossible, non seulement parce qu'il est impossible de connaître tous les faits, mais parce que, fussent-ils tous connus, encore ne serait-on jamais certain que d'autres faits n'auraient pas pu se produire à leur place.

Quant à la croyance naturelle au libre arbitre, la question de savoir si l'impossibilité pratique de s'y soustraire et son importance souveraine pour l'ordre moral ne doivent pas la faire prévaloir sur l'hypothèse du déterminisme universel dans un esprit bien équilibré revient à se demander si l'esprit humain ne saurait se dispenser d'affirmer la possibilité de la science absolue et universelle.

Posée en ces termes, l'alternative ne laisse pas d'être embarrassante. On comprend l'effort désespéré de Kant pour s'y dérober, lorsqu'on songe que l'idéal de la science préside à toutes les recherches. S'il existe quelque part une réelle faculté de choisir, cet idéal d'une science où tout fait serait déterminé dans sa cause ne serait pas l'idéal véritable, puisqu'il ne correspondrait à rien dans la réalité. Mais quoiqu'il en soit de cette science absolue, il est bien certain qu'en fait nous ne l'atteindrons jamais ; ensuite, il faut se demander, avec Kant, si la raison de notre existence consiste à savoir, ou si la connaissance prise en elle-même ne serait peut-être qu'un moyen d'arriver à notre vrai but. En effet, si la connaissance prise dans son ensemble et dans son idée n'était après tout qu'un moyen de réaliser l'être véritable, on entendrait aisément que le moyen fût limité par la fin et que l'achèvement de la science idéale n'appartînt pas à l'idéal de l'humanité. Ceux qui cherchent à se faire une conception du monde sans s'être posé cette question n'ont pas pris les choses par le commencement; ils ne sont pas orientés, ils naviguent sans boussole et courent grand risque de donner sur un écueil. Le nombre est petit néanmoins de ceux qui la posent clairement et distinctement; la plupart semblent ne pas s'apercevoir qu'elle existe, ou l'abordent quand leur siège est fait. Kant et Fichte en avaient saisi l'importance et l'avaient mise à sa place. Consacrons-y quelques instants.

III

Jouir, savoir, agir, tels sont je crois les seuls buts assignables à l'existence. Pour ne pas nous éloigner trop de notre propos, nous n'examinerons pas ici les titres du premier; il n'est question dans ce moment que du rapport entre la connaissance et l'activité pratique. Kant estime que notre véritable affaire est d'agir, et il en tire cette conséquence que nos facultés scientifiques sont bornées au théâtre de l'expérience, c'est-à-dire, en dernière analyse, à ce qu'il peut nous être utile de savoir. Il aurait pu déduire également de son principe la possibilité d'une limite au savoir expérimental lui-même et se soustraire de la sorte au déterminisme absolu de la raison suffisante, en s'épargnant la distinction scabreuse du monde phénoménal et du monde intelligible. Entrant à son tour avec conviction dans l'idée que la connaissance a pour fin l'activité morale, et que l'activité morale est sa propre fin ; voyant d'ailleurs, avec Kant, que nous ne trouvons qu'en nous l'objet de la connaissance, Fichte en a conclu que l'activité morale est la raison d'être de tout. L'élan de cette logique hardie a paru difficile à suivre ; le point de départ en reste le plus vénérable des lieux-communs. Chacun sent, chacun sait, en dehors de tous les systèmes, que la seule chose essentielle est d'être honnête homme, et chacun sent que cette certitude est supérieure à tous les systèmes. La valeur réelle d'un homme est sa valeur morale. Supposer qu'il y a quelque chose de préférable à la probité, c'est supposer qu'il y a quelque chose qui peut dispenser de la probité. Nul ne l'admettra sérieusement qu'un être très corrompu, si toutefois le sérieux est compatible avec la corruption. Il est vrai qu'aujourd'hui de beaux esprits font grand étalage de la leur, mais nous ne leur parlons pas, d'autres s'en chargent.

L'intérêt moral est donc le premier. Dès lors, comme la croyance au libre arbitre est d'une importance souveraine pour l'ordre moral, comme le déterminisme qui l'exclut n'est fondé ni sur l'expérience, ni sur les lois nécessaires de la raison, mais n'est qu'une hypothèse, impliquée, il est vrai, dans la conception d'une science absolue qui permettrait de tout préciser, de tout calculer et de tout comprendre ; nous pouvons et nous devons affirmer la réalité du libre arbitre, tout en restant fort sensible aux raisons qui poussent nombre de savants à l'éliminer.

Les mêmes considérations valent et suffisent pour
infirmer l'argument contre le libre arbitre tiré du principe de la conservation de l'énergie dans la nature. Ici
comme toujours, ceux qui nient la liberté nous semblent résoudre la question par la question. Il s'agit de
savoir si de telles circonstances données, dont l'une
est la détermination inconnue d'un agent volontaire,
il ne pourra suivre qu'une seule série de phénomènes,
ou si plusieurs sont également possibles. Dans l'hypothèse de la réalité du libre arbitre, où la direction
du mouvement ne serait pas fixée à partir d'un certain
point, on ne voit pas clairement qu'il soit nécessaire
d'ajouter un nouvel élément au réservoir des forces
naturelles pour déterminer suivant quelle ligne le mouvement se poursuivra. Si l'on part de l'idée (assez
plausible quelquefois, il faut l'avouer) que la direction
du mouvement est définie pour le cas où l'arbitre n'interviendrait pas, et que la décision de la volonté a pour
effet d'engager le mouvement dans une autre voie,
comme le bras de l'aiguilleur engage le train sur un
nouveau rail; alors sans doute cette décision de la volonté serait une force ajoutée à l'ensemble préexistant;
mais l'entendre ainsi c'est introduire le déterminisme
dans l'indéterminisme et donner son sentiment comme
réfutation de l'opinion combattue. Si l'on admet franchement, au contraire, que deux, trois ou quatre partis
sont également possibles, il n'y aura pas besoin d'une
force nouvelle pour déterminer la volonté. La décision
est sans doute un mouvement, suivant le naturalisme

psychologique, et ce mouvement suppose une force, mais non pas une force de surcroît, puisque, par supposition, une décision quelconque doit être prise et par conséquent une force employée. Il y a pourtant une différence, relative sans doute, mais réelle, entre le mouvement et le repos ; il y a quelque chose comme un état statique, un équilibre, une tension, une énergie virtuelle, une force accumulée ; cette réserve, ce trésor de la nature se dépense partiellement dans la décharge nerveuse, dans la décision quelle qu'elle soit. Et que l'adoption d'un des partis en consomme vraisemblablement un peu plus que celle d'un autre, cela ne change rien à la solution, du moment où l'on admet qu'il faut qu'un choix intervienne et que l'acte de choisir est un emploi de force accumulée. Nous pensons bien qu'en effet la volonté est une force, pour ne pas dire qu'elle est la force. Nous comprenons mieux la personne comme une source, un foyer de force, que nous ne saurions y voir la succession des états d'un $X = 0$. Ainsi le libre arbitre ne nous semblerait point s'opposer nécessairement à la conservation de l'énergie.

Ensuite, bien que la volonté soit une force naturelle, en ce sens que l'exercice en est lié à des mouvements moléculaires et qu'il détermine des déplacements, rien ne prouve qu'elle soit elle-même un mouvement moléculaire ; l'explication universelle par la mécanique n'existe qu'à l'état de programme, il n'est pas certain que la loi de la conservation de l'énergie étende son empire aux choses de l'âme, et nul n'est plus éloigné de le penser que les savants auxquels la physique doit la vérification la plus considérable de cette loi.

Pour importants que soient les phénomènes de suggestion, le déplacement des souvenirs, les changements d'humeur et de façons provoqués par des agents physiques dans certaines affections nerveuses, ces faits, sur lesquels on se jette avec une curiosité si fiévreuse depuis que *la Science* en a daigné reconnaître la réalité, ne tranchent point la question qui nous occupe ; car tous les actes de la vie consciente ne relèvent pas du libre arbitre, qui ne saurait être compris, s'il existe, que comme se superposant au mécanisme physiologique tout entier. C'est dans ce sens que nous consentirions parfaitement à l'appeler surnaturel. Le dualisme de l'esprit et du corps se relèvera de sa déchéance lorsqu'il sera bien compris. Descartes semble l'avoir entendu mieux que ses disciples, mais il ne s'en est pas expliqué clairement. Une foule d'actes conscients appartiennent à la machine, et la plupart des actes conscients pourraient cesser de l'être lorsqu'ils s'accompliraient sans résistance. L'automate est l'idéal d'un évolutionisme conséquent [1]. Nous admettons la possibilité de cette forme d'existence ; nous ne nions point que des millions de bipèdes proprement vêtus aient pu vivre et mourir sur cette terre sans jamais faire acte de liberté positive, et nous voulons bien que le perfectionnement de leur mécanisme en amène d'au-

[1] V. *Revue philosophique*, mai 1886. Article de M. Lesbazeilles, p. 493.

tres à passer leurs jours sans se rendre compte de rien. Mais nous n'en persistons pas moins dans l'opinion que la liberté donne seule un prix à la vie et constitue proprement l'humanité.

Enfin, lorsqu'il serait établi que l'intérêt de la science réclame pour la loi discutée une portée universelle incompatible avec un libre choix, encore resterait-il qu'une thèse indispensable à la réalité de la vie morale possède un titre à notre créance supérieur à ceux de toute généralisation et de toute hypothèse où la théorie des phénomènes tenterait d'asseoir ses calculs.

En somme donc, l'impossibilité d'un libre choix ne pouvant être établie ni directement ni indirectement par aucune expérience imaginable, et le déterminisme universel n'étant point nécessaire à la pensée, quoiqu'il eût pour elle un intérêt véritable à la considérer dans son emploi purement théorique, nous sommes tenus par devoir de conscience d'affirmer le libre arbitre comme la seule position qui nous permette de comprendre l'obligation morale sans la faire évanouir en l'expliquant. Kant a parfaitement posé la question, bien qu'il ne l'ait pas résolue : elle revient toute entière à savoir si l'on accorde ou si l'on conteste la primauté qu'il attribue à la raison pratique ; en d'autres termes si, dès le principe, on reconnaît, on ignore ou l'on rejette la réalité de l'obligation. Il n'y a véritablement qu'un seul problème, le problème moral, le problème du devoir, qui domine absolument la vie.

Dès qu'on le subordonne qu'on lui reconnaît des pairs ou qu'on en fait abstraction, celui de la liberté s'évanouit. Le fait de notre croyance instinctive ne suffirait pas seulement à le maintenir dans la discussion. En elle-même la croyance instinctive à la liberté ne prouve rien de plus que la perception qui nous fait voir le soleil marchant dans les cieux, ou plutôt elle prouve moins, car l'immobilité du soleil relativement à la terre n'est pas non plus une vérité prouvée, au sens rigoureux du mot prouvée, et nous voyons toujours le mouvement du soleil, tandis qu'indépendamment des systèmes et des opinions qui en découlent, nous ne nous sentons pas toujours, nous ne nous croyons pas tous également libres; et qui sait s'il n'y a pas des gens qui n'ont jamais cru l'être [1] ! Mais l'astronomie de Copernic et de Newton explique mieux une certaine classe de phénomènes que les hypothèses cosmologiques précédemment adoptées, et le déterminisme universel nous permet d'espérer des explications ou des méthodes beaucoup plus claires et beaucoup plus simples relativement à la totalité des phénomènes qu'une doctrine de liberté n'en pourra vraisemblablement jamais offrir. Simplifier, unifier est la propre fonction de l'intelligence. Le naturalisme nous présente un corps de doctrine qu'il donne comme la science unifiée, et la foule que nous coudoyons l'accepte avec empressement sur ce pied-là. Peut-être

---

[1] M. de Hartmann prétend être de ceux-là. Cependant l'idée du libre arbitre existe. A-t-on répondu à M. Naville qui demande au déterminisme d'expliquer la provenance de cette idée conformément à sa donnée fondamentale ?

cette foule se contente-t-elle à bon marché, peut-être prend-elle du carton pour du marbre ; mais enfin elle trouve là ce qui lui plaît ; c'est à cette enseigne qu'elle veut loger.

IV

La contre-partie de l'unité du naturalisme qui dissout le moral dans le physique serait un système de finalité qui résoudrait le physique dans le moral. Un tel système n'existe pas, l'idée qui le suggère n'est sortie de l'abstraction des programmes que pour tomber dans la puérilité. Le dualisme subsiste avec des contradictions écrasantes et des harmonies incertaines. On cherche à montrer entre les deux ordres des parallélismes ingénieux plutôt que solides et qui, fussent-ils scientifiquement établis, laisseraient subsister la question principale. Il semble même difficile de les poursuivre sérieusement sans retomber dans le naturalisme.

Et réellement, lorsqu'on y réfléchit quelque temps, on se persuade que le plus souvent la liberté de nos décisions n'est qu'une apparence : nous voulons, mais pourquoi voulons-nous ? Il y a toujours un pourquoi, bien que nous ne l'apercevions pas toujours. Nous ne connaissons pas le ressort qui nous fait agir ; nous posons le pour et le contre des divers partis, mais notre balance n'est pas assez délicate pour marquer le grain qui a rompu l'équilibre. L'événement nous instruira. Le motif que notre nature et nos antécédents rendent le plus fort entraînera la résolution. Peut-être aucun de ceux dont nous observons le conflit n'est-il la cause véritable de l'acte, cause que nous ne connaîtrons peut-être jamais. Qui n'est son énigme à lui-même ? Ainsi une psychologie curieuse nous pousse à la même conclusion que dictent de concert les analogies de la nature, l'idéal *a priori* de la science, le principe logique de l'induction et le suprême intérêt intellectuel de l'unité, à la simplicité du déterminisme universel. Aussi ne faut-il point être surpris de le voir professé par des hommes du plus noble cœur, lorsque, plongés dans l'investigation théorique, ils ramènent tout à la science et ne voient dans la science que la science. Ils se flattent que ce déterminisme est sans danger pour la vie pratique. Pleins de respect pour la conscience morale, qui parle en eux distinctement, mais persuadés que tout doit finalement se résoudre en faits, ils s'efforcent de construire le phénomène de l'obligation sentie au moyen de simples faits,— action du milieu, hérédité, sympathie, bienveillance naturelle, calcul d'intérêt, ou tout autre élément quelconque,— sans prendre garde seulement qu'une définition semblable anéantit l'objet défini. Ils croient conserver une règle de la conduite en supprimant la nécessité. Qu'ils se détrompent. Ils goûteront la suprême joie de l'intelligence en ramenant tout à la même loi, tout, excepté la vie morale, qu'ils ont perdue en route. Comme l'écrivain éminent dont nous avons cité l'opinion sur notre manière de philosopher au commencement de ce chapitre, ils ont mis à part et conservent soigneusement pour leur propre compte la conscience, héritage du christianisme et l'honneur, relique de la chevalerie. C'est assez pour leur personne. Mais le fatalisme qu'ils mêlent à ce miel le fera fermenter dans les esprits qui les écoutera, suivant un déterminisme qu'eux mêmes, s'ils sont conséquents, ne sauraient que déclarer infaillible. Ou plutôt, dans la littérature, dans la critique, dans la société, cette putréfaction se produit déjà et l'odeur nous en suffoque. Non, les simplifications du déterminisme se payent trop cher.

Mais il est une autre simplicité que la simplicité logique, c'est la simplicité du cœur, l'entière bonne foi vis-à-vis de soi-même, le vrai sérieux, qui ne permet aucune abstraction et cherche à mettre la science à sa place dans l'ensemble des réalités. Lorqu'en face d'un choix à faire entre deux partis, nos intérêts, nos instincts, nos affections poussent du même côté, tandis que le devoir nous désigne l'autre, alors la liberté sort du voile et paraît dans sa nudité sévère. Nous la voyons triomphante, lorsque, pour la suivre, nous marchons sur nos plus chers trésors ; nous y croyons encore, lorsque, préférant nous obéir à nous-mêmes, nous faisons à regret ce que la voix intérieure nous dit être mal. Il nous serait fort agréable de nous persuader que nous ne pouvons pas agir autrement que nous n'avons fait ; mais nous nous en trouvons incapables. — Survient un sage qui nous rend raison de cette incapacité. « Ce qui vous manque, nous dit-il, pour comprendre la nécessité que vous avez subie, c'est la faculté de vous retrouver tels que vous étiez au moment de l'action dont vous vous accusez. » C'est fort plausible, et comment prouver le contraire ? Nous ne saurions réfuter une telle sagesse, mais nous conseillons à nos amis de ne pas l'écouter, car elle achèverait de les énerver et de les corrompre. Pour nous, cette réfutation-là suffit, mais nous convenons que le déterminisme est commode, et nous ne doutons pas que sa commodité ne soit pour beaucoup dans la faveur qui l'accueille. Une semblable philosophie s'accorde bien aux tendances d'un siècle où la population baisse, où la criminalité monte avec le suicide et la folie, où la patrie se dévore, où l'honneur s'en va.

Quelques-uns essaient encore de concilier, non le déterminisme et la liberté, mais le déterminisme et la morale par l'illusion de la liberté, qu'ils s'appliquent de leur mieux à dissiper à l'instant même où ils l'érigent en panacée. Ils nous demandent de travailler à un idéal, « afin d'y croire, » sans songer seulement, ni qu'il faudrait produire un titre quelconque à l'appui d'une suggestion pareille, ni que pour y pouvoir obtempérer nous aurions déjà besoin du libre arbitre qu'ils nous refusent. Le siècle des inventions est le siècle des succédanés : on a les succédanés du vin et du cuir, du beurre et du marbre, il fallait avoir aussi les succédanés de la religion, du devoir et de la liberté. Mais il serait imprudent de vouloir en garantir l'usage. La morale sans obligation, la liberté dans le déterminisme sont des formules qui se détruisent elles-mêmes.

La liberté dans les actions indifférentes est elle-même indifférente. Nous serions disposé à ne pas l'admettre, et à penser que le libre arbitre se révèle exclusivement dans les conflits entre le devoir et les passions, de sorte que le devoir serait proprement sa raison d'être et sa substance aussi bien qu'il constitue notre raison de l'affirmer. Nous devons croire à la liberté, parce qu'elle est inséparable du devoir et que nous sommes tenus moralement de croire au devoir, *ratio cognoscendi*. Nous sommes libres par le fait du principe de l'obligation morale, qui se réalise dans l'humanité comme une force nouvelle au milieu d'une nature affective et sensitive déjà donnée, et qui se manifeste par la conscience, *ratio essendi*.

CHAPITRE II

LES SOURCES DE CONNAISSANCE ET LES MÉTHODES

Nous n'écrivons ni pour les gens du métier ni pour le public friand de lecture amusante ; nous nous adressons à toutes les personnes qui veulent bien réfléchir, qui consentent à s'arrêter sur un point difficile, et qui ne craignent pas de compléter leur information lorsque la chose en paraît valoir la peine. Ayant soulevé des questions dont tous se préoccupent, nous en abordons graduellement de plus générales et de plus abstraites, qu'il faut avoir examinées pour acquérir le droit de se faire une opinion sur les premières. Voyant la société menacée de conflits mortels, qui ne sauraient être évités que par une régénération morale, nous nous sommes demandé en quoi cette réforme pourrait consister. La question morale nous a conduit à celle de la liberté humaine, qui est encore un sujet sur lequel chacun croit pouvoir émettre un avis personnel, soit qu'il affirme la liberté, soit qu'il la nie ou qu'il décline la question comme insoluble. Maintenant le pour et le contre de la liberté nous contraint d'aborder les questions de méthode, dont le grand nombre n'a cure, qu'il ne soupçonne même pas, et sur lesquelles il se borne, lorsqu'il en faut dire un mot, à répéter l'avis d'autrui. Nous sommes dans l'apparence, et nous cherchons le vrai, dans le complexe, et nous cherchons le simple, dans le particulier et, nous aspirons à l'universel.

I

Chacun se réclame de la méthode inductive, on n'en veut point connaître d'autre ; on a peut-être raison : la méthode inductive est indispensable ; mais pour s'en servir avec fruit, il serait bon de la comprendre, et pour la comprendre, il est indispensable de la compléter. En philosophie, où l'on poursuit constamment l'idée du tout, le danger de la méthode inductive est d'asseoir des conclusions d'une portée universelle sur des observations et sur des expériences exclusivement empruntées à tel ordre particulier de faits. On élève sur cette base trop étroite une théorie où l'on s'efforce d'englober après coup les faits négligés dans sa construction. Cette marche ne saurait être véritablement scientifique, n'étant point sensée. L'induction philosophique doit nécessairement être précédée d'une revue générale, d'une classification provisoire de tous les objets qui composent le domaine de la conscience. Sans nous en apprendre assez pour mettre chaque chose à sa place, une revue semblable nous empêchera de rien oublier. En attaquant une science particulière, pour y suivre au travail de l'humanité dans un champ limité par d'autres, il ne faudrait s'engager sur aucune question avant d'avoir examiné son rapport à toutes les questions connexes; puis comme celles-ci sont bordées d'une troisième série, avant d'avoir saisi le rapport de ces dernières avec les questions environnantes, et ainsi de suite; mais un esprit conquis par cette méthode ne pourrait se faire un avis sur aucun sujet quelconque. Il ne pourrait même pas sans contradiction se consoler en répétant après Amiel que c'est une obtusité d'esprit de porter un jugement arrêté sur quoi que ce soit; puisque cette pensée même est un jugement fort arrêté, qui témoignerait d'un esprit obtus.

Mais lorsqu'il est question d'aller à fond et de formuler les principes, on n'est réellement en mesure de se prononcer sur aucun point particulier avant d'en avoir décrit le temple, en parcourant tout l'horizon. C'est ainsi, par exemple, que les conclusions tirées par M. Taine sur l'essence de l'homme et des choses dans son beau livre de l'intelligence, peuvent, avant tout examen, être déclarées infirmes en raison de ce seul fait que l'auteur les déduit exclusivement d'une étude de l'intelligence, après avoir distingué lui-même dans l'homme l'intelligence et la volonté. Il est vrai que M. Taine avait probablemant par devers lui son thème sur la volonté, mais cette circonstance ne saurait modifier le jugement du lecteur. Puis donc qu'il faut s'orienter au début de toute entreprise, il est inadmissible, nous y voulons insister, de s'engager sur la science sans avoir examiné sérieusement les rapports de la science et de la vie, de la théorie et de la pratique. Si l'on se posait la question et qu'on arrivât, ce qui est après tout fort possible, à se dire que la science a pour unique objet la vie et les conditions de la vie, que la recherche théorique est une des manières possibles de remplir la vie, que savoir s'il convient ou non d'occuper la vie à cette recherche est un problème pratique, en un mot que la vie est le tout et la science une partie de ce tout, on comprendrait que la possibilité d'un résultat par lequel la science se tournerait contre la vie serait la condamnation de la recherche scientifique elle-même. Lorsqu'une doctrine tend à paralyser, à supprimer l'énergie morale, nous pensons donc nous conformer aux prescriptions de la méthode la plus sévère en la condamnant pour ce fait seul. Nous n'en demanderions assurément pas la suppression d'autorité lorsque nous pourrions l'obtenir, parce que nous ne pensons pas qu'on ait le droit d'étouffer l'expression d'une conviction, même dangereuse, et que d'ailleurs ces procédés-là n'aboutissent pas ; mais nous déclarons en toute franchise que ceux qui ont eu le malheur d'arriver à des conclusions pareilles nous semblent coupables de les énoncer. Les droits imprescriptibles de la vérité, qu'il faut mettre au jour coûte que coûte, ne seraient ici qu'un vulgaire appel au préjugé. Nous partageons en plein l'opinion que toute vérité est bonne à dire ; mieux encore : nous exigeons que toute conviction, vraie ou fausse, puisse librement se manifester ; mais pourquoi ? — Parce que le choc des opinions est nécessaire pour dégager la vérité et que nous croyons la vérité toujours salutaire. Ces termes ne sauraient être séparés : dès qu'on admet que la vérité peut nuire, on la dépouille de son premier titre à notre respect, et l'on est tenu d'en produire d'autres, que nous attendons. Pour nous, ne croyant pas que la vérité soit jamais mauvaise, nous répétons que mettre au jour les propriétés nuisibles d'une doctrine, c'est, à nos yeux, en démontrer la fausseté.

Ces considérations générales paraîtront absolument sans portée aux gens dont le siège est fait, qui ne veulent pas se poser la question soulevée, et qui croient faire preuve d'un esprit scientifique en abordant la science par un côté particulier, suivant une méthode exclusive, sans se demander quelle est la fonction de la science en général. On peut se consoler de leurs dédains. Quant aux points sur lesquels l'évidence intellectuelle est entière, le critère que nous proposons se retourne. Lorsqu'une thèse est établie d'une manière irréfragable, il y a lieu de penser qu'on raisonne faux lorsqu'on en tire des conséquences immorales. Mais sur les points où l'évidence est entière les esprits sont tous d'accord ; tandis que les problèmes qui nous occupent sont agités depuis au moins trois mille ans sans que le débat semble approcher d'une conclusion. Il ne saurait donc être question d'évidence ; il n'y a de place que pour la croyance ou pour le vide. Mais le vide est insupportable, et ce serait tout préjuger dans le sens le moins plausible et le plus fâcheux que de nier l'influence légitime des considérations de l'ordre pratique sur la croyance.

Tout cela est manifeste. Comment se fait-il donc qu'un si grand nombre de penseurs, dont on ne saurait contester la sincérité, se soient prononcés pour des solutions contraires à l'intérêt de la vie? Nous l'avons déjà dit, ces questions ont été le plus souvent agitées par des théoriciens, par des hommes absorbés dans la science, et qui se flattaient d'arriver à tout par les méthodes de la science, c'est-à-dire par les méthodes qui, dans un moment donné, paraissent conduire à la science. Si leur supposition était fondée, si toutes les régions de la pensée pouvaient être éclairées par le calcul mathématique ou par l'observation sensible, si l'univers pouvait se ramener à la mécanique, il n'y aurait pas de place pour la liberté dans l'univers ; si tout pouvait se résoudre en histoire naturelle, le devoir ne serait qu'une illusion. Quelle que soit la science type et la méthode préférée, la liberté contredira toujours la prétention de la science à former un tout sans lacune, permettant de tout enchaîner et de tout prévoir. Dès lors, les savants exclusifs écarteront la liberté et contesteront l'obligation qui en est solidaire, lorsque leurs déductions s'étendront jusque-là. Nous avons déjà reconnu cet enchaînement inévitable.

Aujourd'hui c'est l'empirisme qui passe pour être en crédit, c'est de l'expérience que se réclament ceux-là même qui s'en affranchissent le plus lestement. L'empirisme peut être, il est quelquefois plus modeste en ses visées que le rationalisme d'un Hegel ou d'un Spinosa, les postulats de la science absolue ne lui sont pas essentiels. Le libre arbitre n'est pas inconciliable avec l'empirisme, au contraire, puisque la croyance au libre arbitre est un fait d'observation ; aussi l'empirisme admet-il quelquefois le libre arbitre. Mais il ne saurait admettre le devoir. L'empirisme n'admet que les faits : le libre-arbitre est peut-être un fait, la croyance au devoir est un fait chez quelques-uns, l'observation du devoir prétendu peut encore l'être. Quant au devoir lui-même, c'est impossible, il est et reste une idée, et l'empirisme n'accorde aucune existence aux idées autrement qu'à titre de faits, d'affections mentales ou cérébrales propres à tels ou tels individus. L'idée du devoir exerce plus ou moins d'influence sur la conduite de quelques-uns, c'est encore un fait dont il ne saurait résulter aucune obligation pour eux, et bien moins encore pour les autres. Il n'y a pas de chemin qui aille des faits à l'obligation sans passer par l'obligation. D'ailleurs l'analyse ramène le sentiment du devoir à des phénomènes plus simples, où l'on ne peut plus imaginer rien de moral.

L'empirisme n'a pas, lorsqu'il s'entend lui-même il ne prétend pas avoir de morale, au sens d'une règle de conduite. Tout au plus peut-il donner des conseils, suggérer des moyens pour atteindre certains buts, à supposer qu'on se propose de les atteindre. Pour suppléer à ce qui lui manque, il fait appel à des sentiments, à des intérêts qui n'existent pas ou qui ne sont pas assez développés pour devenir les mobiles de la conduite, et s'il s'élève à la formule générale embrassant tous ces mobiles, cette formule c'est le bonheur, qui consiste pour moi dans ce qui me plaît et non dans ce qui plaît à mon conseiller. L'empirisme abandonne aujourd'hui la doctrine artificielle de l'intérêt bien entendu telle que Bentham et Volney la mettaient en catéchisme, mais il ne l'a pas remplacée. Suivant l'exemple d'Auguste Comte, qu'il se pique aussi d'avoir dépassé, il accepte purement et simplement un idéal de conduite conçu sous l'empire de la croyance au devoir; puis il se met en frais d'imaginations psychologiques pour fabriquer à cet idéal une généalogie qui le rattache aux appétits fondamentaux de l'animalité. Les plus habiles construisent une physiologie plus ou moins plausible des actions morales, ou, en d'autres termes, des actions qu'ils approuvent conformément à la tradition; mais ils renoncent à fournir ce qu'on a toujours entendu par une morale, ils renoncent à donner ce dont on a réellement besoin, une réponse à la double question : Que faut-il faire, et pourquoi le faut-il?

Nous sommes donc obligé par notre propos de chercher ce que vaut l'empirisme en général, et ce que proprement il signifie.

II

L'esprit ne réfléchit qu'avec effort, tardivement, sur ses propres lois : il se porte d'abord aux choses, ce sont les choses qui l'intéressent, et comme il ne prend conscience de lui-même que dans son commerce avec les choses, il lui est naturel de penser qu'il leur doit toutes ses idées. Cette doctrine fut enseignée, au déclin du moyen âge, dans le dessein arrêté de soustraire les problèmes religieux à l'investigation rationnelle au profit de l'autorité pure et simple de l'Eglise constituée. L'empirisme, endémique en Angleterre, reçut un nouvel éclat du chancelier Francis Bacon, qui mit l'utilitarisme dans la science, et suivant une ligne tracée par les zélateurs extrêmes de l'autorité spirituelle, lui assigna le monde physique comme objet exclusif, dans un intérêt industriel. Fidèle à la tradition nationale, Locke ébaucha la théorie de l'empirisme en réaction contre les prétentions excessives de l'*a priori* cartésien ; il fut suivi de confiance par une foule de disciples, dont le plus grand nombre ne soupçonnait pas la portée de cette théorie de la connaissance quant à l'objet même du savoir, de sorte que la psychologie sensationniste était passée à l'état de chose jugée lorsqu'on finit par s'apercevoir que si toute connaissance résulte d'une action de la matière, la matière forme nécessairement l'unique objet de la connaissance, conséquemment l'unique objet possible de nos désirs, et que l'ensemble de nos opinions doit s'ordonner à ce point de vue.

C'est ainsi qu'une thèse primitivement avancée dans l'intérêt de l'autorité religieuse aboutit au renversement de toutes les croyances sur lesquelles se fondait cette autorité.

Si Locke avait mis au premier rang des intérêts philosophiques l'étude de l'entendement, la théorie de la connaissance, c'était, nous l'avons rappelé, dans le but exprès de réfuter le cartésianisme, qui avait momentanément conquis l'opinion. Descartes, suivant l'avis de Platon, estimait que nous possédons une activité propre, une lumière naturelle qui nous fait découvrir la vérité lorsque nous nous en servons avec diligence. Cette opinion reposait sur la distinction qu'ils apercevaient tous les deux entre la connaissance des faits particuliers, contingents, et les jugements universels que l'esprit ne peut pas s'empêcher de porter comme il le fait, lorsque l'objet s'en présente à lui, jugements dont les mathématiques nous offrent l'exemple le plus familier. Platon n'accordait le rang de science qu'aux notions de cet ordre, n'estimant pas que l'interprétation des phénomènes sensibles pût s'élever à la parfaite certitude, dont il faisait le caractère essentiel de la science proprement dite. Descartes, au contraire, identifiait la science avec cette interprétation. Il estimait que la vérité du témoignage des sens, ou en d'autres termes l'existence réelle d'objets hors de nous, est garantie par un légitime emploi des vérités nécessaires. Ce point acquis, il crut également pouvoir définir la substance des phénomènes sensibles en vertu d'une nécessité rationnelle, et il entreprit d'expliquer la nature entière, depuis la séparation des éléments et la formation des astres jusqu'aux frémissements de nos lèvres et de notre cœur, en la déduisant des lois du mouvement dans l'espace, qu'il prétendait déduire elles-mêmes de la première vérité nécessaire *a priori*, l'idée de Dieu. Locke essaya de couper court à cette frénésie de déduction, plus apparente, au surplus, que réelle, en refusant à l'esprit le pouvoir de produire quoi que ce soit. Les sens fourniraient, suivant lui, toute la matière de notre discours. Cependant Locke laissait subsister le discours lui-même, il ne se refusait pas toute espèce d'activité ; tout en contestant à l'esprit et le caractère de substance séparée et la faculté créatrice, il ne supprimait pas l'esprit ; il lui attribuait la faculté d'élaborer les données sensibles élémentaires pour en former des idées complexes, d'établir par le jugement des rapports entre les idées et de constituer ainsi la science. Enfin, il faisait de l'esprit une source d'idées par la conscience qu'il prend de sa propre activité. C'est ce qu'il appelait la *réflexion*. Accorder cela, c'était, semble-t-il, tout accorder ; car si l'esprit agit, s'il travaille, il le fait nécessairement d'une certaine manière et non d'une autre, c'est-à-dire qu'il observe des lois ; et s'il a conscience de son activité, il peut et doit arriver à la connaissance de ses propres lois, ce qui suffit entièrement au rationalisme. Mais Locke poursuivait encore la chimère spécieuse et contradictoire d'un savoir inconditionnel, d'une représentation des choses dans laquelle notre faculté de représenter n'entrerait pour quoi que ce soit. Ignorant les leçons de la plus antique philosophie, Locke se figurait que dans la sensation nous recevons passivement l'empreinte du monde extérieur sans rien y mettre du nôtre. Sous l'empire de cette illusion, il posa en principe et comme un axiome l'opinion que ce qui vient de nous dans la pensée n'a de valeur que pour nous, tandis que les *idées* (c'est-à-dire les impressions) qui résultent de l'action du monde extérieur sur nous, ont la vertu de nous faire connaître ce monde tel qu'il est indépendamment de nous.

III

En admettant cette thèse et en faisant le départ des deux sources de connaissance de la façon que Locke avait indiquée, l'on arrivait au plus complet scepticisme, puisque les rapports ne sont pas des sensations et que toute science porte sur des rapports. Il y avait donc un intérêt manifeste pour la pensée à élargir le domaine de la sensation aux dépens de celui de la réflexion ; aussi vit-on bientôt de plusieurs côtés formuler la conclusion cherchée en ramenant à la sensation tout le contenu de l'intelligence. Cette assertion générale était-elle un résultat légitime de l'analyse? était-ce une thèse voulue et défendue après coup par l'artifice d'un langage où la spontanéité de l'esprit, niée en principe, est pourtant constamment sous-entendue? Nous laissons aux lecteurs de Condillac le soin d'en juger.

Ce qui est incontestable, ce qui nous importe, ce qui fut peu à peu compris et proclamé, c'est que si toutes nos idées viennent de l'action du monde extérieur sur nous, la distinction du nécessaire et du contingent n'a plus où s'établir et ne pourrait être maintenue. Il n'y a point de vérités nécessaires, le mot nécessité n'a point de sens. Comment se fait-il donc que certains rapports nous semblent nécessaires, que nous rattachions par exemple tout phénomène à quelque sujet, et que nous cherchions une cause à tout ce qui arrive, comme si tout ce qui arrive devait nécessairement avoir une cause? Hume résout le problème par l'habitude. Quand deux phénomènes se sont produits simultanément ou consécutivement, la présence de l'un éveille le souvenir de l'autre et nous porte à l'attendre. Si cette attente n'est pas trompée et que les deux phénomènes coïncident ainsi plusieurs fois, nous ne pourrons bientôt plus, en voyant le premier, douter que le second n'arrive, et, transportant notre attente à l'objet, nous dirons le premier cause du second. En effet, le rapport de cause à effet se réduit pour nous à ceci : que tel phénomène étant donné, nous puissions compter sur tel autre. La causalité, dans laquelle nous croyons saisir un rapport entre des objets, n'est qu'un cas particulier de l'association des représentations, où se termine la vie mentale.

La considération du cerveau comme organe de la pensée vint bientôt ajouter à la consistance de cette théorie. Au point de vue anatomique, une association d'idées serait un sentier battu, sur lequel le mouvement moléculaire imprimé à tel groupe de cellules se propagerait aisément dans tel ou tel autre. Mais si le cerveau peut se modifier dans un sens, il est également susceptible de se modifier en sens contraire; il appartient à l'analyse de séparer les associations en apparence indissolubles. La nécessité avec laquelle elles s'imposent au profane n'existe plus pour celui qui en a clairement compris l'origine. Aussi Stuart Mill assurait-il qu'il concevait et qu'il admettait parfaitement la possibilité d'un monde existant quelque part dans l'espace, où les phénomènes se succéderaient sans ordre et sans loi.

Tout nous vient donc de l'expérience, il n'y a rien de nécessaire dans la connaissance, les axiomes de la géométrie sont des vérités expérimentales. L'empirisme en était là lorsque M. Spencer, averti peut-être par la critique de Kant, s'avisa que si tout nous vient de l'expérience, il faudrait entendre avant tout comment l'expérience peut se former. Il comprit que la sensation brute n'est point encore une connaissance, que pour se transformer en connaissance la sensation doit être interprétée suivant des règles certaines, au moyen d'idées nécessaires, qu'en un mot l'esprit a des lois et qu'on tourne dans un cercle vicieux en rapportant à l'expérience comme à leur cause ces lois sans lesquelles l'expérience ne saurait se constituer.

Comment concilier avec l'admission de vérités nécessaires les dogmes fondamentaux de l'école : « toute pen» sée est sensation, toute sensation est un effet méca» nique ; il n'y a de science que sous la condition du méca» nisme universel ? » — Le transformisme en fournit les moyens, au moins en apparence. Pour que l'homme arrive à la science, il a besoin d'associations réellement indissolubles, de lois et de formes universelles, d'une certitude *a priori*. C'est accordé. Mais l'homme n'a pas toujours été capable de savoir, les enchaînements indissolubles aujourd'hui ne l'ont pas toujours été. L'être sensible n'a pas toujours eu besoin d'assigner une cause connue ou inconnue à tout ce qu'il éprouvait. On peut concevoir, il existe probablement des êtres conscients qui ne cherchent rien au-delà de ce qu'ils sentent, et la conscience elle-même n'est qu'une action réflexe empêchée. Le mouvement du centre à la périphérie retourne au centre, il fraye une voie entre deux points dans le cerveau, et quand ces chemins sont assez battus pour que l'impression reçue en l'un se communique invariablement à l'autre, le rapport nécessaire est constitué, les conditions du jugement *a priori* sont données ; car ce qui se nomme en logique un rapport nécessaire n'est physiquement qu'une relation constante entre deux groupes de cellules. Le perfectionnement cérébral acquis par une génération se transmet à la suivante, où les relations ébauchées se consolident, tandis que de nouvelles relations se dessinent. Ainsi se forment les conditions de la connaissance expérimentale par la complication croissante de l'organe nerveux central, en vertu des lois de l'hérédité. Ne demandez pas comment il se fait que les conditions nécessaires à l'expérience résultent des expériences de générations incapables d'expérience, cette objection serait une chicane de mots. L'expérience scientifique exige des vérités universelles, c'est-à-dire des associations indissolubles. L'expérience des ancêtres qui ne possédaient point de vérités universelles n'était pas scientifique, voilà tout ! Leur pensée n'allait que du particulier au particulier ; elle flottait dans l'incertitude sur toutes choses lorsqu'elle en vint à s'interroger. Les associations indissolubles pour nous ne l'étaient pas à l'origine, mais avant qu'elles le soient devenues, il n'y avait pas de connaissance. L'hypothèse n'est donc pas contradictoire, seulement ce n'est qu'une hypothèse.

Dans une certaine mesure, il ne serait pas impossible de la vérifier, et la chose en vaut bien la peine. Je ne parle pas d'anatomie : la structure du cerveau n'est pas encore assez connue pour nous apprendre si elle est réellement modifiée par le travail intellectuel ; les comparaisons faites jusqu'ici ne sont pas toutes également favorables à cette idée, qui paraît d'abord si naturelle. Il n'y a pas de proportion sensible entre la différence des races quant à la quantité de substance nerveuse et quant à l'esprit. Par le volume et le poids de l'encéphale, le dernier des sauvages est un homme[1], tandis que par son genre de vie, il descendrait peut-être au-dessous de certains animaux. Mais il y aurait à faire une expérience plus directe et plus concluante. Il faudrait emmener, dans les premières semaines ou les premiers mois de leur existence, quelques enfants des races les plus dégradées, en nombre suffisant pour établir raisonnablement une moyenne : on les obtiendrait sans doute à bon compte, puisque dans la Basse-Italie le prix d'un enfant qu'il a déjà fallu nourrir quelques années, ne monte guère à plus de vingt francs. Le marché d'ailleurs serait tout à l'avantage des sujets de l'expérience. On les transplanterait immédiatement dans des familles bienveillantes, au milieu d'un pays entièrement civilisé ; on les élèverait le mieux possible, et l'on constaterait les effets de cette éducation. S'ils pouvaient suivre leurs camarades européens, s'ils apprenaient l'arithméti-

[1] Encore ou déjà ?

que, s'ils mordaient à l'algèbre, il faudrait en rabattre sur la transmission par l'hérédité des qualités acquises par l'exercice, et la thèse de M. Spencer serait en échec. Si leur cerveau se montrait réfractaire à l'instruction, on aurait le choix, pour s'expliquer ce résultat, entre l'hypothèse transfo miste et la théorie précédemment accréditée, qui distingue plusieurs espèces dans l'ordre des Primates et dans le genre Humanité.

Nous serions porté à croire que l'influence du milieu se montrerait supérieure à celle de l'hérédité, car partout où nous trouvons le langage, nous trouvons les idées générales, nous trouvons l'homme. Nous n'y tenons d'ailleurs pas autrement ; nous ne songeons point à contester que l'homme se soit produit dans le temps, par une évolution prolongée ; nous nous représentons sans effort comment les facultés qui nous font porter des jugements nécessaires se seraient formées de la façon dont l'entend M. Spencer. Mais dans cette hypothèse biologique, nous ne saurions voir la négation — nous y trouvons l'affirmation des lois de la pensée, l'affirmation de la certitude *a priori* et le renversement de l'empirisme. Un moment de réflexion devrait nous convaincre, non que la thèse empirique est fausse, car dans son affirmation nous la croyons vraie et définitive, mais qu'elle est ambiguë, obscure et insuffisante. Il faudrait pourtant s'entendre une fois sur ce qu'on affirme, sur ce qu'on nie et sur les raisons qui nous font affirmer et nier. On accorde que si la pensée ne procédait pas suivant des lois, l'expérience et la science seraient impossibles, et l'on veut que la pensée ait été peu à peu rangée à ces lois par la pression des objets extérieurs sur elle. Si la pression des objets extérieurs a produit d'abord la conscience, puis la raison, avec ses axiomes universels et nécessaires, c'est que la pression des objets extérieurs pouvait les produire, c'est que l'organisme était susceptible d'arriver à la conscience et à la raison sous l'influence d'agents appropriés. Le reconnaître, n'est-ce pas avouer que la raison, l'*a priori* résidait en puissance dans l'organisme? La sobriété d'un rationalisme sérieux n'en demande pas davantage. Les vérités universelles et nécessaires n'étaient pas moins nécessaires et pas moins universelles parce que l'esprit naissant ne commençait à les entrevoir que sous la forme de rapports curieux entre quelques représentations particulières. Reconnaître les réalités potentielles dans la pensée et dans l'univers, mettre la notion de puissance à sa place dans le système de nos idées, c'est clore l'interminable querelle du rationalisme et de l'empirisme et poser le fondement d'une théorie de la connaissance définitive. Comprendre l'opposition de la puissance et de l'acte, accorder son droit à la puissance, c'est donner une base à la métaphysique et rendre intelligible l'évolution, qui sans cette clef, legs précieux du vieil Aristote, resterait une énigme impénétrable, ou plutôt une sèche contradiction. Essayons de le faire voir en reprenant le problème posé tout à l'heure.

IV

L'empirisme évolutionniste enseigne que la conscience et ses lois résultent des mouvements imprimés du dehors à l'organisme. Il admet donc que ces dehors étaient disposés de manière à produire au dedans une conscience — mystère à tel point incompréhensible qu'on ne tente pas même de l'éclaircir — il admet également que ces dehors étaient capables d'imprimer les lois logiques dans la conscience. L'apparition de la pensée, l'assujettissement graduel de la pensée aux formes logiques étaient implicitement donnés dans la constitution des choses. Comment se fait-il que les choses fussent arrangées de la sorte, quelle peut être la cause de cette disposition? L'empirisme nous interdit de nous poser cette question, parce qu'il ne saurait y répondre suivant sa méthode, qu'il a réussi jusqu'à un certain point à faire considérer comme la méthode unique. Mais en formulant cette interdiction il s'élève contre le principe de causalité, dont il reconnaît l'empire en fait et dans lequel il voit l'auteur de sa propre existence. Quelle que soit l'origine de ce principe, il est ce qu'il est; il nous oblige à remonter de cause en cause jusqu'à ce que nous ayons atteint une cause qui ne puisse pas être causée, mais qui soit la première en vertu de son idée même. Possible que la réalité de cette cause

première ne soit pas vérifiable par l'expérience —
possible, non pourtant tout à fait certain, si l'on entend
l'expérience au sens le plus large ; possible même que
nous soyons incapables de concevoir sans contradiction
l'idée d'une première cause, mais nous sommes certains qu'elle existe, nous ne saurions nous empêcher
de l'affirmer. Nous ne pouvons donc pas ne pas lui
attribuer cet arrangement des choses qui aboutit nécessairement à la conscience et aux lois de la conscience. Toute opposition à ce mouvement naturel de
la pensée est arbitraire, ou plus exactement, elle est
impossible. Ceux qui l'interdisent le font dans l'intérêt
d'une métaphysique, le panthéisme matérialiste, aujourd'hui décoré du nom tendencieux de monisme ; et
ceux qui se défendent de tout système, pour s'en tenir,
sous le nom plus arrogant encore de philosophie scientifique, à la pathologie du cerveau, n'en choisissent
pas moins les faits et n'en dirigent pas moins leurs
inférences suivant une pensée de derrière la tête qu'ils
n'essaient pas toujours de dissimuler, et qui n'est autre chose que le monisme matérialiste dont les plus
confiants et les plus pressés arborent l'étendard.

Le matérialisme accomplit de nos jours une œuvre
critique dont nous ne méconnaissons ni l'importance
ni la légitimité relative. Il conservera probablement
son avantage aussi longtemps qu'il lui restera quelque chose à détruire ; mais si la civilisation pouvait
survivre à l'achèvement de ce travail négatif, il aurait quelque peine à se constituer véritablement en

philosophie, car il n'y a pas de philosophie matérialiste concevable sans une idée de la matière, que le monisme ne possède pas. Aussi bien, de toutes les notions générales qu'ait élaborées la réflexion, celle de la matière est-elle probablement la plus obscure. Si l'on conserve au mot le sens qu'il doit avoir pour fournir un objet à la physique générale, et qu'on élève les lois de la mécanique à la dignité de lois universelles, la déduction est constamment arrêtée par des hiatus que la sincérité scientifique a fréquemment signalés, et que le fanatisme couvre à peine aux yeux du vulgaire par l'assurance de ses promesses et la feinte énergie de ses actes de foi.

C'est, d'abord, l'origine du mouvement, question importune, qu'on s'efforce d'éluder en classant le mouvement au nombre des données premières, ce qui fait du prétendu monisme un dualisme inavoué.

C'est ensuite le passage de la matière minérale à la matière organique, la constitution, la spécification, la reproduction des organismes par le jeu des forces physiques et chimiques sans plan donné, sans idée rectrice.

C'est l'apparition du sentiment, de la conscience, qu'il faudrait définir en termes de mécanique ; c'est la finalité dont on ne peut plus nier la présence et l'action dans les êtres intelligents ; c'est la réflexion sur soi-même, la religion, la curiosité scientifique !

Pour justifier la thèse matérialiste, il ne suffit point de montrer que toutes ces choses ne se produisent que sous la condition de certains mouvements moléculaires, il faudrait résoudre distinctement toutes ces choses en mouvements moléculaires; l'adepte le plus sincère et le plus pénétré de la conception mécanique de l'univers sait parfaitement que la science n'y parviendra jamais. Il n'a donc réellement point d'enchaînement, point de système; les divers ordres de phénomènes ne sont unis dans son esprit que par des affirmations incompréhensibles.

Le monde nous est donné dans la conscience; le premier fait, plus exactement l'unique fait, qui renferme tous les autres, c'est la conscience : pour arriver à la conception mécanique du monde, il faudrait avant tout posséder une conception mécanique de la conscience; impossible avant cela de trouver autre chose dans le dogmatisme matérialiste qu'un appel à la foi du charbonnier.

L'empirisme pur, suivant lequel tout se résout en déplacements et en vibrations, parce qu'il n'admet dans l'être que ce qu'on y voit, prétend à la vérité que l'action des êtres ainsi définis les uns sur les autres finira par tout expliquer. Nous attendons ce jour fortuné sans impatience; mais, au préalable, nous faisons observer à l'empirisme qu'en écartant la notion de puissance il aboutit à la contradiction. Dire que de la série d'effets mécaniques, susceptibles d'être constatés, résulteront nécessairement, dans un temps donné, le sentiment et la pensée, ou dire que le germe du sentiment et de la pensée est enfermé dans le visible dont infailliblement il sortira, n'est-ce pas exprimer la même pensée en deux formules ? Réprouver la seconde en affirmant la première, ne serait-ce pas sacrifier la conséquence au parti-pris ? Certes la fleur est en puissance dans la graine: l'homme est en puissance dans l'embryon, et si les choses se passent réellement de la façon dont le moderne empirisme nous les présente, l'histoire de l'univers est en puissance dans les atomes. L'histoire de la pensée nous montre que les systèmes dogmatiques supportent très bien des contradictions semblables : on évite d'y regarder, et voilà tout.

Le matérialisme est devenu une religion en face de ce qu'on nommait autrefois la religion ; il a pris en quelque sorte la consistance d'un lieu-commun, et ses partisans ne songent point à mettre en question sa provenance. Il est beaucoup plus facile en effet de tirer les conséquences d'un point de vue donné que de ramener le point de vue général lui-même à ses éléments primordiaux. Mais si quelqu'un dont le siège ne serait pas encore fait prenait cette peine vis à-vis du monisme matérialiste, il reconnaîtrait en lui la conséquence, extrême jusqu'au paradoxe, d'une simple hypothèse sur la formation de la connaissance, combinée avec une règle de méthode d'une origine absolument différente. La logique inhérente à l'empirisme n'autoriserait aucun emploi de la méthode déductive *en philosophie*, parce que jamais la régression empirique ne saurait se flatter d'avoir atteint les principes de la déduction.

Assurément si, d'une part, tout le contenu de la conscience vient du dehors, tellement qu'un objet dont nous inférons l'existence et les qualités des représentations de la conscience doive rendre raison de la conscience elle-même, et si, d'autre part, quelqu'un tient pour acquise, au mépris de ses propres principes, la possibilité d'unifier la science dans une explication déductive universelle partant des principes mêmes de l'être, alors sans doute il a posé le problème du mécanisme universel ; alors force lui est bien de prendre pour éléments premiers et pour seule réalité véritable l'espace en tant qu'existant par lui-même hors de nous, un objet divisé, sans vertu propre, sans activité, sans existence pour lui-même, et le mouvement dans l'espace des parties de cet objet ; mais ce système, qui entend expliquer le dedans par le dehors, le moi par le non moi, le connu par l'inconnu, est en réalité le renversement de toute logique. L'abord en est facile, l'issue est un gouffre : la négation du moi par le moi lui-même. Or, en se niant lui-même, le moi nie tout. Le dernier mot du matérialisme est le nihilisme. Relativement à l'être conscient, qui existe pour lui-même, ce qui n'existe pas pour soi-même est bien un néant. La matière abstraite et le mouvement sont précisément ce que les penseurs grecs, qui n'étaient pas absolument dépourvus d'intelligence, désignaient sous le terme de non-être, et en effet chacun comprend qu'au prix de la vie et de la vertu, de la pensée et de l'histoire, la matière et le mouvement ne sont rien. Ce qui n'est ni pour soi-même ni pour un autre n'est rien ; de sorte que la dernière expression du système se concentre dans la formule : « tout vient de rien, » ou « tout n'est rien. »

V

Au vrai, cette attitude de l'esprit est forcée et ne se comprend que par l'histoire. L'esprit se redresse, il reprend sa position naturelle lorsque, pour échapper à ces difficultés, il se décide à modifier la définition de la matière en lui attribuant la faculté de se mettre elle-même en mouvement, lorsqu'il transporte dans les éléments et dans les atomes la distinction du dedans et du dehors, en leur attribuant une conscience rudimentaire, ou seulement la faculté d'arriver à la conscience, lorsque, revenant avec Tyndall aux idées des Grecs, il définit la matière par la puissance de devenir. Mais alors, l'idée première étant changée, tout le système est transformé. Il ne reste du matérialisme que l'enseigne ; on renonce à l'illusion d'une explication mécanique universelle. L'empirisme peut alors se corriger et se compléter en faisant place à la puissance, qui le dépouille de son caractère exclusif et le réconcilie avec l'idéalisme.

Seulement il faut savoir où l'on est et comprendre ce qui résulte de la position qu'on occupe. S'il y a dans l'objet qu'on voit des choses qu'on n'y voit pas, des choses que les meilleurs instruments, les sens les plus parfaits imaginables ne permettraient pas d'y apercevoir, parce qu'elles ne possèdent pas d'existence actuelle, et dont la connaissance est cependant indispensable pour l'intelligence de cet objet; il est évident que l'expérience ne saurait suffire à constituer la science, et qu'elle ne donnera rien de complet, rien de vrai sans la raison, qui l'interprète. C'est ce que tous les systèmes accordent en fait, même lorsqu'en paroles ils le contestent. Ce que l'empirisme pose en fait, lui, ce qu'il veut qu'on comprenne et qu'on croie, c'est qu'il n'y a rien dans la matière que l'étendue impénétrable, rien dans la force que le mouvement, rien en un mot dans ce qui est que ce qui paraît, et que cependant ce mouvement de la matière vient nécessairement aboutir à la conscience, à la vie morale. Telle est bien véritablement sa thèse, car ceux qui placent verbalement un inconnaissable derrière la matière et le mouvement, seuls connaissables, n'en prétendent pas moins tirer de la matière et du mouvement toute explication du phénomène, de sorte que leur inconnaissable n'entrant pour rien dans l'économie de leur pensée, doit nécessairement être éliminé. Il faut donc admettre et si possible comprendre, suivant l'empirisme, que les distributions et redistributions d'atomes sans conscience aboutissent infailliblement à la conscience, et qu'un ordre de choses à l'établissement duquel ne préside aucune finalité doit, en raison des lois du mécanisme, amener la réalisation de fins déterminées ; car enfin vous ne sauriez contester qu'il ne se réalise des fins dans le monde puisque vous formez des desseins et que vous travaillez à les accomplir. L'interne, l'intelligible est donc l'effet et l'apparence, l'externe, le palpable forme la substance et le fond. Il faut bien que cela se laisse imaginer puisque tant de gens l'affirment. Cependant cette manière de penser n'est pas naturelle, c'est un renversement de l'ordre, et finalement l'on ne comprend pas que la raison puisse trouver sa raison d'être ailleurs que dans la raison.

L'évidence du fait nous oblige à reconnaître dans le matérialisme une conception possible, la même évidence contraint le matérialiste à confesser que cette conception n'est pas la seule possible.

Il faut donc choisir. Mais qu'on renonce une bonne fois à la prétention d'imposer le matérialisme au nom de la science ! L'objet de la science est uniquement un enchaînement des phénomènes qui permette de les prévoir et de les reproduire, elle se refuse à prononcer quoi que ce soit sur ce qui n'apparaît pas.

Si la philosophie *scientifique* se propose, ainsi que son nom semble l'indiquer, de résoudre les problèmes philosophiques par les méthodes de la science vérifiable, elle nous offre la conception la plus radicalement anti-scientifique dont il fût possible de s'aviser. La science est absolument neutre en ces questions. Il s'agit de savoir quelle idée on peut raisonnablement se faire de ce fond des choses où la science n'atteint pas. Les guides à consulter sont la logique et la morale. Quelle est la valeur du matérialisme pour la morale, c'est ce qu'on a peut-être déjà compris.

Si l'on n'écoutait que la logique, sans songer à la violence des appétits, aux besoins impérieux de la vie pratique et aux nécessités mêmes de l'étude, qui tiennent le savant hors de lui-même et l'empêchent de s'interroger sur ce qu'il est et sur la manière dont il arrive à connaître les choses, le matérialisme ne se concevrait pas. L'esprit, nous le répétons, reprend sa position naturelle lorsqu'il s'avoue que dans le visible et le tangible il y a quelque chose qu'on ne saurait ni voir, ni toucher, des forces qui ne sont pas un mouvement communiqué, mais une cause de mouvement, des lois suivant lesquelles la matière se dispose, une tendance, un effort, une existence intérieure, si l'on peut unir ces deux mots. L'esprit retrouve son assiette lorsqu'il consent à lui-même, et, sachant qu'il est, suppose partout où il rencontre les signes de l'être ce que l'expérience lui fait constater en lui-même, une réalité sous l'apparence, une raison d'être des phénomènes, un fond qui ne monte que graduellement à la surface. Distinguant en tout être réel ce qu'il est dans l'instant présent de ce qu'il est appelé par la nature à devenir, il fait droit à l'idée de la puissance.

Une fois que la raison a repris son rang et que sous le paraître on reconnaît l'être, le fait sensible de l'évolution devient un fait intelligible. On peut entendre que les mouvements moléculaires étudiés par la chimie arrivant à des composés très aisément modifiables par les agents extérieurs, amènent l'apparition de composés vivants qui se modifient eux-mêmes, lorsqu'on admet que le principe de la vie subsistant dans les éléments doit se manifester partout où les obstacles à son action ne seront pas insurmontables. Autrement le passage de l'inorganique à l'organique n'est qu'un tour de gobelets. On conçoit de même que la sensation se produise dans l'organisme avec le mouvement propre de la nutrition, lorsqu'on peut accorder aux cellules une sorte de vie intime qui n'est pas encore un sentiment, mais qui, par accroissement, par accumulation, peut le devenir. Nous n'entendons pas tomber un grain de poussière, ni glisser une goutte d'eau, mais nous entendons crouler le mur et la vague battre la falaise; toutes nos sensations sont l'harmonie de mille et mille voix intérieures, le conscient se dégage de l'inconscient, où il était déjà compris. Ce n'est pas à partir de la conscience que la distinction entre le dedans et le dehors s'établit, elle est essentielle à l'idée de l'être. Nous ne saurions nous représenter en aucune manière ce germe, cet élément, cette différentielle de la sensation, mais nous sommes obligés de l'affirmer, autrement le passage du mécanisme à la conscience est une impossibilité logique.

En somme, les phénomènes se succèdent en allant de l'inférieur au supérieur, du plus au moins, de telle sorte que le moins est la condition du plus. Appliquant cette loi de succession aux phénomènes qui ne peuvent pas être directement observés, nous trouvons qu'elle s'y vérifie, en ce sens que nombre de particularités inexpliquées rentrent ainsi dans l'analogie des faits connus ; enfin nous élevons cet ordre à l'universel par la pensée : c'est la doctrine de l'évolution.

Cet ordre des phénomènes est indubitable dans certaines limites et grandement probable au-delà, mais s'il devait être considéré comme la dernière raison et le dernier mot des choses, il faudrait reconnaître que le moins est cause du plus, et finalement le néant cause de l'être, c'est-à-dire nier le principe sur lequel se fondent tous les enchaînements de la science. L'empirisme sent très bien la difficulté, puisqu'il s'efforce de la déguiser, en insistant sur les gradations imperceptibles lorsqu'il en existe, et en les supposant là où l'expérience ne les donne pas. Mais cet artifice ne saurait tromper qu'un esprit à qui les arbres cachent la forêt et qui ne voit pas où on le mène. Pour que l'enchaînement évolutif que nous donne l'expérience devienne intelligible, il faut admettre que la raison d'être du degré supérieur se trouve réellement dans l'inférieur dont nous le voyons sortir et dont la philosophie empirique enseigne qu'il doit nécessairement procéder. Il faut donc restaurer comme principe explicatif la notion de l'être en puissance dont l'empirisme a cru pouvoir se passer, et dont il ne saurait tenir compte, attendu que l'être en puissance n'est pas accessible à la sensation. Il faut discerner dans le degré inférieur la virtualité du supérieur et considérer l'évolution tout entière comme le développement d'une puissance. Reconnaître la puissance comme élément logique de la vérité, c'est s'affranchir de l'imaginable pour arriver à l'intelligible, c'est introduire l'esprit dans l'explication de la nature, c'est avouer l'esprit et les lois de l'esprit; c'est renoncer à l'empirisme. Il faut s'y résoudre pour n'être pas réduit à dire que le supérieur résulte nécessairement d'un inférieur qui n'en comprend point les raisons.

Arrivés à ce point, la question reparaît plus pressante : Comment s'expliquer cette disposition de la matière brute dont l'organisation, dont la conscience, dont la raison et la vie morale doivent nécessairement sortir? Qu'est-ce que l'esprit en puissance? L'empirisme ne nous permet pas de le demander, mais ayant vu l'empirisme aboutir à la contradiction, nous passons outre.

VI

En restaurant l'idée de puissance comme essentielle à l'intelligence de l'évolution ou de la nature, nous avons restauré du même coup l'idée de fin, dont on a souvent méconnu le rôle, qui a suggéré bien des pauvretés et qu'on s'est donné beaucoup de mal pour éliminer, sans que ce procédé violent fût justifié par de

suffisantes raisons. Nous avons déjà relevé l'absurdité
de soutenir que les causes finales ne jouent aucun rôle
dans la nature lorsqu'on ne place pas sa propre activité consciente hors de la nature. En fait donc, certains actes, certains phénomènes naturels sont déterminés par des causes finales. Cela n'est pas contesté
sérieusement. Mais il y a plus : la notion de cause
finale possède une portée universelle. Puissance et fin
sont corrélatives. La fin de la puissance, c'est l'existence. L'enfant devient homme et l'état d'homme est
sa fin. La fin de l'être, considéré dans son ensemble
et dans son unité, c'est manifestement, nécessairement l'être lui-même, c'est la réalisation, la manifestation de tout ce qu'il renferme en puissance ; d'où
résulte avec une nécessité pareille que le degré supérieur de l'existence est la fin de l'inférieur, sans lequel
le supérieur ne saurait apparaître. Ces rapports sont
essentiels aux choses mêmes. Ils n'impliquent pas la
négation de l'ordre mécanique ainsi qu'on l'a niaisement imaginé ou tendancieusement représenté ; ils
renferment bien plutôt l'explication du mécanisme, et
par conséquent ils nous autorisent à l'affirmer dans les
points si nombreux où l'expérience ne parvient pas à
le rendre manifeste. Et il ne faut pas dire que l'ordre
mécanique suffit et qu'on s'en contente. Au contraire,
il ne suffit pas, puisque à le prendre comme l'ordre
unique, il aboutit à la contradiction signalée du plus
sortant du moins, du non être produisant l'être.

Si le fait de l'évolution universelle peut être considéré comme acquis à la science, le monde est donc, ainsi que l'enseignait Aristote, une matière ou une puissance (termes synonymes) qui tend à se réaliser dans la vie consciente, seule existence véritable, seule existence intelligible à la raison. Dès lors la question de l'ordre du monde reçoit nécessairement la forme suivante : d'où peut venir, comment comprendre cette puissance dont l'intelligence est la fin ?

Elever la puissance au rang de premier principe n'est guère admissible ; ce qui est simplement possible n'est pas, et l'on ne saurait trouver la cause de l'être dans ce qui n'est pas. Quant aux propriétés de la matière abstraite qu'on voudrait supposer éternellement actuelles, l'étendue et l'impénétrabilité, ces propriétés ne sont rien que pour la perception, pour l'imagination, pour la conscience, dont elles ne contiennent point les raisons.

On peut, sans doute, nous le voyons bien, renoncer à toute explication proprement dite, identifier d'autorité l'ordre chronologique et l'ordre rationnel, choisir arbitrairement son point de départ, poser en dogme, sans le comprendre, que la conscience n'est qu'un mouvement, faire de la matière et du mouvement les manifestations d'un être fictif qu'on nomme la force, et porter toutes ces brillantes opérations au compte de la science, sans se préoccuper des contradictions qu'elles impliquent, puisque l'impossibilité de la contradiction n'est pas une donnée de l'expérience. Mais si cette manière d'entendre les choses est possible,

elle n'est assurément pas la plus naturelle à celui qui
comprend de quoi il s'agit. La supposition la plus
conforme à la raison serait sans contredit que le mouvement qui a la raison pour fin tire de la raison son
origine. Pour l'esprit humain, qui ne saurait partir
que de lui-même, l'explication la plus naturelle de
cette finalité immanente, dont on démontre la présence en essayant de l'écarter, serait de la considérer
comme une finalité voulue, de placer une volonté intelligente au début de l'évolution, de l'envisager
comme une création et d'imaginer un Créateur.

Et c'est en effet par de telles pensées que la raison
humaine a débuté ; c'est ici que l'esprit est arrivé dès
qu'il a pu grouper l'ensemble des phénomènes dans
l'unité d'une conception. Il s'y est longtemps main-
tenu, ce point de vue a prévalu dans la religion des
peuples civilisés de l'Occident, et l'on peut se convaincre aisément en consultant l'histoire, que la philosophie est un effort de la pensée individuelle pour
comprendre la religion, une critique de la religion,
avec laquelle elle reste en rapport constant, aussi bien
lorsqu'elle la repousse et la condamne que lorsqu'elle
l'amende ou se borne à la résumer en la raisonnant.
Plusieurs, il est vrai, ne voient dans la religion qu'une
illusion éphémère, un produit du rêve ou d'une variation dans le langage entraînant des méprises sur le
sens des mots ; mais pour nous, qui n'acceptons pas
le « tout vient de rien », la place que les pratiques et
les croyances religieuses occupent dans l'histoire nous

permet de considérer leur sentiment comme négligeable, quelque bruit qu'il fasse à l'entour. La religion est une fonction de l'âme humaine. C'est elle qui arrache l'homme à l'animalité, rien peut-être ne le montre aussi bien que l'effort entrepris aujourd'hui dans des milieux toujours plus larges pour la ramener à cette condition. Mais on a beau chanter victoire, nous n'en sommes pas encore là. L'humanité ne s'est pas reniée encore. On s'abuse en faisant dater de Darwin et de Comte une ère nouvelle, et en tenant pour supprimés les problèmes dont on s'abstrait et les faits qu'on dissimule. L'homme voudra toujours se mettre en rapport de vie avec le principe de son existence, et la pensée cherchera toujours à prendre conscience de ce rapport.

La philosophie la plus naturelle et la plus conséquente serait donc bien celle qui rattache l'origine du monde à la volonté d'un être intelligent, à prendre tous ces termes dans leur sens le plus général. Mais lorsque l'esprit essaie de développer et de préciser cette idée, afin de la réaliser, il rencontre des difficultés très sérieuses : difficultés du côté de Dieu, difficultés du côté du monde.

Nous ne dirons qu'un mot des premières.

Lorsqu'il s'agit de se créer un Créateur, l'esprit n'est ni aussi libre, ni aussi dépourvu qu'il le semblerait au premier aspect. On dit ce qu'on veut, on croit ce qu'on peut.

Nous ne saurions nous affranchir des conditions de

l'humanité pour nous placer au point de vue de la
raison absolue. Cette raison absolue ne serait jamais
que ce que nous pouvons considérer comme tel avec
nos facultés humaines. C'est poursuivre une chimère
de supposer qu'on atteindra la vérité supérieure en
dépouillant la réalité par l'abstraction des qualités qui
en font le prix. Cette méthode n'enrichit pas, elle appauvrit ; elle n'élève pas, elle abaisse. La seule perfection à laquelle nous puissions accorder ce nom, c'est
la bonté, qui, pour pouvoir se réaliser, impliquerait
la perfection de lumière et de puissance. La volonté
intelligente que notre raison peut concevoir comme
cause première ne saurait être qu'un Dieu d'amour.
Si l'on n'accorde pas la méthode qui conduit à ce résultat, si l'on ne permet pas à notre raison d'objectiver ses besoins dans sa croyance, alors il faut abandonner absolument la question des premiers principes
et renoncer à mettre jamais l'unité dans sa pensée.
Quelle voie, en effet, nous resterait-il ? Essaierons-nous, avec M. de Hartmann, le joyeux pessimiste,
« d'arracher à l'induction des résultats spéculatifs »,
en d'autres termes, nous efforcerons-nous simplement
de construire une hypothèse propre à rendre raison
aussi bien que possible de l'état des faits ? Ce procédé,
qui semble si naturel, est illusoire, et l'analogie de la
science se montre ici purement spécieuse. Les hypothèses du savant tirent leur valeur du fait qu'elles
peuvent être vérifiées, ou du moins qu'on les croit
telles. L'hypothèse théologique n'est susceptible de sa

nature d'aucune vérification. Ainsi le champ reste ouvert indéfiniment ; moyennant quelques précautions, chacun peut y bâtir, et le choix entre les logis dépend du caprice. M. de Hartmann propose une sagesse inconsciente qui a commis une faute et qui s'en repent. Pourquoi cette unité? Est-elle bien un résultat de l'induction, n'est-ce pas un dernier reste de la perfection qu'on supposait *a priori*? Bayle aurait trouvé dans le dualisme une meilleure explication des apparences. Mais pourquoi deux principes seulement, pourquoi pas trois ou davantage? Dans de semblables doctrines, il n'y a qu'arbitraire et fantaisie, il n'y a pas de vrai sérieux. Le positivisme serait seul sérieux si le positivisme était possible. Mais l'exemple des positivistes nous démontre qu'il ne l'est pas : nul d'entr'eux ne parvient à conserver la neutralité qu'il affecte. On pose en principe que les raisons d'être du monde ne doivent être cherchées que dans le monde lui-même ; mais on ne dit pas pourquoi. Puisqu'il faut nécessairement sortir du visible, qu'importe que ce soit pour creuser par dessous ou pour s'élever au-delà. Cette règle de l'immanence est encore arbitraire, bien qu'aisément expliquée par des réactions et par des antipathies qui, chez la plupart, sont elles-mêmes des préjugés. Lorsque Fichte nous disait qu'il faut s'interdire de sortir de la conscience, attendu qu'en réalité nous ne pouvons pas en sortir, nous comprenions plus ou moins son point de vue. Mais lorsqu'on est sorti de la conscience pour attribuer une réalité indépendante à l'objet de la sensation, lorsqu'on a mis hors de soi cet ensemble d'objets plus ou moins liés par des lois qui font la matière de l'expérience, nous interdire de faire un pas de plus, nous astreindre à chercher les raisons d'être de ce complexus uniquement dans ce complexus lui-même, c'est un dogmatisme gratuit, pour ne pas dire un dogmatisme pervers.

Le matérialisme fournit une explication des choses qui satisfait l'imagination, mais qui ne dit rien à la raison, et c'est précisément dans ce caractère qu'il faut chercher la cause de sa grande popularité, parce que dans le plus grand nombre des esprits l'imagination est éveillée et la raison endormie ou latente. La matière et le mouvement sont l'antécédent immédiat des phénomènes, ils suffisent pour rendre compte des phénomènes, mais ils ne rendent pas compte d'eux-mêmes. L'imagination peut commencer par la matière et le mouvement, la raison ne le peut pas. Dans une sphère où le contrôle de la raison est impossible, rien n'empêche de reculer indéfiniment dans le passé un spectacle analogue à celui que nous offre aujourd'hui l'expérience et de dire : le monde a toujours été. Si les sciences particulières nous montrent que la nature actuelle a pris son origine dans un ordre moins riche et plus rudimentaire, si l'on nous force à remonter jusqu'à la nébuleuse, nous en sommes quitte pour voir dans la nébuleuse la poussière d'un monde antérieur. Le rythme des formations et des destructions successives s'est présenté de bonne heure à l'esprit humain comme un moyen de concilier la fragilité qu'il constate en toutes choses avec la perpétuité dont il a besoin. Cette solution était naturelle et n'exigeait qu'un effort modéré : il ne s'agissait que de généraliser, en lui donnant une portée absolue, le plus frappant des phénomènes, celui de la naissance et de la mort. Mais il ne s'agit pas seulement de durée et de quantité, ce qui n'est pas qualifié pour exister par soi-même ne le deviendra pas davantage en le prolongeant à l'infini. La scolastique bâtissait sur les abstractions d'Aristote conformément au dogme des Conciles, et pensait arriver à toute vérité en déduisant correctement les conséquences de ses principes inscrutables. Elle est tombée. L'école moderne construit, après Démocrite, sur l'abstraction de la sensation objectivée, et, sans s'arrêter un instant à discuter la valeur de son fondement, elle part de là pour tenter une théorie des phénomènes dont l'impossibilité d'expliquer la sensation, qui en forme la base, manifeste la vanité dès le premier pas ; elle comble ce hiatus par des assertions et par des promesses. Il n'y a donc qu'une méthode sérieuse pour se faire une opinion sur les problèmes qui dépassent la sphère où notre expérience est possible ; c'est la vieille méthode qui consiste à affirmer ce que la constitution de notre esprit nous porte à croire, c'est-à-dire la perfection, dans l'imparfaite mesure où nous pouvons la comprendre. Telle est la propre méthode d'une philosophie qui s'entend elle-même. Nous l'appellerons indifféremment la méthode de perfection ou la méthode des postulats. Mais nous ne saurions rien affirmer sérieusement en vertu de cette méthode qui soit directement ou indirectement en contradiction avec la science positive, je veux dire avec l'expérience, et non avec les lois très imparfaitement vérifiées qui dirigent la pensée dans le domaine du conditionnel et du fini, et qu'on n'étend pas hors de ce domaine sans arbitraire et sans contradiction. L'ordre du monde nous atteste l'intervention d'une volonté intelligente, c'est en vain qu'on s'efforce de le contester, et, parvînt-on à tout expliquer par les propriétés de la matière, en douant la matière des propriétés convenables à l'explication, ce ne serait encore qu'un succès illusoire aussi longtemps qu'on n'aurait pas fait comprendre l'origine de la matière ou des matières, l'esprit adulte ne pouvant accepter l'existence indépendante d'un principe qui ne serait pas *de lui-même* par sa propre définition. Le seul principe de cette nature, c'est l'être parfait, et la perfection, c'est le bien. Quoique nous ne puissions, en vérité, concevoir aucune qualité morale en dehors d'un ensemble de relations, nous nous mentirions à nous-mêmes si nous placions quoi que ce soit au-dessus ou même à côté des perfections morales. Le seul terme auquel nous puissions nous arrêter dans la recherche des causes, le seul où l'esprit ait réellement trouvé quelque repos, c'est la parfaite volonté du bien.

En effet, la pensée ne se meut pas avec une égale facilité sur toutes les lignes, elle suit une loi qu'on ne discerne pas toujours clairement dans le détail des sciences, parce qu'elle s'y combine avec les lois particulières à chaque sujet, mais qui brille comme un trait de feu dans les grandes hypothèses vérifiables ou invérifiables ; c'est notre loi de perfection. Le Dieu de l'homme est ce qu'il adore, ce qu'il adore, c'est ce qu'il conçoit de plus élevé, à mesure qu'il monte, son Dieu grandit. C'est ainsi qu'il arrive au monothéisme, parce que la perfection comprend l'unité. La cause première universelle sera donc un être parfait, la raison le veut. Mais comment concevoir un être parfait, subsistant sans condition? Nos idées de la perfection, nous les puisons en nous-mêmes; ce qui est bien pour nous, c'est ce que nous approuvons en nous. Ces déterminations sont entièrement relatives, elles impliquent les relations, nous essayons de les porter à l'absolu sans y parvenir. Les dogmes sont des cases marquant chacune la place d'une idée qu'il faudrait posséder et qui fait défaut. L'obscurité du dogme n'est cependant pas la cause principale du discrédit dans lequel il est tombé. La religion la plus intime, la plus noble et la plus sincère a bien su s'en accommoder. L'infini, pour elle, c'est son idéal, l'inconditionnel, c'est une thèse dont elle ne scrute pas les conditions. Un anthropomorphisme un peu vague lui suffit. Elle sait que ses représentations ne sont finalement que des symboles; mais elle constate, elle éprouve la réalité sous les symboles ; c'est assez pour elle, et ce serait assez peut-être pour la raison la plus éclairée, car la raison la plus éclairée est celle qui a constaté ses propres limites. Les obstacles les plus sérieux au théisme ne sont donc pas là ; nous les trouvons du côté du monde.

VII

Comprendre le monde que nous connaissons comme l'effet et l'expression d'une volonté morale parfaite, tel est le problème. Il est ardu, mais les difficultés qu'il présente n'autorisent pas à le déplacer. On ne l'oublie pas sans en porter la peine. Précisons-le : La raison cherche dans la perfection la source de l'être et la cause des phénomènes. L'expérience lui prouve que le monde n'est point parfait. Elle y trouve des fins contradictoires, des fins manquées et des dispositions qui ne répondent à aucun but assignable. Sans entrer dans des développements et dans des détails qui nous détourneraient de notre objet principal, il suffit de rappeler que la loi la plus générale de la vie est la lutte des individus pour s'y maintenir, c'est-à-dire la guerre de tous contre tous. Les amplifications homilétiques les plus ingénieuses et les plus éloquentes sur les merveilles de la nature vont à contre-fins aussi longtemps qu'elles choisissent dans la nature et se dérobent aux questions véritables de la souffrance et du péché. Prétendre que Dieu a créé pour le bonheur tous ces êtres qui s'entre-dévorent, c'est assurément proposer une énigme, si ce n'est pas une dérision. Au reste, le bonheur n'est qu'un accessoire, ou plus exactement un symptôme. Le bonheur n'est pas une qualité de l'être, ce n'est qu'une manière dont l'être se perçoit lui-même. Il ne saurait être le but, le but c'est l'action, le but c'est le bien. Le monde sera digne de Dieu, malgré la souffrance il témoignera de Dieu, s'il peut être compris comme le théâtre de la vie morale.

Mais la vie morale que nous connaissons, c'est la fraude, c'est la haine. La proportion entre le plaisir et la douleur dans le monde est au moins aussi favorable que la proportion entre le vice et la vertu. L'Académie française ne décerne les prix Monthyon qu'une fois l'année, mais les tribunaux criminels ne chôment nulle part sur toute la surface du globe. Dira-t-on que la possibilité de faire le mal est inséparable de la notion même d'un être moral, que Dieu nous a donné la liberté pour en bien user et que la responsabilité de nos péchés reste sur nous? Mais comment un Dieu tout bon, sachant ce qui arriverait s'il conférait le don redoutable de la liberté à de fragiles créatures, aurait-il pu les exposer à de tels dangers? Alléguerez-vous l'instrument de salut qu'il tenait en réserve? Mais il est venu, ce Sauveur, nous avons entendu sa voix sur la montagne, nous avons été témoins de sa lutte et de son supplice, et les moissons du mal ne lèvent pas moins aussi drues, aussi sanglantes que jamais. Les prédicateurs n'auraient le droit de se couvrir du mystère que si l'existence de Dieu était établie d'une manière indiscutable en dehors et au-dessus des questions agitées : il ne semble pas qu'il en soit ainsi ; on a pu s'abuser quelque temps là-dessus, aujourd'hui, la chose est impossible, et ceux qui feindraient de s'y tromper pour simplifier leur besogne feraient un méchant métier. C'est en partant du monde que la pensée s'élève à l'idée de Dieu ; si la notion d'un Dieu tout sage et tout puissant ne résout pas l'énigme du monde, l'esprit se détournera de cette notion. Supposerons-nous avec Stuart Mill un créateur bienveillant mais limité dans son pouvoir, ou suivant une imagination plus sombre, verrons-nous dans l'ordre des choses où nous nous trouvons l'œuvre d'esprits révoltés contre le principe du bien ? Le champ est libre, autant dire que le champ est vide. Si l'expérience ne confirme pas l'idée de la cause parfaite où nous aspirons naturellement, mieux vaut renoncer à chercher cette cause, prendre le monde pour sa propre cause et le prononcer éternel, ou, pour éviter la contradiction du nombre infini qu'impliquerait cette éternité, penser, si l'on peut, qu'un beau matin il s'est trouvé là sans cause, et tenir la succession des phénomènes pour nécessaire, sans chercher à la comprendre autrement. Nous avons vu le sensationisme naître du mouvement naturel qui nous pousse à sortir de nous-même, et le matérialisme se produire comme la conséquence logique de la théorie sensationiste de la connaissance. Cette origine du matérialisme est authentique, mais elle n'en explique pas le succès. Sur le terrain de l'analyse pure, le matérialisme est vaincu ; la cause profonde, la cause vraie du crédit obtenu par ce dogme non seulement dans l'école, mais dans la société, c'est que le matérialisme est le seul point de vue accessible au grand nombre lorsqu'il a cessé de croire en Dieu, et que le grand nombre ne croit plus en Dieu, parce qu'il ne peut pas concilier avec cette croyance le spectacle du monde tel qu'il le subit. Voilà le fait, qu'il faut accepter dans son amertume. Toute apologie qui ne résout pas le problème du mal ou qui le résout suivant des formules consacrées, en éludant les objections de la conscience, est une œuvre frivole. Il est aisé de faire voir que le matérialisme ne se tient pas debout ; mais si l'on n'atteint pas les raisons qui en ont fait le crédit, c'est au profit du scepticisme seul qu'on aura démontré son insuffisance. Et si vous ne possédez pas le secret de ma souffrance, si vous ne savez pas la guérir, ne me prouvez pas trop bien que la pensée ne saurait provenir que de la pensée, n'insistez pas trop sur l'admirable sagesse qui préside à la structure des organes par lesquels je perçois la misère universelle et la mienne, ce que vous éveilleriez en moi, c'est le blasphème.

En attendant, le matérialisme fausse les ressorts de la vie morale en niant la liberté, en niant Dieu, et le devoir, qui ne pourrait pas plus subsister sans l'un que sans l'autre. Celui qui a compris que ses résolutions ne sont jamais que la résultante fatale de penchants également invincibles n'essaiera plus d'intervenir entre eux ; celui qui sait qu'il n'est obligé envers rien et envers personne, mais que la conscience du devoir est un résidu d'impressions et de jugements qui n'ont rien d'obligatoire, un sentiment factice, une déception, comme l'avarice, qui nous fait sacrifier toutes les jouissances au moyen de se procurer la jouissance; celui-là se trouve naturellement affranchi de toute obligation. Dans une crise où la communauté ne pourrait se sauver que par un suprême effort des énergies individuelles, la *Science* proclame que l'homme n'a pas d'activité propre et que tous ses mouvements comme toutes ses pensées sont le contre-coup nécessaire des impressions qu'il reçoit. A l'heure où nous périssons dans le débordement de l'universel égoïsme, on réduit la morale à l'observation du jeu des passions bienveillantes; tout au plus lui permet-on d'adresser quelques conseils sur la manière de diriger ces affections, qu'il faudrait avant tout réveiller en leur montrant un objet qui leur corresponde. De beaux esprits, qu'on prend au sérieux, répètent que le peu de moralité sur lequel nous vivons encore n'est que le reste, le retentissement, l'écho de convictions désertées, et ceux qui tiennent le plus complaisamment ce langage ne se relâchent pas un instant dans leur travail pour extirper jusqu'aux dernières racines de ces croyances. Dans une aussi déplorable situation que peut-on faire?

On peut, sans s'arrêter à l'inégalité des forces, tenter d'opposer philosophie à philosophie ; on peut essayer de rétablir le devoir dans la pensée en fournissant une justification théorique du sentiment de l'obligation morale, ou plutôt, comme l'obligation morale est le dernier fondement de toute certitude, en faisant reposer sur elle une conception du monde, sans oublier jamais le problème concret, le problème pratique, le problème éternel : accorder le fait et le droit, concilier l'existence du mal dans le monde avec le titre souverain de la perfection morale.

CHAPITRE III

RECHERCHE DE LA CAUSE PREMIÈRE

Qu'il nous sois permis de rappeler encore une fois dans quelles circonstances s'est posé pour nous le problème de la philosophie. Nous avons essayé de définir avec quelque précision le danger dont la civilisation est menacée : En démocratie, la force légale se trouve entre les mains du pauvre ; graduellement celui-ci s'en rend compte, et il ne saurait manquer d'appliquer son pouvoir à l'amélioration de ses conditions d'existence. Mais les chemins qu'il prend pour y arriver n'aboutissent pas ; ils ne mènent qu'au massacre et à la misère universelle. La réflexion le démontre. Les riches en sont convaincus, et leurs avocats s'évertuent à le prouver sans qu'on daigne leur répondre. Les pauvres les plus avisés s'en doutent aussi, mais, suspects eux-mêmes, ils se tiennent à l'écart et ne dirigent pas l'opinion des masses. Peut-être sommes-nous mal informé, peut-être nous exagérons-nous l'importance des manifestations les plus bruyantes, mais il nous semble que ceux qui cherchent par des voies légales et pacifiques la suppression du salariat et du prolétariat sa conséquence inévitable, ne sont guère compris et ne réunissent pas beaucoup d'adhérents. Il nous semble que les populations souffrantes n'arrivent pas à l'idée d'un progrès social organique, résultant du progrès intellectuel et moral des individus, mais qu'elles croient au succès possible de la violence pour améliorer leur condition; elles croient qu'il s'agit de répartir autrement des biens existants et qu'on pourrai distribuer sans les détruire et sans en tarir la source. Pour corriger cette opinion, il faudrait instruire la masse; pour l'instruire, il faudrait s'en faire écouter; pour se faire écouter, il faudrait gagner sa confiance, et pour inspirer confiance, il faudrait en être digne, il faudrait, en parlant du bien général, ne pas songer exclusivement à son bien propre, il faudrait faire de bonne grâce toutes les concessions raisonnables, il faudrait avoir parmi le peuple des relations personnelles et les cultiver soigneusement, enfin, pour tout dire en un mot, il faudrait aimer.

Mais l'égoïsme prévaut également dans toutes les classes, et, par une conséquence infaillible, l'abîme se creuse entre elles toujours plus profond. Un fleuve d'amour et de bonté pourrait seul noyer les matières explosives dont la mine est chargée, cette bonté ne coule qu'en maigres filets ; il faudrait un renouvellement énergique et général de la moralité dans les classes en possession de la fortune et des lumières, et les doctrines en faveur auprès d'elles semblent calculées dans le but exprès d'abaisser encore, s'il est possible, le triste niveau de leur moralité. Loin de les solliciter à l'effort, la science qu'elles écoutent fait espérer que la conduite de chacun étant le résultat nécessaire de ses dispositions natives et du milieu dans lequel il est plongé, elle s'adoucira natuellement par la friction, comme s'arrondissent les galets roulés par le fleuve.

Tel est le mal, où est le remède ? A vrai dire, il est bien tard, mais enfin si quelque remède est encore applicable, il ne se trouvera que dans la vérité. Quoi qu'on en dise, il s'établit toujours un certain accord entre la pensée et la conduite. Ce que nous pouvons essayer, faute de mieux, c'est d'opposer à la philosophie en faveur une meilleure philosophie. Nous n'y voyons pas une panacée aux maux de la société ; nous ne nous figurons pas que ce soit toute la tâche, ni le plus pressant, ni peut-être le plus important ; mais c'est tout ce que nous pouvons essayer.

I

Nous avons touché les contradictions, les impuissances de l'empirisme sensationiste qui triomphe aujourd'hui sous le drapeau de l'évolution. Il n'est pas moins vrai que l'empirisme a pour lui l'apparence. Hors de nous, le grand, le riche, le compliqué sort constamment du chétif, du simple, du pauvre; en nous, tous les jugements se produisent au cours du temps, sous l'influence du dehors, de la sensation. Il faut donc concilier l'empirisme avec le rationalisme, c'est-à-dire faire à l'empirisme sa part, reconnaître son droit. Le besoin en avait été déjà senti par les Grecs.

Il est déplorable assurément, si l'on peut regretter l'inévitable, que les premiers docteurs chrétiens aient demandé aux philosophes grecs les moyens de s'expliquer leur propre pensée. Avec son dualisme de principes, son éternité du monde, son Dieu qui nous ignore absolument, son intellectualisme passionné, sa morale vulgaire, son orgueil de race, Aristote était pour le Moyen-Age un bien singulier précepteur; mais par quelques aperçus de génie, il reste le maître de tous les âges.

Constamment cet esprit touche aux deux pôles. En plaçant l'origine du mouvement dans l'attrait qu'exerce l'insaisissable perfection sur la vivante matière du monde, en voyant dans l'homme un animal inspiré, l'élève de Platon a prononcé définitivement dans la cause de l'*a priori*. Il n'y a point d'*a priori*, il n'y a rien de nécessaire, tout ce qui se trouve en nous a son histoire, la sensation est au commencement de tout. Mais la comparaison des sensations ne s'établit et l'idée ne s'en dégage que par l'effet d'une activité spontanée. Les lois que suit l'intelligence longtemps avant de pouvoir les formuler et qui lui servent à constituer l'expérience, toute connaissance en un mot résulte de cette activité, qui se résout dans le besoin inconscient de l'indéfinissable perfection. La pensée et la nature sont deux feuillets du même livre, deux pages de la même histoire, une puissance qui se réalise et se déploie vers l'idéal. L'évolution est le phénomène universel et l'évolution devient intelligible. On peut dénaturer ces vues ou les ignorer ; on ne les réfute pas. L'opposition de la puissance et de l'acte, l'idée de l'acte où la cause finale, la cause formelle et la cause motrice s'identifient, renferment en principe la conciliation de l'empirisme et du rationalisme. Aristote n'a pas ouvert les portes, mais il a forgé les clefs. S'il n'est plus le Philosophe, il reste le Logicien.

Ainsi nous sommes équipés, mais où allons-nous, que cherchons-nous ?

Nous voulons, s'il est possible, mettre l'unité dans notre pensée. Pour cet effet, nous ne commencerons pas par nous couper en deux et laisser de côté le meilleur de nous-mêmes. Nous ne séparerons pas la spéculation de la pratique, nous cherchons une idée du monde qui nous montre ce que nous avons à faire en nous faisant comprendre ce qui est, une idée qui suffise aux besoins de notre intelligence et de notre cœur, en d'autres termes, une idée qui nous rende compte de la totalité des phénomènes, y compris les phénomènes de la vie morale, de la conscience et de l'obligation. Sans recevoir un théorème pour la seule raison qu'il nous paraîtrait conforme aux intérêts de la morale, nous tiendrons pour suspect celui dont les conséquences leur seraient manifestement contraires, et si nous pouvons choisir entre plusieurs avis, ce n'est pas ce dernier que nous adopterons. La légitimité scientifique de ce propos ne saurait être contestée par celui qui reconnaît pratiquement l'autorité de la conscience.

Mais, nous disent quelques modernes, l'obligation est un fantôme ; la conscience morale est un produit secondaire de l'association des idées, consolidé par l'hérédité des conformations cérébrales ; elle n'a rien d'essentiel, rien de primitif ; on pouvait le soupçonner en observant combien les manifestations en sont inégales et combien ses prescriptions varient suivant les temps et les lieux ; maintenant nous le démontrons par l'analyse de ses éléments constitutifs.

— Parfaitement, répondrons-nous pour en finir avec ces obstructions, vous démontrez par l'analyse, de quelles impressions, de quelles impulsions s'est formée la conscience au cours des âges ; vous faites voir comment l'homme en est venu à se figurer qu'il est moralement tenu de faire et d'éviter certaines choses ;

mais nous faites-vous comprendre comment l'humanité pourrait continuer à subsister et à se développer lorsque ce sentiment aurait disparu ? Vos devanciers entendaient bel et bien conserver l'obligation après l'avoir décomposée ; vous, qui en apercevez l'impossibilité, vous éludez la question ou vous vous plongez dans la chimère. La croyance au devoir, encore générale, ne suffit pas à procurer un ordre tolérable, et vous vous flatteriez que tout ira beaucop mieux lorsque chacun jugera loisible de n'écouter que son instinct ! cela n'a vraiment pas de sens. De quelque manière que la conscience morale se soit produite et quels qu'en soient les principes constituants, la question est de savoir si cette conscience morale appartient à la condition normale de l'humanité. C'est sur ce point que nous avons demandé une réponse catégorique. Il est vrai que pour un déterminisme conséquent la distinction entre le normal et l'anormal n'existe pas ; mais les déterministes se piquent rarement de pousser la conséquence jusqu'à cette extrémité. Pour celui dont l'objection procède, le devoir est une illusion que certaines associations devaient nécessairement produire, et qui non moins nécessairement s'évanouira lorsqu'on en aura généralement compris l'origine. La publicité qu'il donne à son sentiment semblerait indiquer qu'il estime ce moment très rapproché, et la croyance au devoir désormais inutile. Sans demander jusqu'à quel point les faits parlent en faveur d'une telle espérance, faisons observer que l'élimination du devoir n'est ici qu'une étape, dont le terme logique, avoué par les disciples les plus conséquents, est l'élimination de la conscience au sens le plus général du mot. L'apparence du devoir résulte d'associations solubles dont la base se trouve dans l'utile, tel qu'il est compris par le grand nombre ; elle se dissipera lorsque la conduite normale ne rencontrera plus d'obstacle. Mais la conscience en général est un retour de l'activité cérébrale sur elle-même, tenant à quelques circonstances par lesquelles le mouvement réflexe est empêché : toute fonction qui s'accomplit sans difficulté s'accomplit sans conscience ; le mécanisme étant le fond de toutes choses, le mécanisme doit reparaître au terme final dans sa pureté. La conscience étant le phénomène surérogatoire, le progrès de l'évolution consiste à l'éliminer ; ainsi la pensée prononce elle-même son arrêt de mort. De telles conséquences ont à nos yeux la valeur d'une réduction à l'absurde.

A cette logique insensée opposons donc franchement la nôtre : le devoir est une vérité, c'est la conscience de rapports réels. Essentiels à l'esprit humain, la conscience s'en est produite au cours du temps, comme l'esprit humain se constitue dans le temps. Elle s'est produite, nous le croyons sans difficulté, par le mécanisme dont on veut bien nous faire toucher les ressorts. L'homme raisonnable était virtuellement dans l'homme instinctif, comme l'homme instinctif était en puissance dans la nébuleuse. La matière du devoir est naturellement variable et progressive suivant les âges, puisque le devoir consiste finalement à réaliser l'humanité. La formation de la conscience morale était donc un progrès, et ce serait un nouveau progrès dans le même sens de comprendre que la pensée théorique et la pensée pratique sont absolument solidaires, de sorte que pour posséder quelque titre à notre créance, pour être digne d'examen, une conception du monde devra rendre raison de la conscience morale en justifiant pleinement son autorité.

II

On ne saurait partir que du point où l'on se trouve. Nous partons nécessairement de nous-mêmes. L'expérience que nous avons de nous-mêmes est notre premier appui. Rigoureusement, nous ne connaîtrons jamais que nous-mêmes, car la connaissance est un acte, une modification, un état de notre esprit. Le monde dont nous parlons est en nous puisque nous en parlons ; si nous le plaçons hors de nous, c'est par notre fait. Volontaire ou contraint, conscient ou inconscient, il n'importe, cet acte est le nôtre. Nous ne sommes certains de quoi que ce soit sinon de notre existence actuelle, ou en d'autres termes de ce que nous éprouvons à l'instant même. Mais dans cet état que nous percevons et qui proprement nous constitue, nous discernons des éléments que nous rapportons actuellement au passé. Avec l'intuition du temps, qui se dégage de notre présent, nous discernons la succession de nos états et nous nous distinguons de l'état présent comme une réalité permanente. Le fait de la mémoire implique, quoi qu'en ait pu dire un escamoteur écossais fort habile, quelque chose qui persiste à travers la succession des phénomènes et qui les unit; ce *moi* qui se distingue de la perception présente et qui se l'attribue est autre chose que la perception passée, puisqu'il est présent. Les matérialistes font consister ce principe synthétique dans le corps; mais ils ne sauraient effectuer mentalement leur conception. Rapporter le dedans et le dehors au même être, ou distinguer le dedans du dehors dans l'être, nous le voulons bien ; mais dire simplement : « le dedans, c'est le dehors » nous semble abuser du langage.

Notre perception, c'est le monde; le monde est en nous. Mais parmi ces perceptions, il en est qui nous attestent des sujets pareils à nous ; nous avons des perceptions qui perçoivent ce que nous percevons et qui nous perçoivent nous-mêmes. Bien que tout cela puisse se passer en nous, comme chacun le comprendra par le souvenir d'une conversation soutenue en rêve, il nous est pratiquement impossible de ne pas accorder aux êtres avec lesquels nous nous trouvons en rapport d'échange une réalité semblable à la nôtre. Nous sommes certains de l'existence des autres hommes, non dans ce sens absolu que nous ne puissions pas la supprimer par la pensée, mais dans ce sens que nous sommes incapables d'en douter sérieusement. Il en est de même pour les animaux : nous croyons qu'ils se perçoivent et qu'ils nous perçoivent. Quant à la nature inanimée, à ce que nous appelons des objets matériels, sans trop savoir ce qu'il faut entendre par là, nous devons également en affirmer la réalité, ou, comme on dit, l'objectivité, ce qui revient à reconnaître que la représentation en est commune à toute intelligence à nous connue, quelle que puisse être d'ailleurs la nature de ces objets. Nous n'irons pas au-delà de ces constatations superficielles; elles suffiront à notre propos.

Le monde que nous bâtissons est donc l'image ou le signe d'un monde dont nous faisons partie. On a toujours réparti les phénomènes entre un certain nombre d'objets plus ou moins permanents, distribués en espèces suivant leurs relations et leurs ressemblances. Ces groupes de phénomènes, nous les nommons, suivant les cas, des êtres ou des choses, et nous nous considérons nous-même comme un des êtres dont la collection forme l'univers. Astre, insecte, nuage, autant qu'il nous est permis d'en juger, chacun de ces êtres, chacune de ces choses, a commencé et doit finir. Nous ne faisons pas exception à cette règle; nous ne nous souvenons point, il est vrai, d'avoir commencé, nous ne nous soucions pas toujours de finir, mais nos souvenirs ne remontent pas au-delà de certaines dates, en arrière desquelles nous sommes pourtant obligés de placer des événements ; nous voyons nos semblables, nos amis disparaître journellement, et ce départ est annoncé par des signes que nous croyons bien un peu découvrir chez nous. Bref, il y a tant d'indices, on nous a si bien endoctrinés que nous avalons sans la moindre hésitation, sinon sans quelque répugnance, ces deux thèses contredites par le sens intime : « Je suis né ; je mourrai. »

Si chacun des êtres dont notre esprit forme le monde a commencé d'être, le monde, considéré comme un tout, a nécessairement commencé.

Cette conclusion semble naturelle. Toutefois elle est contestée. Nous retrouvons ici nos contradicteurs habituels, qui tiennent aujourd'hui le haut du pavé. Au risque de répétitions fatigantes, expliquons-nous avec eux une dernière fois.

Vos prétendus êtres particuliers ne sont, de votre aveu, nous disent-ils, que des unités apparentes, des assemblages éphémères. Ramenez-les à leurs éléments constitutifs et vous trouverez l'être qui ne change point, qui n'a point commencé d'être et qui ne saurait finir. Rien ne devient en réalité, et rien ne se perd, nous le prouvons par la balance. La matière et le mouvement sont le tout de l'univers ; il y a toujours dans l'univers la même quantité de matière et la même quantité de mouvement libre ou latent. Ainsi compris, le monde est éternel. Et ceci n'est pas une opinion particulière, c'est l'enseignement de la science, car les prévisions de la science se fondent sur cette hypothèse, et les prévisions de la science se vérifient tous les jours.

— A la bonne heure, avons-nous répondu, mais les prévisions de la science sont fort loin de tout embrasser, les vérifications expérimentales n'en sont point assez exactes, assez délicates, assez précises pour démontrer péremptoirement que rien n'entre dans le monde et que rien n'en sort. D'ailleurs l'hypothèse scientifique n'exclut pas la possibilité d'un commencement du tout, de sorte que si l'éternité de la matière et du mouvement ne sont pas des vérités nécessaires *a priori*, ce qu'il est difficile d'affirmer en présence de gens qui le nient — même si ces gens étaient aussi nuls qu'on se donne l'air de le croire — il reste que l'éternité de la matière et du mouvement soit une simple supposition. A la prendre sur ce pied, nous ne dirons pas qu'elle est insoutenable, nous laisserons à de plus compétents le soin d'insister vis-à-vis d'elle sur les contradictions inhérentes à l'idée du temps infini bien qu'écoulé, du nombre infini bien qu'arrêté des mouvements accomplis jusqu'à ce jour, contradiction dont l'hypothèse n'essaie pas même de s'affranchir. Nous répéterons que le mécanisme reste absolument impuissant devant les problèmes de la vie et de la pensée, qu'il choque la raison dans sa partie la plus intime en posant un commencement arbitraire au lieu d'un commencement qui soit tel par son idée même, et qu'il la blesse encore dans sa fonction ordinaire en faisant sortir le plus du moins. Enfin cette hypothèse ne nous convient pas, nous n'en voulons pas, parce qu'elle ne saurait nous conduire à la conception morale du monde dont notre pensée a besoin. On peut feindre que ce qui constitue à nos yeux la réalité de l'être, l'effort, la volonté, la pensée, ne sont que les vibrations, les déplacements d'atomes dépourvus de toutes propriétés internes et, par conséquent, de toute réalité. On peut l'affirmer, on ne saurait le rendre intelligible, et surtout on ne saurait tirer de là une idée du monde qui nous aide à vivre, qui nous améliore, qui nous fortifie, qui nous inspire cet amour dont il est besoin pour soutenir la maison de l'humanité. Un système contraire aux besoins pratiques de la raison est par là même un système contradictoire, puisque la philosophie résulte du besoin d'établir en nous l'unité, tandis que ce système crée un antagonisme entre la pensée et la vie. Laissons donc les objections qui s'élèvent au nom de l'hypothèse matérialiste et, sans rien préjuger sur la substance du monde, maintenons que tout ce qui devient commence et suppose un antécédent, car nous ne saurions commencer par le néant.

III

Des penseurs que nous tenons en très haute estime jouissent de cette faculté et font de sa possession le trait distinctif d'un esprit vraiment philosophique. Suivant eux, il faut absolument, pour éviter l'affirmation d'un infini actuel, qui implique la contradiction du nombre infini, statuer un moment où le temps et toute existence quelconque ont commencé. En effet, disent-ils, le principe de contradiction est la loi suprême de la pensée, le contradictoire est impossible, et l'intérêt de la philosophie est précisément d'en purger l'intelligence. — Eh! bien, ce criticisme est trop tranchant pour notre faible chair, nous ne pouvons pas nous défendre de le tempérer ou de l'émousser par une dose de scepticisme. De quelque façon qu'on s'y prenne, lorsque partant d'un point quelconque on essaie d'aller à fond, nous doutons que la contradiction puisse réellement être évitée ; nous ne croyons pas qu'en sa forme scientifique la pensée atteigne, positivement ou négativement, le commencement de quoi que ce soit. N'y eût-il pas de contradiction formelle en la thèse qu'au sens absolu l'être a commencé ; fût-il démontré que les manières les plus naturelles d'exprimer cette pensée : « Tout est sorti de rien, par l'effet de rien ; le temps a commencé voici tant d'années, l'instant auparavant il n'était pas, etc. », peuvent être duement corrigées ; encore la thèse impliquerait-elle, ou plutôt, ce nous semble, constituerait-elle la contradiction substantielle, la contradiction par excellence, le suicide du jugement. Affirmer le néant absolu dans le passé serait détacher la pensée de l'être, et la pensée ne saurait se détacher de l'être sans se détacher d'elle-même, la pensée et l'être ne font qu'un. Il y a quatre-vingts ans, le particulier que je figure n'existait pas, je le sais bien, je puis faire abstraction de ce particulier-là, comme d'un autre particulier quelconque; mais quand, l'un après l'autre, j'ai supprimé par la pensée tous les êtres individuels, je ne trouve pas le néant, je trouve l'Etre, je trouve l'Œil, comme le Caïn du poète trouve encore l'Œil au fond du tombeau. Ce n'est pas du néant que je me détache. Bien que l'acte de mémoire soit la négation de la succession, je ne conçois pas l'être sans durée, ni la durée sans succession; je ne comprends donc pas l'éternel opposé au temps, mais j'ai lieu de penser que cette impossibilité tient à l'imperfection de mon intelligence ; je n'ai donc pas de raison suffisante pour affirmer que le temps, la succession et le nombre soient inséparables de l'être, la contradiction qu'on prétend inhérente à la notion de l'être infini reste à mes yeux problématique; tandis qu'il m'est impossible de ne pas juger que l'être précède le devenir et lui survivra.

Aux yeux des critiques en état d'affirmer le néant fondamental et le pur commencement, cette manière d'entendre les choses constitue le panthéisme. Nous y verrions plutôt la racine commune du théisme et du panthéisme, et l'histoire de la pensée nous confirme dans ce sentiment. Suivant nous, le théisme est la doctrine qui conçoit le monde comme distingué de Dieu par l'acte de Dieu, non la doctrine qui enveloppe dans la contingence l'existence de Dieu lui-même; cet être supérieur, produit du hasard, ne serait le Dieu d'aucune religion à nous connue. Le nom de pan-

comme fût-il d'ailleurs mérité, et ce panthéisme fût-il manifestement affecté de la contradiction inhérente au nombre infini, faire porter être sur le néant resterait la formule d'une opération que nous nous déclarons incapable d'effectuer. Comme procédé de discussion, l'argument qui consiste à prononcer inconcevable ce que d'autres prétendent fort bien concevoir laisse beaucoup à désirer, nous en avons fait l'aveu tout à l'heure ; mais il n'en reste pas moins le dernier argument pour chacun de nous. La contradiction n'est rejetée elle-même que parce qu'elle est abstraitement irréalisable ; tandis que dans le concret, le monde des choses et celui des idées ne consistent, semble-t-il, qu'en amas de contradictions. Ce contraste entre la loi logique et l'apparence des faits est si violent qu'il a conduit plusieurs fois d'éminents penseurs à rejeter le principe formel de contradiction. Ces penseurs ont fait école ; ils ont exercé sur leur siècle une influence qui persiste encore aujourd'hui. L'expérience établirait donc, semble-t-il, que la réalité simultanée des contradictoires peut, à la rigueur, être admise par la généralité des esprits, puisqu'elle a paru l'être longtemps par la majorité des lettrés participant à la culture allemande.

Toute possibilité de discussion et d'enseignement se fondant sur la supposition plus ou moins vérifiée de l'uniformité des intelligences, la question du concevable ou de l'inconcevable est bien en effet une question de nombre et de majorité. Mais, d'autre part, ce critère irrécusable, inévitable, de la *concevabilité* pour le grand nombre deviendrait dérisoire si l'on prétendait en faire un critère de la vérité. Les problèmes de la philosophie sont ardus, et très peu d'esprits sans doute seraient capables d'en comprendre et d'en vérifier la solution, lorsque cette solution leur serait donnée. On ne saurait comment établir la majorité, et cette majorité ne prouverait rien. La possibilité ou l'impossibilité d'être pensé reste un critère personnel. Voilà tout ce qui ressort à nos yeux de l'opposition entre la synthèse des contraires et le commencement absolu.

Nous n'avons donc pas l'ambition de ramener à notre sens les maîtres du nouveau criticisme, nous serions plutôt tenté de les suivre, mais nos forces n'y suffisent pas. Nous nous en tenons au vieux jeu. Il y a des démarches naturelles de la pensée, des canaux séculaires où elle se meut suivant sa pente et que ni la subtilité, ni la passion ne sauraient longtemps obstruer. Le principe matériel de causalité ne nous semble pas moins essentiel à la constitution de notre entendement que le principe formel de contradiction. Il nous est impossible de borner l'usage de l'idée de cause à la sphère de l'expérience, comme le voudrait une critique à notre sens inintelligente. Kant ne l'entendait point ainsi : les catégories ne sont pas à ses yeux les lois de l'apparence, mais les lois de la réalité. Ce qu'il nous refusait, ce n'est pas le droit, c'est la faculté de les employer dans un sens absolu, parce que, suivant lui, nous ne savons le faire qu'en les compliquant d'un rapport de temps, et que le temps, forme générale de notre sensibilité, appartient exclusivement au monde de l'expérience, créé par nos représentations. D'ailleurs, Kant lui-même a passé vingt fois la barrière indéfendable qu'il avait posée. Son chapitre des antinomies n'a rien non plus de définitif ; il y a du choix à faire dans les arguments qu'il renferme. Après eux, l'esprit humain reste à peu près tel qu'il était auparavant. La Critique de la raison pure n'est guère que celle d'une métaphysique donnée. La grandeur de Kant est ailleurs.

Nous pensons donc que si tous les êtres qui naissent, qui deviennent, qui commencent, réclament une cause, un antécédent capable de les produire, il en est de même de leur collection. Que cette collection successive de groupes qui s'agrègent et se désagrègent ait ou non commencé dans le temps, c'est une question que nous pouvons négliger, parce que l'ignorance en ce point n'affecte pas essentiellement l'économie de notre pensée, l'une et l'autre alternative nous présentent des difficultés. Que le monde ait ou qu'il n'ait pas commencé dans le temps, il n'existe pas de lui-même. Une série dont aucun terme ne subsiste par lui-même ne saurait subsister par elle-même dans son ensemble, la prolongeât-on même à l'infini dans le passé. Le monde est allé nécessairement du non être à l'être, de la puissance à l'acte aussi bien que chacun des groupes dont il se compose. La collection ne fût-elle que la forme de l'être, le monde fût-il un au fond, ce qui nous paraît tout au moins probable, nous le tiendrions encore comme ayant passé du non être à l'être, et nous ne pouvons absolument pas commencer par le non être, nous ne saurions concevoir isolément la puissance ; nous ne la concevons que dans l'être et par l'être ; nous devons donc statuer comme cause du monde distincte du monde un être existant par lui-même, un être éternel, qui contient le monde en puissance. Ce qu'il nous faut, ce que nous cherchons, c'est moins un *commencement* du fini qu'un fondement, une base qui le rende possible et intelligible à notre pensée.

Le monde ne se conçoit donc que comme porté sur un être existant par lui-même ou reposant dans l'être existant par lui-même. Et qu'est-ce qui peut exister par soi-même ? La raison, qui n'est pas du tout la logique abstraite, la raison qui n'est, en vérité, suivant l'admirable explication d'Aristote, que l'idée, l'instinct secret de la perfection, c'est-à-dire l'ineffable attrait exercé sur notre nature par la perfection réelle, la raison n'accorde la capacité d'exister par lui-même qu'à l'être infini. C'est dans cette affirmation que la raison en nous se constitue en percevant son identité foncière avec la raison universelle. C'est une harmonie préétablie, c'est une évidence naturelle qui s'atteste et ne se prouve pas. On peut faire abstraction de la raison, nous le savons bien, mais on ne saurait dénaturer son témoignage.

IV

Les preuves de l'existence de Dieu ne s'imposent pas ; il n'y a pas, au sens formel, de relation nécessaire entre la propriété d'exister par soi et l'idée de la perfection, le jugement qui les unit est synthétique. La preuve ontologique de St-Anselme ne conclut pas en vertu du principe de contradiction ; l'argument cartésien qui va de l'idée d'un être parfait dans notre esprit à l'existence réelle de l'être parfait comme seule cause capable de produire en nous cette idée, pèche évidemment par la mineure. Il est certain, en point de fait, que tous les esprits n'ont pas la notion sur laquelle on s'appuie, il serait même permis de contester qu'aucun d'eux la possède. La considération des merveilles de la nature, dont Kant ne méconnaissait pas la puissance, n'amène pas jusqu'au point où l'on veut arriver, d'abord parce que d'effets simplement très grands on ne saurait inférer logiquement la nécessité d'une cause infinie ; puis et surtout, ainsi qu'on l'a déjà marqué, parce que de notre point de vue, cet ordre, admirable à certains égards, est fort loin de l'être à tous les égards. Il se dresse ici des problèmes dont l'apologiste ne saurait faire abstraction sans aller directement contre ses fins. Et c'est un sophisme trop grossier de prétendre prouver Dieu par l'excellence de l'ordre du monde, pour contester ensuite notre compétence à juger l'œuvre de Dieu lorsque nous trouvons des défauts dans l'ordre du monde.

Les preuves tirées de la morale ne sont pas plus rigoureuses que les preuves physiques et métaphysiques. Elles supposent ce qui est en question. Ceux qui voient dans l'ordre moral autre chose qu'une apparence éphémère, ceux qui jugent qu'il a ses racines dans la constitution de l'univers et que, malgré tout, il doit prévaloir en vertu d'une loi de l'univers, ces hommes-là croient à l'existence de Dieu : la preuve morale, en sa forme consacrée, n'est qu'une expression anthropomorphique de cette croyance. De nos jours, chacun comprend bien cela; ceux qui rejettent Dieu rejettent également la conscience, soit qu'ils n'en perçoivent pas l'action intérieure, soit que, tout en la constatant comme phénomène, ils la fassent évanouir par leurs analyses. L'évidence morale n'a donc pas la même universalité que l'évidence logique, elle ne fournit pas de fondement sur lequel on puisse bâtir la science, et nous n'avons rien pour la remplacer.

A vrai dire, il n'y a donc pas de preuve de l'existence de Dieu, Dieu n'est pas l'objet d'une science, mais un article de foi.

La croyance en Dieu ne peut pas se démontrer, à peine réussit-elle à s'expliquer. En disant que la collection de ce qui devient doit elle-même avoir commencé, et que la série du contingent, fût-elle même infinie, ne s'en expliquerait pas mieux, mais que ce qui, de sa nature, est par un autre réclame l'être existant par soi-même, nous avons commencé d'exposer les motifs de notre foi. Ce n'est pas un argument, Kant l'a bien vu, c'est un sentier qui nous élève au-dessus de la poussière des phénomènes et nous laisse en tête-à-tête avec notre raison. Je constate en moi le besoin d'affirmer l'être existant par lui-même. L'individu que je suis, qui pourrait n'être point, qui est tout surpris d'exister, n'étend pas les mains dans le vide, c'est sur l'être qu'il se fonde, c'est vers l'être qu'il s'élève, c'est dans l'être qu'il se sent flotter, il ne s'en distingue que pour s'y replonger. Et cet être existant par lui-même, la définition n'en est pas arbitraire, un tel attribut ne s'accorde pas avec d'autres attributs quelconques, l'être existant par lui-même, l'être nécessaire à notre pensée est d'une nature incompatible avec la contingence, le seul être que je puisse concevoir comme existant par lui-même, celui que je suis obligé d'affirmer, c'est l'être absolu, c'est l'être parfait. Sans doute, l'argument d'Anselme est un sophisme s'il prétend prouver par la force des termes, comme une opération d'arithmétique. Ce qu'il établit, c'est la réciproque de notre thèse actuelle : nous disons que le principe existant par lui-même ne saurait être que parfait; Anselme prouve que s'il existe un être parfait, c'est par lui-même qu'il existe et non par un autre, attendu que l'existence réelle est essentielle à la perfection. L'abbé du Becq va de la perfection à l'*aséité*, je vais de l'*aséité* à la perfection, nous nous accordons à considérer ces deux termes comme inséparables. — Ils le sont en effet pour lui, ils le sont pour moi et pour quelques autres encore ; mais ils ne le sont pas, évidemment, en vertu du principe de contradiction ; l'impossibilité de les séparer n'est qu'un fait d'expérience personnelle ; nous la constatons en faisant l'analyse de notre croyance, quelle qu'en soit d'ailleurs l'origine chez nous et chez ceux auxquels nous devons notre constitution cérébrale.

Voilà ce que le premier écolier venu nous objecterait avec raison si nous nous proposions de relever la théologie rationnelle comme discipline scientifique, ce qui n'est pas notre dessein. Les objections de cette espèce nous laissent froid, et nos réponses à ces objections ne désarmeront point nos adversaires. Si nous alléguions que la disposition des choses devait amener des êtres conscients à croire en Dieu, ils répliqueraient en souriant que la même disposition des choses tend plus tard à dissiper cette croyance. Que dire après cela, sous les fenêtres de certain hôtel de ville ? Chacun persiste dans son opinion. Nous ajouterions bien que c'est la religion qui a fait de l'humanité l'humanité, et nous l'établirions sans trop de peine ; mais les crimes commis en son nom seraient jetés sur le champ dans l'autre plateau de la balance ; et personne ne voudrait plus nous écouter lorsque nous essayerions de faire voir que les crimes qu'on dit inspirés par la

dévotion étaient l'œuvre de gens qui ne croyaient pas
réellement, puisqu'ils s'efforçaient de tourner à leur
profit personnel la croyance des autres, de sorte que
finalement, ces crimes restent à la charge de l'athéisme.

C'est donc en dépit des apparences, de la nature,
de l'histoire et de la logique même que nous cherchons dans l'être parfait la cause première d'un ordre
imparfait. Et pourquoi? Parce qu'il nous est essentiel
de l'affirmer, parce que nous ne pouvons, ni ne voulons nous en déprendre, parce qu'en bas nous ne
trouvons aucun appui, et que nous nous étalerions
dans le néant si nous n'étions suspendus à la fin suprême. Logiquement, c'est toujours au principe de
causalité que nous obéissons. Pour expliquer la contingence, nous postulons un être nécessaire. Pour
nous expliquer, non pas la présence d'un concept
arrêté de l'être parfait dans notre pensée, mais l'impulsion qui nous porte à le chercher, nous avons besoin que l'être parfait existe effectivement. C'est l'argument cartésien formulé conformément à notre
expérience intérieure. Toutes les vieilles preuves sont
bonnes, pourvu qu'on les entende sans pédanterie et
qu'on ne leur attribue pas une valeur constringente ;
mais la vraie preuve, celle qui circule dans toutes les
autres et qui fait leur force, c'est l'impulsion, c'est le
désir. Nous tendons à la perfection par toutes les
aspirations de notre poitrine, nos yeux la cherchent
dans l'azur, notre cœur l'appelle dans le silence, nous

ne l'affirmons pas comme une froide conclusion de la pensée, nous l'affirmons pour nous y rattacher, pour nous en pénétrer et pour en vivre. Notre expérience intérieure confirme ainsi la leçon de l'histoire, qui nous montre les civilisations mourant sans Dieu ; elle illumine, elle remplit la haute abstraction d'Aristote : la matière revêt une forme, l'animal que nous sommes devient esprit en cédant à l'attrait de la perfection.

V

C'est en cherchant à définir le résultat de cette expérience que nous rencontrons les véritables difficultés.

Nous affirmons l'être absolu, l'être parfait, disons-nous, en vertu d'une impulsion intime, d'un impérieux besoin. Mais ce que nous concevons, ce que nous percevons, c'est cette impulsion, c'est ce besoin, c'est un état psychologique, une affection, ce n'est pas l'objet de cette affection. Nous ne comprenons pas bien l'absolu, nous ne fixons pas la perfection, et dans la faible mesure où nous pouvons préciser ces deux idées, elles nous paraissent inconciliables. Qu'entendons-nous par absolu ? Le contraire du relatif ; ce qui ne dépend de rien, et qui n'est limité par rien. Ce sera l'Etre de Parménide, l'Un de Plotin, sans intelligence, puisqu'il est supérieur à l'intelligence où la dualité se trouve impliquée ; ce sera la Substance de Spinosa, que l'esprit revêt d'une infinité d'attributs inconnus et inexprimables ; ce sera l'Indifférence de Schelling, l'Idée de Hegel, qui ne se détermine que pour détruire incessamment ses déterminations ; ce sera le Dieu de St-Augustin et de la théologie scolastique, en qui toute réalité positive est renfermée, c'est le maximum et le minimum de Giordano Bruno, l'être néant d'Oken, être néant en vérité, dont ne pouvant rien nier, ou ne peut rien dire, puisque toute attribution déterminée implique évidemment la négation de l'attribut contraire : *ignorando cognoscitur*. Ce gouffre barre absolument la route de l'esprit humain, il y faut tomber.

Et l'être parfait que nous pensons affirmer, que serait-il ? L'être parfait n'a rien d'une abstraction métaphysique, il réunit tout ce qui nous paraît désirable, aimable, adorable ou, s'il faut choisir dans le désirable, il est le meilleur. L'être parfait possède aussi ses attributs sans restriction, mais ses attributs sont déterminés. L'être parfait est tel que nous voudrions être nous-mêmes ; travailler à s'unir à lui, c'est travailler à lui ressembler. Notre idéal varie avec nos facultés et notre expérience, c'est pourquoi les traits de la perfection ne sauraient être arrêtés ; mais un but qui recule et se transforme n'en reste pas moins le même but, si la direction subsiste identique. L'être parfait, c'est l'être auquel nous cherchons à nous réunir ; la réalité de cet être s'atteste comme une vérité d'expérience, nous l'éprouvons par le meilleur de nous-mêmes, et ce qui est en nous le meilleur, nous le savons à n'en point douter. Ainsi les traits distinctifs de l'être parfait sont les attributs moraux et ceux qu'implique l'existence morale, tels que l'intelligence et la puissance. La perfection, c'est la volonté éternelle, immuable que le bien soit. On n'ignore pas que pour la réflexion le bien moral lui-même est une énigme. Celui qui s'en tient aux phénomènes psychologiques nous dira que le bien moral est un mot vide ou dont la définition reste arbitraire s'il n'est pas loisible de le rapporter aux réalités sensibles du plaisir et de la douleur ; de sorte que le bien moral étant la volonté de causer du plaisir resterait toujours un moyen, tandis que le plaisir serait le but. A quoi le philosophe et le médecin répondront d'une même voix [1] que le plaisir n'est qu'un mode de perception, l'indice intérieur d'un accroissement de la puissance ou de l'être, de sorte que le bien moral se ramènerait à la volonté d'être et se confondrait avec l'être lui-même. Rien d'aisé comme de revenir de la sorte à l'abstraction métaphysique, tous les chemins semblent y ramener ; mais cette facilité même doit nous mettre en défiance ; l'abstraction n'accuse que l'impuissance de notre langage ou la faiblesse de notre intuition. Résoudre le concret dans l'abstraction, le moral dans le pur métaphysique ne conduit pas à la solution des vrais problèmes.

[1] Voy. Dr CH FÉRÉ, « Sensation et mouvement, » *Revue philosophique*, Nos d'octobre 1885 et de Mars 1886.

L'inévitable identification de la volonté du bien et de l'être ne dit assurément rien à l'âme, cependant elle ne laisse pas d'avoir du prix : elle nous donne un motif d'espérer qu'en une sphère où notre intuition n'atteint pas, la perfection et l'absolu se concilient.

Pour le sentiment immédiat, ils s'excluent : dans la sphère de nos représentations il n'y a d'autre perfection que la vertu, et il n'y a de vertu que dans la victoire : qui dit ordre moral, perfection morale dit relation, opposition, limitation nécessaires. Comment concevoir le courage sans la douleur, et la charité sans l'indigence, à prendre ces deux mots avilis dans toute la plénitude et toute l'intimité de sens que chacun des deux renferme ?

Malgré tout cela, nous affirmons encore simultanément l'être parfait et l'être infini. L'infini nous semble la condition négative, le parfait, la condition positive de notre pensée, l'un est le point d'appui, l'autre le levier. L'infini, c'est pour nous la nécessité, il est impossible de se placer dans la supposition que rien n'existe par soi-même, et si l'on distingue la raison du raisonnement, on reconnaît également l'impossibilité d'associer la propriété d'exister par soi-même à l'objet hypothétique de représentations quelconques, à l'atome inerte, par exemple. Non, l'être par soi ne saurait être limité que si nous concevons en lui la faculté de se limiter par son acte propre. — Quant à l'être parfait, nous le cherchons, nous le voulons, nous en avons besoin, c'est l'affirmation de l'être parfait qui nous tient debout, qui nous constitue ; en y renonçant, nous nous déserterions nous mêmes ; il faut qu'il soit, il faut donc qu'il s'accorde, partant qu'il s'identifie avec ce qui ne peut pas ne pas être, il faut que Dieu soit. Croire en Dieu, c'est croire au devoir, c'est croire que le bien moral n'est pas l'illusion passagère de quelques organisations nerveuses dans un moment donné de l'évolution, mais qu'il est fondé dans la nature des choses, qu'il est la raison des choses et la suprême vérité.

VI

Cette vivante volonté du bien, nous ne saurions la figurer que sous les traits d'une personne. Nous comprenons bien que l'image est inexacte, non seulement par son aspect sensible, mais par son aspect spirituel. Nous comprenons bien qu'étant libre de passions, l'être parfait ne surmonte pas ses passions ; c'est un effort impuissant et contradictoire que de prétendre élever à l'infini les vertus de l'être fini. Nous ne comprenons pas ce que peut être Dieu relativement à lui-même, toutes les spéculations sur ce sujet retombent dans le néant ; mais en rentrant en nous-même, nous apercevons ce qu'il est relativement à nous, et nous ne prenons véritablement conscience de nous-même qu'en prenant conscience de ce rapport. Dieu veut le bien, tout le bien, rien que le bien, toujours le bien, par conséquent il veut notre bien, il nous aime. De quelque manière que ma constitution mentale se soit formée, elle m'oblige à chercher dans le bien moral la dernière raison de l'existence, ce qui revient à penser que Dieu m'aime. Je sais qu'il est, parceque je sais que j'en suis aimé, je ne subsiste que par cet amour. Dans ses pages les moins oubliées, Théodore Jouffroy retrace avec une éloquence un peu voulue la nuit où s'écroulèrent les croyances de sa jeunesse. Si j'ai quelquefois envié ce don d'éloquence, c'eût été pour fixer l'instant où, dans une soirée d'hiver, sur la terrasse d'une vieille église, je sentis entrer en moi, avec le rayon d'une étoile, l'intelligence de cet amour. Il y a bien cinquante ans de cela, car mon foyer n'était pas fondé, je rentrai chez moi avec quelque hâte, j'essayai de me concentrer et d'adorer. Pressé de traduire l'impression reçue en pensées distinctes, j'écrivis avec une impétuosité que j'ignorais et qui n'est jamais revenue, je m'efforçai de graver l'éclair sur des pages que je n'ai jamais relues. Je crois que le cahier qui les renferme est encore là, mais je n'ose l'ouvrir, certain que l'écart serait trop grand entre la lumière aperçue et les mots tracés alors par la plume. Depuis ce moment, j'ai vécu, j'ai souffert, j'ai eu des torts dont le souvenir me laboure, j'ai essayé de bâtir des systèmes que j'ai laissé tomber avec assez d'indifférence, j'ai vu les difficultés se dresser l'une au-dessus de l'autre, j'ai compris que je n'avais réponse à rien, mais je n'ai jamais douté. Nons sommes aimés, Dieu nous veut quand même : je le crois quand même, c'est bien le moins !

L'anthropomorphisme de nos représentations religieuses ordinaires ne saurait exprimer fidèlement la vérité, puisqu'il impose à Dieu des limitations incompatibles avec la notion d'une cause première. Le travail de la théologie pour élever ou pour transformer cette conception anthropomorphique ne produit que des contradictions, si ce n'est pis ; la providence spéciale, en tant qu'elle impliquerait dérogation éventuelle aux lois qui nous servent à coordonner l'expérience, est incompatible avec la pensée scientifique et par conséquent avec les besoins de la vie réelle ; mais toute imparfaite qu'elle est, la notion d'un Dieu personnel ne saurait nous égarer dans la pratique, lorsqu'arrivés à cette croyance par le vrai chemin, celui de la conscience morale, nous adorons en son objet la source et l'agent du bien. La foi dans la providence n'est pas nécessairement incompatible avec le déterminisme de la nature, si l'on conçoit le monde, (sans détriment d'autres buts possibles que nous ne connaissons pas et qui ne nous touchent pas,) comme un lieu disposé pour la formation des êtres moraux, laquelle exige la lutte et l'effort, l'épreuve et la consolation. L'immuable volonté que le bien arrive, le seul vrai bien, se traduit tour à tour par la douleur et par la joie, suivant l'attitude de la volonté qui s'élabore. Souvent nous sommes tentés de maudire l'ordre établi ; mais qui nous dira si l'auteur de ces apparents blasphèmes n'est pas plus agréable à Dieu par le sentiment qui les inspire que la louange d'un cœur indifférent au mal d'autrui. Finalement nous ne savons rien de rien, nous ne comprenons rien à rien, nous devons croire, et nous croyons, au mépris de toutes les apparences contraires, que le bien est voulu d'une volonté absolue ; parce que nous devons le vouloir invariablement nous-mêmes et que nous ne pouvons le vouloir ainsi que si nous y voyons la vérité.

Nous concevons l'ordre moral comme l'objet d'une volonté réelle, et non comme le contenu d'une loi nécessaire ; parce que l'effet d'une loi nécessaire, se produisant lui-même avec nécessité, ne saurait être un bien moral. C'est ce que nous appelons la liberté de Dieu. Statuer la liberté divine, c'est s'interdire à soi-même de remonter au-delà de cette affirmation « Dieu veut le bien ». Mais il suffit de croire à la réalité de l'ordre moral, et de comprendre que l'ordre moral ne saurait être réel que s'il est établi par une volonté, pour légitimer un anthropomorphisme nécessaire au sentiment et à la pratique. M. Arnold, dans la pensée duquel la religion s'identifie avec la morale, et qui met la morale au-dessus de tout, prodigue les sarcasmes à la personnalité de Dieu, tout en trouvant que la représentation d'un Dieu personnel est inséparable d'une vie religieuse plus ou moins intense. Cette attitude n'accuse pas un esprit bien conséquent. Il est bien vrai que nous ne comprenons point la personnalité de Dieu ; mais il n'est pas moins vrai qu'il n'y a pas de religion sans prière, que la raison ne saurait concevoir la prière sans un être qui nous entend, qui nous répond et qui nous exauce, enfin que sans religion il n'y a pas d'humanité, — les efforts tentés sous nos yeux pour constituer une humanité sans religion finiront par en convaincre les têtes les plus dures, à la seule condition qu'elles soient sincères et ne se refusent pas à constater entre les événements présents et passés des rapports qu'on peut toucher de ses mains. Ni l'exaucement de nos demandes, ni le refus de les exaucer n'ont rien d'incompatible avec l'immutabilité du vouloir qui forme la substance des choses. Dieu veut mon bien sans que je le demande, mais il veut que je le demande parce que c'est mon bien de le demander. Et ce bien exige tantôt l'acquiescement, tantôt le refus : tour à tour, suivant la direction de mon désir, Dieu m'accorde le bonheur ou me consume dans la souffrance. Copernic n'a rien changé dans l'apect des cieux.

CHAPITRE IV

THÉODICÉE

Si Dieu veut le bien, et si le dualisme métaphysique est inadmissible, pourquoi le mal, d'où vient le mal? Voilà le problème pratique de la philosophie, le vrai problème, le seul problème, l'aiguillon du doute et la force de toutes les négations. Nous laissons là toutes les difficultés d'école, sur lesquelles il est peut-être impossible de s'entendre, mais qu'il est loisible d'ajourner. Nous voyons toujours plus clairement que les systèmes en vogue ne sont pas des produits francs de la curiosité naturelle, qu'ils ont des partis pris, qu'ils sont tendencieux, qu'ils sont les fruits du propos délibéré de se débarrasser de Dieu. Cependant, quoique l'obligation morale rentre généralement dans leurs prescriptions, quoique la manière dont ils sont exposés et soutenus trahisse parfois de l'antipathie, ou du moins peu de respect pour les préceptes de l'ancienne morale, nous nous refusons à voir dans la haine du bien la source principale de l'athéisme contemporain. Et s'il y avait quelque chose de pareil à l'origine du mouvement qui l'a provoqué, ce ne sont certainement pas de tels sentiments qui en font aujourd'hui le succès. Nous trouvons la cause de sa popularité dans la confiance exclusive accordée à la méthode expérimentale, et aussi, nous sommes forcés de l'avouer pour rester sincère, dans les progrès de la réflexion à certains égards. Dieu n'a jamais été que pour le petit nombre un objet d'expérience directe, et l'induction fondée sur l'expérience sensible n'y conduit réellement pas. Quand l'autorité s'allège, quand l'habitude machinale cesse plus ou moins de gouverner les masses, quand chacun commence à sentir la contagion du doute et se demande ce qu'il doit penser, ou cherche seulement quelques raisons pour s'affermir dans ses croyances, on arrive nécessairement à notre question : si le monde a pour cause unique un être tout puissant et tout bon, d'où vient le mal? Et l'impossibilité d'y trouver une réponse médiocrement satisfaisante nous paraît une des principales sources de l'incrédulité contemporaine et du succès de ces systèmes qui cherchent à comprendre le monde sans Dieu.

I

Reprenons donc ce problème de la théodicée, où tout nous ramène. Cependant, avant d'y entrer, qu'on me permette une observation personnelle, une tardive profession de foi. Un candidat à la chaire protestante recommandait tantôt [1] à la critique de ne point juger la morale chrétienne d'après mes écrits, qui n'y sauraient suffire. Il avait raison de toute manière : ma conception des choses diffère assez des docrines, autorisées ou non par la tradition, qui, considérant un premier péché comme indispensable pour donner le sentiment du bien, font du mal une nécessité morale et bâtissent la religion du pardon sur ce fondement [2] : *felix culpa, qui talem Redemptorem meruit.* Suivant mon sentiment, toutes les imaginations de ce genre tournent l'ordre moral en fantasmagorie et font tomber nos raisons de chercher la base de cet ordre dans le principe universel, écueil d'autant plus redoutable qu'il est impossible de passer sans le serrer de fort près. Je ne saurais croire en Dieu si je reconnaissais l'impossibilité de le disculper du mal. Au surplus, pour des raisons tout à fait générales, je supplie mes lecteurs de vouloir bien apprécier mes opinions en elles-mêmes, indépendamment de leurs rapports avec tout

---

[1] *Le principe de la morale d'après la philosophie de l'évolution.* p. 62. Thèse de M. Massebiau, Paris 1886.

[2] *Ibid.* p. 92.

système religieux quelconque. Si « libre penseur » signifie un homme qui ne croit à rien sinon pour des raisons intrinsèques, dont sa propre conscience est le juge en dernier ressort, j'estime avoir incomparablement plus de titres à ce beau nom profané que la foule qui s'en décore. Au fond du cœur je me sens attaché, plus exactement peut-être, je voudrais me rattacher à l'Eglise chrétienne dans son ensemble, dans une généralité supérieure à ses évolutions comme à ses divisions permanentes; mais si je mérite le nom de chrétien, et de penseur chrétien, je laisse à d'autres le soin d'en juger. Ce qui est certain, c'est que je n'admets quoi que ce soit parce que c'est écrit. Je tiens que toutes les idées données pour chrétiennes, sans excepter celles qui sont le plus distinctement et le plus uniformément énoncées dans les Evangiles et dans les Epîtres, doivent être librement examinées et ne sauraient être justement reçues autrement qu'en raison de leur vertu propre. Je jette dans le même sac ceux qui prennent une chose pour établie et ceux qui l'estiment réfutée parce qu'elle est écrite quelque part; ce sac, je le ferme et je le cachète. Quant aux récits, quel qu'en soit l'objet, j'entends qu'ils soient appréciés suivant les règles de la critique, sans parti pris d'aucun genre, de sorte que les événements qui paraissent surnaturels, c'est-à-dire contraires à l'ordre du monde, ne peuvent être tenus pour réels qu'en vertu d'une conception du monde qui les réclame et les fasse entrer dans son ordre. Rien, suivant moi, ne saurait être admis d'au-

torité, non seulement parce qu'il faudrait toujours en
appeler à la raison pour examiner les titres de l'autorité, mais surtout parce qu'une doctrine reçue de cette
façon resterait en nous comme une substance étrangère, parce que nous ne pouvons composer un tout que
d'éléments homogènes, parce que la liberté nous est
indispensable et que la vérité doit nous affranchir.
C'est ainsi que nous nous expliquons le succès de la
philosophie négative par son rôle dans l'économie de
la Providence. Cette parole de Jésus-Christ annonçant
sa mort prochaine à ses disciples, au témoignage de
l'apôtre Jean : « Si le grain de blé ne meurt après qu'il
» est tombé en terre, il demeure seul; mais s'il meurt,
» il porte beaucoup de fruit », il y a longtemps que
nous l'appliquons à l'édifice de l'Eglise et à toute la
religion d'autorité. Sans avoir jamais reconnu d'autre
critère que l'évidence rationnelle et morale, j'aurais
mauvaise grâce à contester que mes opinions ne se
soient formées sous l'influence d'une tradition, et je
ne saurais guère échapper au reproche d'avoir essayé
de verser un vin nouveau dans de vieux vases. Cependant j'avais déjà subi profondément l'influence de la
critique, lorsque j'essayai de substituer une preuve interne aux preuves historiques d'une religion dont la
doctrine accréditée ne saurait sans de profondes altérations et des réformes capitales se produire comme
un postulat de la conscience morale.

Aujourd'hui l'œuvre de la critique est à peu près
terminée en théologie. On ne croit plus à l'autorité de

l'Eglise, on ne croit plus à l'inspiration littérale des écrits canoniques. Mais pour apprécier le degré de confiance que méritent les récits et les déclarations qu'ils renferment, il n'est d'autre critère qu'une conscience religieuse formée sous l'empire de l'inspiration littérale. On ne sait ce qui est histoire, ce qui est légende, ce qui est allégation tendencieuse. Le miracle, où l'on cherchait un argument, sert de thème aux démolisseurs vulgaires et gêne ceux qui s'efforcent de le conserver avec l'Evangile, qui en est rempli. Si je vois encore dans l'histoire de Jésus-Christ l'œuvre de Dieu pour le salut de l'homme, et si je me demande encore en quoi cette œuvre pourrait consister, c'est en raison d'une influence que j'éprouve sans en discerner les éléments, c'est surtout à cause de la puissance dont je vois les marques irrécusables dans la transformation glorieuse que la foi en Jésus-Christ produit en quelques-uns de mes semblables. La vertu du christianisme est démontrée par la santé morale d'un seul vrai chrétien, lors même que la conception formelle du christianisme resterait inacceptable pour nous ; mais aussi longtemps que nous ne serons pas entièrement guéri nous-même, le peu d'influence de cette doctrine sur le grand nombre de ceux qui l'ont professée ne laissera pas de nous faire hésiter, et nous aurons besoin, pour nous raffermir, de voir jusqu'où descendent ceux qui la rejettent.

Nous ne désavouerons donc pas le surnaturel ; mais nous n'essayerons plus d'en expliquer ni l'action ni l'objet ; le surnaturel pour nous c'est précisément l'inexpliqué, et nous ne savons qui peut se flatter sérieusement d'avoir tout expliqué. La science ne comprend, suivant nous, que les faits vérifiés rattachés ensemble par des suppositions qu'on a lieu d'estimer vérifiables. Parfaitement distincte de la science, la philosophie nous paraît un ensemble ordonné de propositions invérifiables, mais intelligibles et réclamées par les exigences de la raison. Ce qui est au-delà n'appartient qu'à l'individu, qui l'admet ou le rejette pour des raisons personnelles ; la discussion n'entre pas dans ce domaine. Après ces aveux, ceux qui, voulant bien tenir compte de nos opinions, persisteraient à les qualifier de théologiques sans avoir donné leur définition personnelle de cette épithète, ne feraient pas seulement tort à la théologie, ils feraient tort, ce nous semble, à la loyauté de la discussion. S'ils entendent par théologie cette discipline rationnelle que le vocabulaire des collèges désigne sous le nom de théodicée, il faudrait le dire et nous ne mériterions pas de ce chef un chapitre à part, n'étant pas le seul philosophe qui accorde encore une place à l'idée de Dieu. Si la philosophie théologique est celle qui construit en vue d'un but fixé d'avance en dehors de la raison, nul n'a moins que moi droit à ce titre, car mon unique but m'est absolument donné par la raison : c'est la justification théorique de l'idée morale. Je ne suis d'ailleurs pas si content de mes résultats que je ne veuille prendre l'avis de personne ; mon siège n'est pas fait, et mon désir serait d'apprendre.

II

La question dont je suis parti pour cette digression personnelle est particulièrement riche en leçons d'humilité. S'il est un Dieu, pourquoi le mal? La théodicée déterministe n'entre pas en compte, quelque soit le nombre et la célébrité de ses partisans. Les problèmes qui nous occupent n'existent pas pour elle, parce que les sujets de ces problèmes n'ont à ses yeux qu'un semblant d'existence. Suivant un déterminisme conséquent, il n'y a point d'ordre moral et point de monde, j'entends point de monde distinct de Dieu, ou, si l'on préfère, point de Dieu distinct du monde. Ceux qui, tout en enseignant la liberté morale, croient pouvoir emprunter les lieux communs de la théodicée déterministe, l'inévitable imperfection du fini, le meilleur monde possible, et tout le reste ne se prennent point assez au sérieux eux-mêmes pour qu'il soit vraiment nécessaire de discuter leurs opinions. Nous ne saurions convaincre que ceux qui adhèrent à nos prémisses; tout notre effort tend à lever les difficultés que l'expérience semble opposer à l'adoption de ces prémisses: le caractère absolu du bien moral, l'affirmation d'une volonté suprême comme substance de ce bien. Dès lors nous ne pouvons comprendre qu'une théodicée, savoir celle que le peuple de l'Eglise chrétienne et ses adversaires prennent généralement pour la théodicée chrétienne, celle suivant laquelle le mal n'est point renfermé dans la volonté divine, mais doit être considéré comme un fait accidentel exclusivement imputable aux agents libres. Pour nous, il n'y a d'admissible que celle-là, parce que les autres tendent à justifier des conceptions du principe de l'univers où nous ne saurions reconnaître l'idée de Dieu telle qu'elle ressort de notre conscience religieuse.

Mais cette unique théodicée est-elle possible elle-même ? Elle soulève deux objections principales, l'une rationnelle, l'autre empirique. Nous commencerons notre examen par la première, qui nous paraît la moins redoutable.

Il est inconcevable, nous dira-t-on, que Dieu n'ait pas voulu le mal, puisque le mal existe. Vous ne sauriez en effet refuser à Dieu le caractère d'être inconditionnel sans vous contredire. L'être inconditionnel est aussi l'être infini, dans ce sens qu'on doit affirmer de lui sans restriction les attributs que son idée comporte ; vous lui attribuez l'intelligence, tout ce qu'il y a de positif dans notre notion de l'intelligence ; vous lui attribuez donc l'omniscience : les choses se passeront nécessairement d'une manière ou d'une autre, il est impossible que Dieu ne sache pas comment elles se passeront. En fait le mal a pris place dans la création, Dieu savait en créant qu'il y prendrait place, par conséquent il l'a voulu. »

Nous n'opposerons pas à cette argumentation les subtilités de la théologie métaphysique, nous ne répéterons pas après St-Augustin, après St-Thomas et leurs disciples que le mal n'est qu'un défaut d'être, tandis que la volonté créatrice porte sur l'être, de sorte que tout en sachant que s'il créait, le mal se produirait dans le monde, Dieu néanmoins n'a pas voulu le mal. Quelle que soit la valeur de l'analyse qui ramène le mal au manque d'être, nous doutons fort que de telles raisons aient jamais touché personne. Nous ne saurions nous empêcher de craindre au contraire qu'elles n'aient conduit à l'athéisme nombre de ceux auxquels on les a proposées. La question se pose pour nous tout différemment : le bien et le mal sont à nos yeux les catégories du libre arbitre, et la prescience des décisions du libre arbitre nous paraît une notion contradictoire. Nous savons qu'il est délicat, pour ne pas dire impossible, de placer Dieu sous la loi du temps ; mais il n'est pas moins impossible de concevoir une activité intemporelle ; tous les problèmes de cet ordre reculent finalement dans une nuit impénétrable, mais l'illusion des illusions serait de croire qu'il est loisible de les décliner. Ils reviendront d'eux-mêmes nous assaillir, et l'agnosticisme ne nous en défendra pas. Nous ne saurions penser qu'avec notre esprit, dans les conditions de nos facultés. La distinction du présent et du futur nous est imposée. Dans le présent, la résolution du libre arbitre dans l'avenir n'est pas déterminée, et la voir déterminée serait voir ce qui n'est pas. La prescience des décisions de la liberté n'est pas comprise dans l'omniscience. Nous pou-

vons et nous devons nous en tenir à cette réponse,
non qu'il n'y ait peut-être rien au delà, mais parce que
nous ne pouvons pas voir au-delà.

Si l'objection de la toute-science est présentée comme
rigoureuse, péremptoire, et partant de notions métaphysiques absolument arrêtées, la réponse que nous
venons de proposer après d'autres, paraîtra suffisante
à qui voudra bien la méditer. Mais le cœur, souverainement intéressé dans cette affaire, ne s'en contentera
peut-être pas. Le cœur pousse l'anthropomorphisme
plus loin que la raison critique. A côté du mal librement résolu, qui devient par là même incompréhensible, il trouve le mal éprouvé, l'entraînement au mal,
la solidarité du mal, l'impossibilité pratique pour l'être
humain dans son milieu de ne pas faire quelquefois
le mal, de ne pas subir la souffrance, et de ne pas l'infliger, même en agissant bien. Le cœur ne se demande
pas en forme abstraite si la décision d'un libre arbitre
abstrait peut être connue d'avance avec une certitude
infaillible ; il applique à Dieu les notions qu'il tient
de la vie. Il demande si, dans un monde établi sur
des bases analogues à ce que nous connaissons, dans
une société d'êtres innocents, dont chacun peut faillir,
et dans laquelle la faute de l'un rendrait plus difficile
aux autres la conservation et la consolidation de leur
innocence, toutes les chances ne seraient pas naturellement acquises à la corruption ? Et même s'il n'y
avait qu'une conscience intéressée, la possibilité de la
chute étant identique à la liberté morale, que sa réali-

sation altère et tend à détruire, la chance ne reste-t-elle pas favorable au mal? La partie est peut-être égale, car une première décision dans le sens du bien tendrait à faire passer la volonté droite en habitude, en nature acquise et commencerait à rendre le mal pratiquement impossible, comme une première faute commence à barrer la route du bien. Il reste toujours que cette théodicée est réduite à chercher la bonté de son Dieu dans un acte par lequel ce Dieu livre la créature à tous les hasards.

Nous comprenons la difficulté d'admettre qu'il y ait pour Dieu quelque chose comme un avenir; nous comprenons qu'on hésite à lui attribuer l'ignorance de cet avenir; nous comprenons mieux encore qu'on répugne à l'idée d'un père qui risque le sort de son enfant sur un coup de dés. Le mal lui-même a créé des obscurités que nous ne nous flattons point de voir dissipées ; mais nous ne restons pas moins attaché à cette solution que d'excellents esprits jugent si peu satisfaisante. Voici les raisons qui nous y décident : Nous croyons en un Dieu vivant qui veut immuablement le bien, parce que c'est pour nous la seule manière de concevoir que le bien moral ne soit pas une chimère. Notre esprit aspire à Dieu du même mouvement par lequel il aspire au bien moral. A nos yeux, comme à ceux de Kant, une seule chose possède une valeur absolue, c'est le bien moral. Nous estimons donc qu'il est bon que la moralité se réalise, et nous adorons la volonté qui en rend la réalisation possible à quelque prix que ce soit, tous les prix imaginables étant inférieurs à son prix. Mais l'inéluctable condition du bien moral, c'est le libre arbitre, c'est la possibilité réelle du mal. Un être moralement bon par sa nature est un non sens, une parfaite contradiction dans les termes, quoique dans leur désir de supprimer tout ce qui est fâcheux, de fort honnêtes gens ne s'en rendent pas compte. Moralement bon signifie bon par son fait ; bon de nature signifie bon sans son fait, mais celui qui serait bon sans son fait ne serait pas bon. Disons plus : un être bon dont la bonté ne serait pas son œuvre, mais l'œuvre d'un autre, ne serait pas lui-même, il ne serait pas un être à part, il se confondrait avec cet autre dont il tiendrait sa bonté. Innée en nous, une volonté ne serait plus notre volonté. Nous disons donc, en dépit des apparences, que la réalisation du mal est un accident, tandis que la possibilité du mal est un bien, le premier des biens dans l'ordre logique, le seul fondement concevable de tout bien positif quelconque, puisqu'il forme la propre essence de l'être moral. Hors de là, nous ne voyons que des fantômes, à la place de l'ordre moral un défilé d'imaginations contradictoires tenant ensemble par la vertu des mots, figures de néant dont l'avant-dernière se drape aujourd'hui sur la scène, ce nihilisme matérialiste qui fait de l'être réel, de l'être en soi, la pensée, un accessoire insignifiant de ce qui n'est rien en soi, matérialisme qui tend la main au dernier personnage, au pessimisme absolu, suivant lequel l'être est nécessairement mauvais parce qu'il est être — négation de l'être par l'être lui-même, contradiction pure et simple, et pourtant conclusion inévitable lorsqu'on n'accorde pas à la vie morale un prix supérieur à tous les risques; puisqu'enfin si quelque chose a droit à l'être, c'est assurément le bien moral.

L'opinion qui attribue l'origine du mal en général au mauvais choix de la créature nous semble donc résister à cette objection pourtant si naturelle : « Un » Dieu bon, voyant, même comme possibilité seule- » ment, le mal qui se produirait dans le monde, n'au- » rait pas appelé ce monde à l'existence. » Il l'aurait créé malgré ce danger s'il voulait que le bien fût, or le nom même de Dieu signifie exactement pour nous : « Je veux que le bien soit. » Cette réponse pourrait bien, à la vérité, n'être qu'une traduction de celle d'Augustin, qui nous irritait tout à l'heure : Dieu veut l'être, le mal est non-être. Ne serait-ce point une variation sur l'air de Leibnitz, « le monde est excellent » quoiqu'il en semble, puisque c'est Dieu qui l'a fait, » un développement de la théodicée sommaire proposée par Victor Cousin : « le monde est bon puisqu'il subsiste ? » Et toutes ces formules ne sont-elles pas simplement des façons d'exprimer notre propre volonté d'être ? — Nous l'accorderons si l'on y tient; mais notre leçon est un commentaire, l'être que nous voulons, c'est l'être vrai. La possibilité du mal est l'ombre inévitable que projette l'être vrai, l'être moral, la réalité proprement dite. Comprise comme inévitable, cette possibilité du mal explique l'apparente vérité du dualisme, et le dualisme n'est vraiment surmonté que par la réflexion sérieuse qui nous fait voir dans la possibilité du mal un bien positif. Peut-être de tels raisonnements ne satisferaient-ils pas un esprit impartial ; mais ici la raison elle-même ne nous permet pas d'être impartial, elle affirme Dieu, elle n'est autre chose au fond que l'effort pour nous rattacher à Dieu, l'attraction qu'exerce l'idée de Dieu sur l'animal dont elle fait un homme. Pour peu qu'il soit possible de croire en Dieu, nous devons y croire.

III

Le mal est ce qui ne devrait pas exister, ce que nous devons chercher à détruire ; il n'est pas surprenant que nous nous trouvions empêché de le faire rentrer dans l'ordre, que nous ayons du mal à nous expliquer son origine et qu'il reste un scandale pour la pensée. Mais ces raisons, dont nous pouvons à la rigueur nous contenter, n'ont trait qu'à l'objection théologique : « un Dieu tel que le conçoit l'esprit religieux ne saurait être l'auteur d'un monde quelconque où le mal occuperait une place. » La considération de notre monde en ses dispositions caractéristiques prête à l'objection une force qui en fait pour ainsi dire une difficulté nouvelle et qui impose à la théodicée un nouveau travail.

L'idée d'une créature libre est celle d'un être appelé à se proposer lui-même un but qui lui est tracé d'avance. Elle peut entrer ou ne pas entrer dans les intentions de son créateur; elle se confirmera bien ou mal dans l'être, qu'elle ne saurait posséder véritablement sans le tenir aussi d'elle-même; elle est appelée à se réaliser, parce qu'il est bon qu'elle y soit appelée; et si elle se réalise mal, on conçoit que l'affaiblissement, l'obscurité, la souffrance, la perversité seront les conséquences naturelles de cette funeste détermination. Nous pouvons à la rigueur admettre cela. Mais le mal que nous trouvons dans le monde ne semble pas être la suite naturelle, ni surtout l'effet légitime d'un péché commis par la seule créature libre que nous connaissions, c'est-à-dire un être humain. Telle est l'objection de l'expérience à notre théodicée. La souffrance et la mort, l'horrible loi d'après laquelle les êtres sensibles subsistent aux dépens les uns des autres, sont antérieures à l'apparition de l'homme sur le théâtre où nous observons la vie. Cette considération, qui a pour objet de la souffrance, paraît assez grave. Du côté moral la difficulté est plus sérieuse encore : le péché ne saurait être attribué qu'à une personne; chacun est responsable de ses actes, de ses volontés; mais ici-bas nous subissons les conséquences des actes d'autrui bons ou mauvais, soit dans notre sensibilité, soit dans notre volonté même. Nous sommes déterminés par notre milieu. Nos penchants et nos idées sont les motifs de nos actions, et ces motifs ne sont que très partiellement notre propre ouvrage. Ils nous sont donnés par l'hérédité, par l'éducation, qui se fonde sur la confiance naturelle et sur l'instinct imitatif. Nous naissons dans un milieu malade et nous ne saurions nous soustraire à la contagion. Ce sont des faits qu'on n'essaie pas de contester et dont il est absolument puéril de s'abstraire. L'iniquité des pères est punie sur leurs descendants jusqu'à la quatrième génération, et fort au-delà. Il n'y a pas à rechigner, c'est le fait palpable. Mais est-il juste ? Il faut croire qu'il est juste pour croire en Dieu, mais nous n'essaierons pas de le faire comprendre, ne nous flattant point de l'avoir compris. Nous croyons en Dieu, qui sait pourquoi ? peut-être par habitude, peut-être par l'effet de la tradition, peut-être aussi par esprit de contradiction, peut-être, pour nous distinguer, pour nous donner une attitude, comme feu le vicomte de Châteaubriand. Mais s'il en est ainsi, c'est à notre insu ; nous pensons croire en Dieu parce qu'il le faut, parce qu'il est un besoin de notre raison et de tout notre être ; nous pensons croire en lui parce que nous le percevons intérieurement, parce que nous en vivons, toute misérable que soit cette vie, parce que, en s'élevant, notre regard est rencontré par son regard, parce que nous nous sentons enlevés et mis en notre place par cet éternel regard. Si faible que soit la vie intérieure, l'expérience en transporte ceux qui l'ont faite dans une sphère dont le commun des raisonneurs ne sait rien et sur laquelle il ne dit que des sottises lorsqu'il en parle. La base des inductions, le point de départ expérimental différant, il n'y a plus moyen de s'entendre. Aussi ne faut-il pas alléguer les expériences, c'est manifestement du mysticisme, tort irrémissible, et j'en ai déjà trop dit !

« Il n'y a que trois sortes de personnes, dit Pascal, les unes qui servent Dieu l'ayant trouvé ; les autres qui s'emploient à le chercher, ne l'ayant pas trouvé ; les autres vivent sans le chercher ni l'avoir trouvé. Les premiers sont raisonnables et heureux ; les derniers sont fous et malheureux ; ceux du milieu sont malheureux et raisonnables[1]. » C'est pour ce milieu que nous écrivons. Sans avoir goûté Dieu, ce qui les dispenserait de chercher plus longtemps, ils ont des raisons de croire en lui dont nous avons touché quelques-unes ; et s'ils nous ont suivi jusqu'ici, après avoir forcé ou tourné quelques obstacles, ils se trouvent arrêtés devant une barrière plus formidable que toutes les autres : la solidarité du péché. Elle nous arrêterait nous-même sans un parti pris dont nous n'essaierons pas de nous excuser. Il ne sert de rien pour notre objet de montrer que la solidarité du mal est naturelle, inévitable. Faire entrevoir qu'elle pourrait se concilier avec la loi de justice et par conséquent avec l'existence de Dieu que nous avons tant d'autres raisons pour affirmer, telle est le but des réflexions qui vont suivre, et si nous n'y réussissons point, nous n'avons rien fait.

[1] *Pensées.* Éd. Havet, p. 346.

Les phénomènes de solidarité morale proposent le problème de la solidarité naturelle sous l'angle le plus aigu. Est-il juste que l'un paie pour l'autre? Est-il juste que l'un puisse être corrompu par l'autre ? Ces questions sont déjà résolues par la forme sous laquelle nous les posons. Si le rapport entre l'un et l'autre est le point essentiel à considérer, si l'individu forme un tout, s'il est un but, si le vrai problème du monde est celui des destinées individuelles, la solidarité morale est manifestement injuste par dessus toute autre injustice. Les systèmes religieux qui ont voulu se fonder sur ces trois termes énoncés ou sous-entendus : *a*) La perfection morale d'un Dieu tout-puissant — dogme suprême ; *b*) l'identification de l'être individuel et de l'être véritable — métaphysique du sens commun, dont on part sans s'en rendre compte et qu'on ne sait pas mettre en question ; enfin *c*) la solidarité des actes et des destinées — donnée en fait, ces systèmes, quelque forme qu'ils aient reçus comme interprétation d'évènements historiques ou légendaires, n'ont abouti qu'à des conceptions dogmatiques absolument monstrueuses, à d'horribles contradictions, dont l'histoire nous donne la clef en nous montrant dans ces explications des destinées individuelles un simple remaniement de systèmes antérieurs, où l'individu ne comptait point. Et cependant, telles quelles, ces théologies ont servi de cadre à la vie religieuse la plus intense et la plus pure, parce qu'il y a dans l'individu quelque chose qui dépasse l'individu. Leur dernier mot était dévouement, ce mot éveille un écho ; pour le grand nombre le dévouement annoncé était un accident profitable, dont il se félicitait de tirer parti ; pour quelques-uns c'était une belle conduite, qu'ils essayaient d'imiter.

Et c'est, après tout, cette imitation qui tient encore ensemble tellement quellement, misérablement, les éléments discords de notre monde.

Pour savoir si la solidarité de fait se concilie avec la supposition d'un ordre de justice, il faudrait avoir la définition de l'individu, il faudrait déterminer son rapport avec l'espèce, le rapport de l'espèce au genre et celui du genre au monde, très généralement le rapport du multiple à l'unité. Le principe de contradiction règne assurément sur la logique, mais il faut beaucoup d'attention pour l'appliquer correctement aux faits concrets. Les gens pressés de conclure n'échappent guère au simplisme, à l'exclusivisme ; ceux qui attendent que tous les éléments du problème soient réunis risquent d'attendre indéfiniment.

VI

Toute notre ambition serait de faire entrevoir que les injustices résultant de la solidarité pourraient bien n'être qu'apparentes. Pour y arriver nous avons besoin, d'établir d'abord l'unité de la Création. C'est notre premier objet.

A cet effet, constatons dès l'entrée que l'individu que nous connaissons n'est pas un être : il n'a pas les conditions de l'existence en lui-même, il ne subsiste que par l'espèce et dans l'espèce, comme l'espèce à son tour n'est concevable que dans le monde et par le monde. L'individu considéré comme élément constitutif du monde, atome du monde, n'importe le nom, n'est qu'une fiction de l'esprit. Ce qu'une école bruyante et bien outillée appelle aujourd'hui philosophie scientifique ne serait qu'un chapitre de la physiologie, décoré du nom de philosophie par un emploi vicieux de la langue universitaire, s'il ne s'agit que d'appliquer aux phénomènes de conscience les méthodes de l'observation sensible ; mais, nous sommes obligé de le rappeler, la prétention de résoudre les problèmes philosophiques proprement dits, les questions ultimes portant sur le véritable fond des choses avec les méthodes des sciences serait la plus insigne des duperies et la pétition de principe la plus manifeste. La mesure et la coordination des phénomènes sensibles font l'unique objet de la science proprement dite, qui ne saurait remonter au-delà des données communes à l'ensemble de ces phénomènes. Le matérialisme pose les deux pieds dans l'absurde en prenant pour antécédent de la conscience un objet que lui fournit la conscience et dont il est impossible de le dégager. S'il reste conséquent à cette identification du réel et du sensible, il se réduit au mécanisme et n'expliquant pas l'origine du mouvement, il n'explique rien. L'atome inerte, l'élément individuel n'est qu'une fiction de l'esprit et cette fiction reste impuissante. Par contre, si l'on veut placer la cause du mouvement dans l'objet mu, si l'on fait de la force une propriété de la matière, le matérialisme, qui fournissait au calcul une base hypothétique, se transforme en hylozoïsme, qui n'en fournit plus, et nous perdons l'atome, nous perdons l'individu subsistant par lui-même. Si les atomes dont nous partons pour la commodité du raisonnement sont véritablement pourvus de force, s'ils sont actifs, ils n'existent qu'en déployant leur activité sur d'autres atomes, ils sont condition les uns des autres, et les isoler, c'est les supprimer. Et en effet, la réciprocité d'action est la loi universelle de l'expérience; mais si l'action réciproque est essentielle aux êtres particuliers, s'ils ne peuvent être conçus, que déterminés les uns par les autres, si leur existence indépendante est impossible, leur pluralité indépendante ne saurait être considérée comme l'antécédent véritable des phénomènes; des multiples dont l'existence indépendante est inconcevable ne sauraient être que la manifestation de l'unité. La réciprocité d'action est la loi la plus générale des phénomènes dans toutes les sphères, à tous les degrés. Et ces sphères elles-mêmes se conditionnent, ces degrés s'étagent, le monde est un, car cette unité multiple, c'est le monde. Monisme est bien le vrai nom de cette doctrine, monisme, non seulement comme opposition au dualisme de la substance pensante et de la substance étendue, du passif sans action propre et de l'actif sans réceptivité, mais aussi comme négation de toute existence individuelle indépendante. Le monisme nous paraît régulièrement inféré de la science expérimentale. Jusqu'ici, nous sommes d'accord avec l'opinion qui semble aujourd'hui dominante.

Le monde est donc un, notons-le d'abord. Puis, pour tenir présents à l'esprit tous les termes du problème, demandons-nous encore une fois si nous pouvons trouver dans ce monde un les raisons de son existence. Nous ne le croyons pas. Nous ne saurions suivre l'empirisme lorsqu'il nous demande de supprimer la question ; renoncer à chercher pourquoi sont les choses, c'est renier sa propre raison, c'est se mutiler. On ne fera jamais entendre qu'un monde où se pose la question pourquoi n'ait point de *pourquoi*. Et la raison d'être des choses ne diffère pas de leur but. Il faut que l'existence ait un but. Ceux qui feignent une opposition entre l'enchaînement des causes efficientes et l'enchaînement des finalités, ou qui, sans recourir à ce vain sophisme, se bornent à dire que le mécanisme leur suffit, ceux qui proclament avec l'accent du triomphe que l'existence n'a point de raison d'être et point d'objet poursuivent un but eux-mêmes lorsqu'ils tiennent ce langage. Quel est ce but ? Nous ne pouvons que le soupçonner, mais à nos yeux leur doctrine équivaut à la négation de la science par la science elle-même. La science, en effet, suppose l'harmonie du sujet et de l'objet, elle veut que la raison se retrouve dans son objet. Il faut donc qu'il ait un but, ce monde dont l'expérience nous fait constater l'unité substantielle, et ce but ne saurait être que le bien moral, parce que le bien moral possède seul en lui-même le caractère et la dignité d'un but. Nous cherchons donc à comprendre le monde comme ayant pour but la réalisation de l'ordre moral. Mais l'ordre moral suppose une loi dans le sens primitif du mot loi, qui implique un législateur. Dieu seul est sans but et sans loi, ou, si l'on préfère, est son propre but et sa propre loi, surpassant toutes les catégories de la pensée. Nous voulons donc voir dans le monde l'œuvre d'une volonté qui lui assigne pour but la réalisation de l'ordre moral, et nous persisterons à l'envisager ainsi pour peu que ce point de vue reste soutenable.

Maintenant cette même expérience qui nous montre l'injustice inévitable aujourd'hui dans les rapports des individus entr'eux, nous enseigne clairement que le monde est un. Si nous comprenons que la justice puisse régner dans le rapport entre la volonté première et le monde considéré dans son unité, nous n'aurons pas encore résolu la question qui nous tient naturellement le plus à cœur, mais nous n'en aurons pas moins fait un pas considérable vers la solution cherchée.

La solidarité des membres du monde, la causalité transitive, que les individualistes conséquents ne sauraient admettre, mais sans laquelle il leur sera bien difficile d'échapper au déterminisme, nous montre l'univers animé d'une même vie. L'unité de l'espèce est encore plus évidente. Sans entrer dans la distinction du substantialisme et du phénoménisme, où il n'est pas si facile de s'orienter, sans nous prononcer entre le monisme de la substance vivante et le dualisme de l'âme et du corps, qui peut être entendu de bien des manières, constatons que l'unité physiologique est au-dessus de la controverse : le père et la mère se continuent manifestement dans leurs enfants, la génération n'est qu'une forme d'accroissement et d'évolution, nous avons beau nous exterminer et nous dévorer les uns les autres, l'humanité ne sera jamais qu'un organisme d'ordre supérieur, dont les éléments sont doués d'un mouvement propre. Les générations se remplacent comme les molécules chimiques traversent l'organisme individuel qu'elles constituent; chose ou forme, substance ou loi, les mots ne font rien à l'affaire, l'unité de l'espèce est un point acquis.

L'indépendance absolue des âmes individuelles s'accorde-t-elle bien avec cette unité corporelle de l'espèce ? Peut-on pousser le dualisme jusqu'à de telles extrémités ? Je ne le crois pas. L'existence antérieure des âmes serait commode à certains égards, mais cette hypothèse recule sans la résoudre la difficulté de la théodicée ; l'idée d'une création immédiate, absolue, coïncidant avec la conception soulève des questions embarrassantes. L'une et l'autre théorie semblent inconciliables avec les faits d'hérédité mentale et morale qui s'offrent en abondance à l'observation journalière et dont les rapports avec l'hérédité physiologique sont trop intimes pour ne pas jeter beaucoup d'ombre sur ce dualisme tout entier. Notre foi dans la réalité du moi n'est pas ébranlée par les phénomènes de suggestion et de mémoire alternante dont on fait aujourd'hui tant de bruit; nous laissons aux phénoménistes de profession le soin de se débrouiller, et nous ne doutons pas qu'ils n'y réussissent; pour nous, la distinction entre la puissance et l'acte nous met à l'abri des inférences négatives qu'on prétend tirer de ces faits curieux. Nous ne mettons pas toute la réalité de l'âme ou du moi dans la conscience qu'il prend de lui-même, nous ne considérons pas le moi comme supprimé par la syncope, nous ne prenons pas l'illusion de l'insensé pour un changement de personne. Sous réserve du libre arbitre, que nous consentirions sans peine à nommer surnaturel, nous inclinons au monisme, en renversant les termes de sa formule matérialiste. Au lieu de dire que la force est une qualité de la matière, nous dirions que la propriété d'occuper l'espace ou de se manifester dans l'espace est un attribut de l'être, de la force, de la volonté. Ce changement nous semble commandé par des raisons péremptoires, la notion de force étant identique à celle d'être, tandis que la matière inerte n'étant rien par elle-même serait vraiment un non être, si l'on y cherchait autre chose que la manière dont les êtres apparaissent les uns aux autres.

Quant à la querelle du monisme et du dualisme dans l'être humain, il est peut-être difficile de la juger par des considérations péremptoires, mais de quelque façon qu'on la décide, l'unité mentale et morale de l'espèce nous paraît aussi certaine que son unité physique. Nous puisons toutes nos idées dans un réservoir commun, l'originalité des esprits les plus éminents se réduit à quelques combinaisons nouvelles, la différenciation des individus se produit dans l'unité.

Etablir l'unité de l'espèce sur le fait de la solidarité des destinées ne suffit pas pour faire admettre la justice d'une semblable disposition. Pour que l'argument devînt sérieux, il faudrait faire voir que la solidarité entre l'homme et l'homme est un rapport normal, essentiel à l'humanité. A cet effet, il convient de soumettre la question au vrai critère, en considérant le rapport qui nous occupe à la lumière de l'idée morale. Lorsque nous en observons les effets du dehors ou que nous nous bornons à les subir, la solidarité nous semble d'abord une parfaite injustice ; mais en nous plaçant au point de vue pratique, nous trouverons bientôt que notre devoir est de l'affirmer. Qu'est-ce que la philanthropie, qu'est-ce que l'amour, sinon cette affirmation de la solidarité comme notre condition normale ? Que ta joie soit ma joie, et ta douleur ma douleur. Je veux vivre de la vie de l'humanité. Je ne saurais jouir ni des biens charnels ni des célestes béatitudes aussi longtemps que la haine et la souffrance grondent et gémissent autour de moi,

« J'aime et je veux souffrir [1], »

---

[1] Epigraphe des *Poésies* de Mme de Pressensé.

je veux souffrir aussi longtemps que d'autres souffrent ; c'est le cri du cœur, c'est l'amour, et l'amour est la vérité de la vie. L'individualisme est superficiel comme la conscience, il ne comprend ni les hauteurs de l'être ni ses profondeurs. Le dévouement, la charité, que nous savons être notre bien, conduit à l'harmonie des volontés, à la pénétration réciproque des intelligences, à la société parfaite, fondée sur la mise en commun des individualités complètement développées. D'ici l'on aperçoit le sens et la raison des différences individuelles. Des mérites, des beautés incompatibles chez la même personne se manifestent dans le tout, au profit du tout, grâce à la diversité des personnes. Ainsi se réalise, ou devrait se réaliser l'unité de la créature dans la forme la plus haute et la plus vraie, comme union, comme unité morale, comme unification des volontés, puisque la volonté c'est l'être de l'être. La conscience morale, très simplement interrogée par une oreille attentive au sens de ses énoncés, nous apprend donc que la fin de l'être est l'unité. Et comme la fin de quelque chose est la réalisation de son essence, il s'en suit manifestement que l'être est un dans son essence.

Enfin, la plante en mûrissant produit la semence, les lois de la logique et de la nature nous apprennent que le commencement se retrouve dans la fin. Une dans son terme et dans son essence, la créature était une dans son origine, l'unité de la fin est morale, c'est-à-dire que la créature doit la produire elle-même ; l'unité initiale ou naturelle est donnée à la créature, qui doit la conserver en la transformant. En nous enseignant que la créature est une en sa fin, la conscience nous fait entendre qu'elle était une au commencement.

Ces considérations ne résolvent qu'imparfaitement la difficulté soulevée. Nous prouvons par la loi morale que la solidarité n'est pas accidentelle, mais essentielle, et nous l'expliquons par l'unité. Cette unité, devant se réaliser comme unité voulue, implique l'individuation et nous fournit la raison des différences individuelles. Celles-ci conduisent naturellement à l'inégalité des destinées, mais elles ne la justifient pas. Le problème n'est résolu que sur le terrain de la pratique. Nul n'accusera plus la destinée d'être injuste à son égard, lorsqu'il aura cessé de se prendre lui-même pour but.

V

Récapitulons brièvement avant de poursuivre :

Après avoir proposé nos motifs de croire en Dieu et rappelé les raisons les plus fortes qui militent contre cette croyance, nous nous sommes demandé si, malgré leur extrême gravité, l'existence de Dieu ne serait pas une supposition défendable. La supposition provisoirement admise, nous avons trouvé un motif intelligible de créer dans une donnée de la conscience suivant laquelle le bien moral possède en lui-même une valeur incomparable à toute autre. La moralité implique le pouvoir de faire le mal, de sorte qu'il y aurait moyen d'assigner une raison légitime à l'existence d'un monde que nous en trouverions affecté. La conscience nous enseigne également l'unité de la créature, et nous donne ainsi réponse à l'objection que la solidarité du mal suggère avec une si forte apparence. Il est certainement fâcheux qu'une maladie envahisse tout l'organisme ; mais, pour éviter cet inconvénient, il faudrait qu'il n'y eût point d'organisme et point de maladie, or nous avons trouvé de bonnes raisons pour justifier l'existence de l'organisme et la possibilité de la maladie. Toutes ces thèses ne tiennent qu'à un fil, qui pend d'un clou, mais le fil est résistant, c'est la logique ; le clou, c'est la conscience morale : il est électrisé, ceux qui essayent de l'ébranler en recevront les étincelles. Cependant, il est difficile que ces longues chaînes deviennent jamais populaires. Et puis, nos idées ont un autre défaut, elles rappellent vaguement la croyance dont vivait une civilisation qui s'effondre. Inutile dès lors de les discuter sérieusement, il est si facile de les travestir, on a si tôt fait de les décrier en les affublant d'une épithète ; car les ennemis de la superstition ne rougissent pas toujours d'en appeler au préjugé. Mais ceci ne s'adresse pas à ceux dont le siège est fait. Quant à ceux qui cherchent, s'ils ont vraiment senti le trouble de notre âge et son désespoir, ils aspirent sincèrement à voir plus clair, ils ne

regardent pas d'un seul côté, mais de tous, et même
en arrière. Ils se demandent si ce qui fut n'avait pas
une raison d'être, et si la raison de sa chute réside
véritablement dans son principe ou dans des altérations que l'impéritie des uns et l'ambition des autres
auraient fait subir à son principe. Nous arrivons en
effet au seuil de la religion, dont l'objet unique est de
réunir ce qui est cassé, de restaurer ce qui est gâté,
de regagner ce qui est perdu. On sent assez que notre
effort pour concilier le fait du mal dans toute son
horreur avec une volonté suprême immuablement
tendue au bien serait impuissant et plus qu'impuissant s'il ne nous offrait pas au moins l'espérance
d'un triomphe complet du bien. Mais ceci viendra
plus tard.

Nous pensons donc que la psychologie de l'empirisme est une psychologie artificielle, où les faits sont
mutilés et dénaturés par le propos *a priori* d'éliminer
tout *a priori*. C'est à notre sens le résultat le plus
solide et le plus important de la Critique d'avoir établi que les formes de la pensée sont requises pour
objectiver nos impressions et nous donner ainsi *les
choses* qui forment la matière de l'expérience. L'action
du dehors et la réaction spontanée, l'*a priori* et l'*a
posteriori*, le sens et la raison sont partout combinés
dans une pénétration réciproque indissoluble. Néanmoins ils ont chacun leur domaine propre, une sphère
où l'un domine tandis que l'autre s'assujettit. La pensée *a priori* ne joue qu'un rôle subordonné, mais un

rôle essentiel et indispensable dans la science expérimentale, dont l'œuvre propre consiste à vérifier des hypothèses régulièrement suggérées par la pensée *a priori*. L'expérience, à son tour, et la sensation ne sont point étrangères à l'idéal ; l'art et la spéculation métaphysique elle-même ne font jamais qu'ordonner et distribuer les éléments donnés par la sensation. Les deux termes subsistent, tous deux ont leur droit, il les faut satisfaire. Mais l'optimisme courant des spiritualistes méconnaît et sacrifie absolument l'expérience, que l'idéalisme insultait naguère à plaisir. Le soi-disant monisme, en revanche, le matérialisme, le positivisme, le pessimisme, les théories de l'idéal qui s'oppose au réel ou qui tend à se réaliser sans y parvenir jamais, toutes ces imaginations réactionnaires sont des outrages à la raison, celles qui l'éconduisent avec des compliments aussi bien que celles qui contestent nettement son existence. Dieu, c'est l'affirmation de la raison ; la souffrance, la bêtise, la méchanceté, c'est le spectacle et le pain quotidien de la vie, le mal est la leçon de l'expérience. Les deux termes ne sauraient être ni méconnus ni déplacés, c'est le nœud de la tragédie.

Voilà pourquoi nous ne cherchons pas à faire évanouir le mal dans l'illusion, ce serait chercher à nous tromper nous-même, et voilà pourquoi nous ne subissons pas le mal sans protester : renier Dieu serait démentir notre raison, ce serait commettre suicide. Voulant donc éloigner de Dieu la causalité du mal sans en

nier l'existence réelle, nous l'attribuons à la causalité de
la créature ; nous pensons que Dieu l'a permis, parce
que cette permission était la condition du bien positif
et parce qu'Il possède en lui-même les moyens de
guérir le mal actuel. Voilà pourquoi nous en revenons
à cette idée platonicienne de la chute, qu'on trouve
également dans la tradition des Hébreux et dont la
théologie catholique se sert pour établir la nécessité
des rites qu'elle institue et du clergé qu'elle prépose
à leur administration. Nous expliquons la solidarité
du mal par l'unité du sujet de la chute, où sont compris les membres solidaires de l'espèce humaine, et
nous aurons peut-être justifié cette unité paradoxale
si nous la retrouvons dans la restauration et dans
l'accomplissement de la Création. Mais comment comprendre une telle chute et comment en comprendre
le sujet ?

Demander ce qu'est la chute, c'est demander ce
qu'est le mal, et l'on ne saurait définir le mal avant
d'avoir défini le bien. Nous ne comprenons pas les
catégories morales en dehors de la Création. Nous en
attribuons pourtant la réalité à Dieu, et nous avons
raison de le faire, parce que nous avons besoin d'a-
dorer ; mais nous ne comprenons absolument pas ces
perfections divines ; tout ce dont la conscience nous
instruit sur ce sujet c'est que Dieu est relativement à
nous l'immuable volonté que le bien soit, je dis le
bien humain, celui que nous entendons et que nous
pouvons pratiquer. La distinction du bien et du mal

implique d'abord un être libre, capable de se prononcer en plus d'un sens, tout au moins de répondre par oui ou par non à telle suggestion déterminée. Pour se réaliser, l'idée de moralité exige également une loi supérieure au sujet moral. C'est ici que la morale se rattache à la religion. Indépendamment des sensations d'espérance et de crainte, qu'on ne saurait mépriser sans affectation, mais qui ne sont qu'un accessoire, toute peine impliquant un tort, et qui exigent en outre une justification particulière, puisque la crainte d'une peine n'est pas un mobile de l'ordre moral, leur vrai nœud consiste en ceci que l'action morale est l'exécution d'un commandement. Tel est le sens du mot devoir, et c'est ce qui le rend si désagréable à certaines oreilles; mais il ne s'agit pas d'un commandement arbitraire. Inintelligence ou mauvais vouloir, on dénature la morale religieuse en la représentant comme l'obéissance à un ordre quelconque d'un être supérieur, en considération du pouvoir que cet être supérieur aurait sur nous : il ne s'agit pas de force, il s'agit de droit. La moralité implique un être supérieur à l'agent moral, parce qu'elle implique en cet agent une nature déterminée qu'il ne saurait s'être conférée à lui-même, car s'il était absolument ce qu'il veut, le bien pour lui serait simplement sa volonté de fait, ou plutôt le mot bien n'aurait pas de sens, une idée ne pouvant être conçue comme existant indépendamment d'un sujet qui la représente. Le bien de l'agent consiste à réaliser librement la nature qu'il a reçue, à mettre en acte la puissance qui le constitue, à se faire tel que Dieu l'a fait, à se vouloir tel qu'il est. Le mal consiste donc à se vouloir d'une autre manière. Le mal est multiple, le bien est un. L'expérience ne nous fait connaître d'autres sujets moraux que les personnes, dont nous sommes une. Elle nous montre ces personnes naissant les unes des autres et déterminant réciproquement leur condition. Au-delà du milieu dont nous procédons, la raison nous élève à l'être en soi dont le monde et l'humanité procèdent. Le bien moral sera donc pour nous de nous vouloir et de nous conduire comme membres de l'humanité, de déployer et d'exalter notre être propre au service de l'humanité, cherchant à l'unir en elle-même pour nous affermir avec elle en Dieu, pour nous replonger avec elle dans la source de notre existence, car ici se perdre c'est se trouver, et se réaliser, c'est s'anéantir.

Vivre en commun de la vie divine, tel est le bien. Dès lors aussi le mal sera pour nous de nous vouloir et de nous conduire comme si nous possédions par nous-mêmes ce que nous avons reçu : ce sera l'orgueil, l'athéisme pratique, auquel l'athéisme spéculatif ajoute bien peu. Le mal sera de nous vouloir isolément, de nous séparer du corps dont nous sommes un membre, — soit l'égoïsme de la dévotion ascétique et contemplative, soit l'égoïsme irréligieux de l'avare, de l'ambitieux, du voluptueux. Enfin le mal sera encore de ne pas nous vouloir du tout, d'obéir aux instincts, de céder aux passions, de nous laisser dominer, d'aller au fil de la rivière — la faiblesse, la lâcheté. La morale pratique est une médecine de l'âme, qui suppose d'abord une pathologie dont nous venons de marquer la donnée.

CHAPITRE V

CRÉATION, ÉVOLUTION.

Le spectacle du monde que nous rapportons à une chute semble impliquer l'unité de conscience du sujet tombé. Le besoin de croire en Dieu me fait penser que la solidarité du mal moral doit être juste ; l'impératif qui m'oblige à combattre le mal chez les autres aussi bien qu'en moi, l'impossibilité d'atteindre le mal en moi sans le poursuivre chez les autres m'apprennent de la façon la plus claire qu'elle est juste effectivement ; donc l'auteur du mal est un et nous sommes compris ensemble dans son unité. Au point de vue du nominalisme qui ne trouve dans le monde et dans l'humanité qu'une collection d'êtres isolés, indépendants les uns des autres, au point de vue d'un empirisme timide qui ne veut rien voir au-delà de ce qui apparaît dans le présent, la reversibilité morale est assurément une parfaite injustice, mais en fait on ne saurait en contester l'existence, et la conscience morale nous arrache à toutes les formes de ce particularisme exclusif en nous montrant dans l'unité voulue et librement réalisée notre véritable idéal. C'est à peu près tout ce que nous pouvons dire pour établir la théodicée : il nous semble que c'est assez. Sans répondre à toutes les questions, cela permet d'espérer que l'expérience n'apportera pas d'obstacles insurmontables à la croyance dont notre constitution morale a besoin.

I

Mais où placer, mais comment se représenter cette créature primitive qui subsiste encore en nous ? Ici s'étend un nuage dont la tremblante lueur des conjectures ne fait qu'épaissir l'obscurité. Et d'abord que peut-on entendre par la création d'un être libre ? La volonté créatrice évoque-t-elle instantanément à l'existence un organisme achevé, dans un milieu convenable, soit que ce milieu préexistât, soit qu'il surgisse avec lui ? Ce qui, dans notre expérience, est le produit de la vie, fut-il une première fois un antécédent de la vie ? Les fleuves du Paradis étaient-ils bordés d'ormeaux séculaires ? Le premier homme a-t-il été créé adulte, avec toutes les circonvolutions, toutes les différenciations que l'anatomie constate ou devine dans le cerveau d'un civilisé, descendant d'une race civilisée qui a beaucoup pensé, beaucoup agi, beaucoup choisi? S'il possédait de tels organes, il avait aussi les sentiments, les penchants, les besoins, les concepts dont ces organes sont l'expression, le produit et l'instrument ; s'il était extérieurement déterminé il l'était intérieurement, il l'était sur tous les points sauf sur le point essentiel. C'est ce qu'il n'est point aisé d'entendre. Un être déterminé n'est plus libre au sens où nous avons besoin de prendre ici le mot liberté. Si sa nature est achevée en dehors du mal, on n'entend plus comment le mal trouve accès en lui. En faisant du premier Adam une peinture magnifique, en lui donnant un sentiment très vif, très distinct de la présence et de l'action de Dieu, les théologiens ont rendu sa faute si grave qu'elle devient impossible. L'être libre se fait lui-même ce qu'il est; avant d'avoir agi il ne peut donc pas être, au sens complet du mot être, il ne peut pas être ce qu'il est appelé à devenir. D'ordinaire on semble entendre la Création comme une véritable confection, avec ceci de plus que l'ouvrier produit son étoffe. Ainsi la créature n'aurait eu qu'à rester immobile pour réaliser la perfection. Nous ne saurions entrer dans ce sentiment : la créature doit passer de l'innocence à la sainteté ; moralement, ce qui signifie véritablement, elle doit passer du non-être à l'être. La fin ne saurait être cherchée que dans l'union volontaire de la créature et du Créateur, et pour que l'acte de s'unir soit possible, il faut un état antérieur de séparation : le mal serait d'élargir cette séparation préalable ou simplement de la confirmer. Pour apprendre à marcher, il faut que l'enfant soit détaché de sa mère, mais sa mère lui tend les bras, il faut qu'il s'y jette, il cherra bientôt s'il va d'un autre côté, ou s'il s'obstine seulement à rester debout. Mais la séparation préalable est indispensable. Cette séparation, c'est la Création. Comme la création d'une substance est une absurdité, *contradictio in adjecto*, une idée irréalisable par quiconque essaiera de définir les mots qu'il emploie, nous ne pouvons entendre sous le mot création qu'une différenciation dans l'être, l'isolement, l'affranchissement d'un germe appelé à se réaliser à part, en raison de quelque dessein.

Tel est l'élément négatif de la Création, que nous ne saurions éviter, à moins de concevoir Dieu même, antérieurement à la Création, comme un être relatif, ce qui ne ferait que reculer la difficulté, non pour l'atténuer, mais pour l'accroître. La Création serait donc l'émission d'un germe appelé à développer lui-même la puissance de la vie morale. C'est ainsi que nous comprenons cette évolution où les naturalistes semblent poussés par des évidences qui prévalent de plus en plus sur les scrupules philosophiques et sur les répugnances religieuses de plusieurs d'entr'eux. L'évolutionnisme vulgaire répond à l'empirisme exclusif, lequel, dans sa théorie de la connaissance, arrache systématiquement à l'esprit ce qui en fait l'être et la vigueur. Celui qui cède à l'induction sans se renier lui-même place l'acte avant la puissance et comprend l'évolution comme une réponse à l'évocation, comme une incubation de la liberté. Peu lui importe que cette façon d'entendre la succession des phénomènes ait été le plus souvent associée à des aspirations vers le panthéisme. Ce n'est pas le premier malentendu, ce ne sera probablement pas le dernier ; ce ne serait pas non plus la première fois que les tables auraient été retournées.

Mais quels que soient ses titres à notre confiance, l'idée que l'évolution est la forme choisie pour la Création ne lève pas toutes les difficultés, loin de là. L'aspect présent du monde et sa genèse apparente, telle que la science nous la donne, accusent l'action d'une intelligence immanente, intelligence bornée, quoiqu'infinie relativement à la nôtre, et luttant contre des obstacles ; c'est pourquoi nous continuons à y voir l'œuvre de la créature, qui produit son corps et ne prend possession de la liberté prédestinée qu'avec l'achèvement d'un organisme approprié. L'évolution de l'homme individuel, du *microcosmos*, nous paraît être le symbole le plus exact comme elle fournit le symbole le plus naturel de l'évolution universelle. Ainsi nous aurions littéralement Dieu pour père, bien que les interprètes officiels de Celui qui nous a enseigné à le nommer notre Père ne veuillent pas que nous soyons ses fils, attendu, disent-ils, qu'il n'a qu'un fils, tiré de sa substance, tandis que nous sommes, nous, d'une autre substance.

Mais nous n'entendons point cela.

II

Si la chute entraîne une responsabilité, comme nous devons le penser, elle suppose chez l'agent un libre arbitre effectif ; il faudrait donc placer cette chute au terme relatif, ou plutôt au cours de l'évolution naturelle, et, suivant la tradition consacrée, l'attribuer au premier couple humain. Nous n'y trouvons d'insurmontables difficultés ni dans les précédents qu'il faut supposer, ni dans les suites.

Et d'abord quant aux suites, il est évident, nous le répétons, que la succession des générations n'est qu'un être qui se perpétue. Intègre ou altéré, innocent ou coupable, nous étions tous Adam s'il y eut jamais un Adam, et nous ne connaissons aucune objection solide à son existence. Que nous ne puissions pas nous repentir de son péché, cela prouve simplement notre faiblesse; combien de nos fautes les plus personnelles dont nous ne saurions nous repentir, parce que nous les avons parfaitement oubliées. Mais en fait nous pouvons, nous devons nous repentir de cette chute et nous nous en repentons effectivement. Nous pouvons et nous devons nous en repentir car nous pouvons et nous devons nous identifier par l'amour à l'humanité tout entière; la sécheresse d'un dogmatisme frivole est seule à condamner les pleurs et les prières qui cherchent à laver l'âme des trépassés. Par le fait nous pleurons le péché d'Adam dans nos propres péchés, puisque notre conscience nous oblige à nous en accuser comme si nous eussions été capables de les éviter entièrement, tandis que la réflexion nous montre qu'il n'en est point ainsi, mais que les limites réelles de notre liberté restent indéfinissables. Ceux qui ont compris la solidarité morale, ceux qui se reconnaissent à chaque instant instruments ou complices des torts d'autrui, quoique leur générosité répugne peut-être à rejeter sur d'autres une part de leurs propres torts, ceux-là doivent ou nier absolument toute responsabilité morale[1] et succomber au déterminisme naturaliste, ou reconnaître le péché d'Adam comme étant réellement leur propre péché.

Quant aux antécédents, l'opinion qui attribue notre inclination vicieuse et la solidarité du mal à la chute du premier homme ne rend pas compte du fait assez évident que la souffrance et la mort, la lutte pour l'existence, ont précédé son apparition. Ceux qui font un crime au brochet de manger les tanches y verront sans hésiter la préexistence du mal moral. Mais supposer que les tigres broutaient l'herbe dans le paradis serait un expédient illusoire, des tigres pareils au-

---

1. La responsabilité légale étant réservée, suivant la distinction lumineuse de M. Lévy Bruhl.

raient eu nécessairement un tout autre appareil digestif que nos félins et n'auraient plus été des tigres. En termes plus généraux, on ne saurait admettre après l'apparition de l'homme des altérations assez profondes dans le théâtre de l'humanité pour donner lieu à tous les phénomènes que notre sensibilité voudrait supprimer. S'il est permis de poser en axiome que dans un ordre de justice la souffrance et la mort doivent avoir le mal moral pour origine, il faudrait considérer notre chute comme antérieure à l'évolution. Le travail de la nature deviendrait alors un commencement de restauration, où la puissance du bien serait en lutte contre une puissance du mal déjà constituée. Le mal étant, par définition, la négation de l'être, un effort pour s'établir en dehors des conditions de l'être, une volonté réelle tendant à l'anéantissement, le point de départ de l'évolution, — matière diffuse ou ce qu'on voudra — serait le produit du mal primitif, l'esprit éteint, l'esprit suicidé, et pourtant subsistant encore en vertu d'une loi plus forte que sa tendance à la destruction, un esprit dont la perversité se ranimerait avec son retour à la vie, mais pour être incessamment surmontée. Ce dualisme semble bien être la leçon des phénomènes pour celui qui en considère l'ensemble avec sympathie. Nous ne saurions ni l'écarter péremptoirement ni l'adopter sans hésitation. Il ne nous semble pas indispensable et ne nous sort pas de tout embarras. Il ne nous semble pas indispensable : il accorde beaucoup à la sensation, peut-être trop. Que les animaux se mangent les uns les autres est un détail sans grande importance du moment qu'ils sont sujets à la mort. Qui sait, sans l'avoir éprouvé, si cette fin n'est pas la moins douloureuse. Et la mort est le corrélatif inévitable de la naissance dans un milieu circonscrit. Sans la mémoire et la prévision, la souffrance d'un moment serait peu de chose. Quant à nous, si la réalité morale est l'important, prenons garde qu'elle implique la victoire sur soi. Si la conscience de l'obligation doit s'évanouir, c'est dans la joie du sacrifice, la douleur est un condiment sans lequel l'univers s'affadirait. Ceci n'est pas l'expression d'une dévotion exaltée, c'est le langage du sens commun; la thèse contraire est celle du sensualisme qui se laisse choir. N'alléguons donc pas comme une évidence que l'actualité de la douleur exige pour antécédant la réalisation du mal moral. La béatitude veut être acquise. D'ailleurs, quand nous aurions reculé la chute par delà le monde où règne la mort, nous n'en serions pas beaucoup plus avancés. Nous comprendrions plus facilement, nous nous expliquerions d'une façon moins répugnante à nos instincts quelques particularités importantes de l'économie actuelle, mais nous ne verrions pas mieux ce que pouvait être cette créature dont la chute a produit notre univers, cette créature que nous sommes. Nous en serions toujours à nous dire : l'être libre est celui qui se fait lui-même ce qu'il est; et cependant un choix libre implique une conscience accessible à des motifs qui répondent à des besoins, une nature devenue et déterminée. » A mettre une évolution avant notre évolution serions-nous beaucoup plus avancés ?

III

Nous avons essayé, nous avons tâtonné, nous renonçons à choisir ; mais ne pas tout savoir n'est pas nécessairement tout ignorer. Nous ne pouvons pas nous représenter l'auteur de notre destinée ; nous ne savons pas où le placer. Nos origines restent plongées dans une impénétrable obscurité. Mais voici ce que nous savons : la solidarité des volontés, des caractères et des destinées que nous subissons comme fait est notre condition normale puisque la charité la veut. La charité accuse et démontre ainsi la réelle unité de l'espèce et du monde, et nous permet d'attribuer l'existence du mal à quelque faute de notre auteur. En sa généralité cette doctrine de la chute ne nous est d'aucun secours pour expliquer l'inégale distribution de la fortune et de la santé, des lumières et des exemples, des occasions et des tentations ; nous cherchons en vain la justice dans les destinées individuelles, mais nous cessons d'accuser le sort lorsque nous cessons de nous prendre nous même pour but. N'ayant pas pour fin la science, mais la pratique, nous en savons assez sur l'ordre du monde lorsque nous y voyons clairement la ligne de notre devoir. Ainsi, malgré les dédains dont les fatalistes et quelques théistes prévenus accablent cette idée, nous pouvons concilier avec un ordre de justice les déterminations intérieures et les pressions du milieu qui rendent la violation de la loi morale pratiquement inévitable, en y voyant une nature acquise par l'effet d'une déviation dont nous nous serions rendus coupables dans notre unité originelle.

Cette chute a consisté sans doute et consiste encore dans le dessein de s'élever, dans la volonté de se constituer une existence indépendante, en faisant abstraction du Créateur.

Le mal physique se concevrait alors naturellement comme une suite et comme un remède du mal moral, sans qu'il soit toutefois indispensable de lui assigner une telle origine. Conduit à ces deux idées de l'unité créée et de sa chute par un faisceau d'inductions puissantes, nous pouvons leur prêter créance sans avoir réponse aux questions relatives au mode de la création, à l'état de la créature antérieur à la chute, à la représentation de cette catastrophe ainsi qu'à ses premiers effets. Il nous suffit d'entrevoir que malgré tout, le fait du monde n'est pas nécessairement incompatible avec la réalité de l'être idéal où nous trouvons la seule raison possible de toute existence quelconque pour que nous affirmions cette réalité, parce que cette affirmation est un impérieux besoin de notre esprit et de notre cœur, notre démarche naturelle. Nous devenons hommes en affirmant Dieu.

IV

Suivant les réflexions précédentes, l'expérience ne nous entrainerait pas à répudier la croyance en Dieu, quoiqu'elle oppose à son maintien des difficultés très sérieuses. En aucun cas, l'idée d'un Dieu juste et bon ne saurait résulter de l'inspection des phénomènes, en supposant l'esprit vide au début de sa recherche et guidé par des lois purement formelles, soit qu'on envisage ces lois comme innées à la conscience, soit qu'on se flatte de les expliquer, avec la conscience elle-même, comme un effet du monde extérieur sur l'organisme. Il y a eu des empiristes croyants ; il y en a peut-être encore, parce que les traditions sont très puissantes et que le même esprit peut subir l'influence de deux traditions contraires sans en épuiser aucune et sans apercevoir leur contradiction ; mais l'empirisme lui-même est athée. Très instructives dans le détail, très concluantes pour ceux qui sont déjà persuadés et ne demandent qu'à l'être davantage encore, les preuves de l'existence de Dieu tirées des admirables dispositions de la nature et des merveilleuses dispensations de l'histoire n'aboutissent pas, et repoussent celui qui les voit rejeter dans l'ombre le côté lamentable, la moitié tragique des réalités. Mais la croyance en Dieu est la planche qui soutient notre tête au dessus des flots, c'est le ressort de notre pensée, c'est l'impérieux besoin de notre cœur, c'est l'*a priori* substantiel comprenant en lui toute loi formelle, c'est la raison prenant conscience d'elle-même, c'est l'acte par lequel l'homme se dégage de la matière et se constitue dans l'humanité. Ces assertions ne sont pas l'expression de l'enthousiasme, elles sont pesées. Qu'il y ait des athées fort intelligents et fort honorables, nous sommes loin de le contester, mais s'il y a des croyants qui, logiquement, ne devraient pas croire, à plus forte raison y a-t-il des incrédules qui devraient croire, ou plutôt tous les incrédules devraient croire s'ils étaient véritablement logiques. Les premiers ne croiraient pas s'ils tiraient régulièrement les conséquences des principes posés par eux dans la théorie de la connaissance. Les autres, qui restent conséquents aux mêmes principes, ont péché contre une logique plus intime et plus profonde en acceptant ces principes. Ils se renient, ils s'annihilent eux-mêmes par le rejet de l'*a priori*. Formellement, la négation de l'*a priori* c'est la négation de l'esprit par lui-même, substantiellement, la négation de Dieu est la négation de l'*a priori*. Le raisonnement le plus simple sur l'objet le plus vulgaire, toute démarche de la conscience dominant la sensation immédiate, toute possibilité de nous entendre les uns les autres, toute parole suppose un ordre partiel, inexplicable s'il n'est compris dans l'ordre universel. Le pur idéalisme subjectif et le pur matérialisme semblent échapper à l'évidence de cet argument; mais l'idéalisme, qui supprime l'objet sans en expliquer l'apparence, le matérialisme, qui escamote le sujet et, tout en le niant, le suppose inévitablement, sortent ensemble des conditions de la pensée. La finalité, que l'athéisme combat avec des raisons puériles et dont il exalte la négation au rang d'un dogme et d'un devoir, est pourtant au fond de toute notre pensée, de toute notre activité. Nul ne songe sérieusement à le contester; mais nul, à notre connaissance, n'explique comment un mouvement où l'antécédent n'est jamais déterminé par le conséquent peut tourner brusquement à l'ordre contraire. Cette persistance à nier la finalité dans le tout après l'avoir constatée en un domaine de ce tout ne blesse peut-être pas la loi de la causalité telle qu'elle est comprise dans l'hypothèse matérialiste, qui l'étrique et qui la trahit, mais elle contredit très certainement le vrai principe de causalité, la loi mentale effective qui a donné naissance à l'hypothèse matérialiste aussi bien qu'à toutes les autres suppositions sur la nature des choses, en nous faisant chercher le moyen d'ordonner notre pensée sur un principe capable d'exister par lui-même et d'être compris par lui-même. L'esprit suppose l'ordre, il l'affirme, et l'ordre implique la fin. Nous ne pouvons raisonnablement concevoir le monde que comme allant vers quelque fin, parce que le dessein même de comprendre le monde n'est qu'un effort pour réaliser notre propre fin. Et la fin, c'est la perfection, et nous ne saurions concevoir de perfection que la perfection morale, le reste n'ayant en soi-même aucune valeur. C'est donc en vertu d'une nécessité intérieure, ou mieux en suivant au propos de ne pas nous renier, qu'en dépit des effroyables démentis de l'expérience, nous persistons à chercher la raison d'être de toutes choses dans la volonté que le bien soit. Telles sont les conclusions de cette raison intuitive si démodée qu'il est de bon goût de la persifler. Ceux qui les renient renient en elles l'humanité et travaillent mentalement à s'annihiler. Seulement, ils ne sauraient détruire de cette manière le cadre qu'ils n'ont pas dressé, et quant à l'annihilation mentale et morale, ce n'est pas l'œuvre d'un seul jour. C'est pourquoi nous trouvons de vrais savants et des gens de bien parmi les adeptes de l'athéisme. Leur vie mentale et morale s'alimente aux eaux des sources qu'ils travaillent à obstruer. Il faut que leurs thèses passent à l'état de préjugé universel avant que les conséquences pratiques en soient tirées, et il faudra que ces conséquences aient été tirées pendant quelque temps pour mettre l'expérience en mesure de les apprécier. Le XVIIIe siècle a disséminé l'athéisme dans les classes lettrées. Aujourd'hui, la propagande s'exerce sur le peuple : les Hovelacque, les Buechner, des esprits plus grossiers encore sont les instruments propres à cette besogne. Nous avons eu la Terreur, il est permis d'espérer que nous verrons mieux.

V

Tout savoir n'est en vérité qu'expérience, mais l'expérience n'est pas plus la sensation que la sensibilité n'est la vertu : la vertu, c'est la sensibilité soumise, et l'expérience est la sensation interprêtée suivant les lois de l'esprit. Chacun comprend ces vérités élémentaires et les traduit à sa façon. Les deux éléments sont mêlés partout, leur juste proportion, voilà ce qui importe et qui assure l'intimité de leur combinaison. Trop docile aux apparences dans son explication des faits, nous avons vu la raison se supprimer sous les formes du sensationisme, de l'athéisme et du pessimisme ; tandis que le sentiment exclusif de sa supériorité l'a conduite à s'adorer elle-même — une autre figure de l'athéisme, qui se traduit logiquement par le mépris du détail, les explications risquées, les constructions symétriques et le formalisme, moralement par ces préoccupation d'esthétique en toute chose qui sont la sensualité de l'intelligence et par un optimisme de façade, aisément consolé des malheurs d'autrui. Ces traits nous semblent définir passablement le tour imprimé à la pensée allemande par la philosophie de Leibniz. La Critique de Kant ne les a pas modifiés très sensiblement, quoiqu'il en semble : elle n'a pas encore entièrement fermenté, et le meilleur de son œuvre reste à faire ; c'est pourquoi le kantisme est encore si jeune, tandis que les doctrines qui croyaient en procéder sont presqu'oubliées. La subjectivité du temps et de l'espace se trouvait sous une autre forme chez Leibniz, mais le grand paradoxe de Kant, la liberté intelligible, si semblable et pourtant si supérieure à l'idée du Bien de Platon, la liberté intelligible, dernière raison de toute différentiation et de tout phénomène, le mal radical, la perversion sans laquelle l'état présent du cœur humain, la marche de l'histoire et tout enfin resteraient d'indéchiffrables énigmes, la forte distinction entre le déterminisme de la science, qui ne systématise qu'une illusion, et la croyance fondée sur l'impératif moral, qui seule arrive, dans un intérêt pratique et dans la forme adaptée aux besoins pratiques, à saisir un lambeau de la vérité, tout cela est tombé à terre, le vent ne soufflait pas de ce côté, il n'y souffle pas fréquemment. On ne prit à Kant qu'assez peu de chose, et ce qu'on lui prit, on le travestit. Fichte seul tenta de pousser dans la direction marquée. Pareil au paladin blessé dans la montagne, il embouche le cor d'une puissante haleine, et c'est l'Ironie qui lui fit écho [1]. Le contentement de soi, l'indifférence morale qui régnaient alors ne permettaient pas d'entrer dans la voie de Kant et de Fichte. Les uns cherchaient dans l'art, les autres dans des constructions et des méthodes qui, sous prétexte de science,

---

[1] De Frédéric Schlegel. Nom du système qui étend la liberté absolue de Fichte, c'est-à-dire le suprême désintéressement, le dépouillement absolu, dans le sens d'un dilettantisme esthétique affranchi de tous les devoirs.

ne sont encore que de l'art, la satisfaction du besoin de produire et de s'enchanter soi-même. Qu'ils partent, avec Fries et les autres pseudo-kantiens, de la conscience individuelle, et se contentent de pressentir dans l'œuvre esthétique la conciliation de l'idéal et de la réalité ; que sur les pas de Herbart, ils s'efforcent de poursuivre la contradiction dans toutes ses caches et d'atteindre à travers les apparences du devenir l'atome vrai, l'être qui ne change pas ; ou que plutôt, instruits par Hegel, ils ne voient l'être que dans la loi du devenir, il importe peu : ces édifices d'aspect si dissemblable pèsent tous sur le même sol, ils procèdent tous de la même culture (*Bildung*), ils accusent le même état d'esprit, les mêmes dispositions morales (*Gesinnung*). Il y a là tout un beau choix de systèmes à l'usage de gens d'esprit bien portants qui trouvent que tout est bien et qu'ils sont très bien. Le culte momentané dont Hegel fut l'objet exprime l'adoration de l'esprit humain par lui-même sous sa forme systématique ; mais les philosophies encyclopédiques ne conviennent qu'au petit nombre, et dans son apparente précision leur formalisme servait d'enveloppe à des choses bien différentes, ainsi qu'on l'a vu par le schisme de l'école, il y a cinquante et quelques années. Hegel ne fut ainsi qu'une incarnation passagère : le dieu véritable était un poète, un vieillard, ministre et chambellan d'un tout petit prince, plus grand par l'esprit que par le caractère, le type achevé de l'épicurisme intellectuel.

Nous avons bu les mêmes eaux, le doctrinarisme et
l'intellectualisme éclectique sont l'expression et le fruit
d'une disposition semblable. La raison s'est trouvée,
la raison s'est affirmée, la raison s'adore. La déesse
Raison des fêtes révolutionnaires n'était pas l'objet
d'un culte, mais simplement la négation symbolique du
Dieu qu'on croyait renversé. C'est pendant la Restauration que la raison fut vraiment adorée, et le *Globe*,
où Jouffroy disait si bien comment les dogmes finissent, fut un moment son évangile. L'*a priori* — le
génie, non le système — régnait en politique avec les
doctrinaires et s'appelait la souveraineté de la raison.
Il convenait de penser, et l'on pensait que la raison
s'incarnait dans la bourgeoisie aisée, laquelle infailliblement gouvernerait suivant la raison, c'est-à-dire
apparemment dans l'intérêt de tous et non dans son
intérêt exclusif. Il convenait de penser et l'on pensait
que la machine constitutionnelle était assez solide pour
résister à toutes les pressions comme à tous les chocs,
de sorte que posséder la majorité dans le parlement,
de quelque prix qu'elle fût achetée, équivalait à posséder l'assentiment du pays légal et garantissait l'obéissance de la foule. Au premier accroc, on renversa
la dynastie pour assurer le respect d'une Charte dont
le premier article proclamait l'inviolabilité de la Couronne ; on remania la Charte et le parlementarisme
refleurit mieux que jamais pour quelques années. L'*a
priori* trônait dans l'école sous le nom fort impropre
d'éclectisme. Du sommet de l'évolution mentale, qu'il

prétendait occuper, cet idéalisme d'emprunt se piquait de faire la part du bien et du mal à chacun des quatre systèmes auxquels il prétendait tout ramener. Au fait, il paraphrasait simplement l'un des quatre, dont il allongeait d'eau les théorèmes en supprimant leurs démonstrations. A quoi bon démontrer, les jugements de la raison impersonnelle étaient infaillibles, et Pierre ou Jean servaient indifféremment d'organe à la raison impersonnelle à la seule condition de porter son jugement sans s'être dit que c'était lui, Pierre ou Jean, qui pensait cela. La raison impersonnelle s'adore béatement dans l'éclectisme comme dans l'idéalisme allemand dont l'éclectisme était une dilution. Victor Cousin, son pontife, n'ayant pas réussi à faire passer la philosophie de Schelling et de Hegel comme sienne, la présenta du moins comme vraie [1], jusqu'au jour où les nécessités du gouvernement lui firent comprendre que, vraie ou fausse, il fallait la quitter sans le dire et reprendre le théisme anthropomorphique pour la tranquillité des familles et la sécurité du trône de Juillet. Alors l'éclectisme, qu'on ne connaît plus guère, devint le spiritualisme que nous savons, après s'être fait appeler pendant quelques jours *cartésianisme*, pour masquer la révolution sous les couleurs nationales. Avec quelques coupures et le changement de quelques mots, les mêmes livres purent servir successivement à l'enseignement de deux religions qui s'étaient longtemps combattus. Radicale dans la doctrine, cette

---

[1] *Fragments philosophiques*. Préface de la seconde édition. p. XL.

conversion n'atteignait pas la tendance. L'*a priori* régnait toujours sous une autre forme ; c'est lui qui décidait ce qui, dans les circonstances données, devait être tenu désormais pour la vérité. L'idéalisme rétrogradait sans se transformer. Il reculait vers ses origines ; mais c'était toujours l'optimisme, avec sa dureté, sa sécheresse et sa superficialité voulue. Ce qui est, c'est ce qui doit être, et s'il y a des choses qui ne dussent point être et qui soient tout de même, eh bien ! nous n'y regarderons pas, nous n'en tiendrons aucun compte, quelque place que ces choses occupent dans l'existence du grand nombre, dont nous n'avons pas non plus grand souci. La question du mal était omise ou brusquée, les problèmes concrets de la morale étaient négligés, l'observation psychologique, prise comme enseigne, s'éteignait dans les classifications convenues. Fière de l'ordre apparent qu'elle avait établi dans son empire, contente d'elle-même sans s'examiner de trop près, « la Philosophie » prononçait que tout est bien.

Le socialisme et la révolution de Février mirent un terme à cette béatitude, et la semence du pessimisme tomba dans un terrain bien préparé. Le pessimisme est une résurrection de l'expérience, qui se relève, encore drapé dans les suaires de l'*a priori*. Comme conception spéculative, il n'est pas tenable. Mélange confus d'inspiration personnelle et de doctrine apprise, il fourmille d'inconséquences qui en font une chose inintelligible. Ainsi quand Schopenhauer nie l'existence réelle du monde matériel, dont il fait un produit du cerveau, il oublie de nous dire ce qui reste du cerveau lui-même après que le monde matériel est éliminé. M. Ed. de Hartmann emprunte sans façon sa conception de l'être à J. Bœhme, à Schelling, à Spinosa, disant avec quelque raison à son point de vue qu'il n'y a qu'une philosophie ; c'est-à-dire ici que l'esprit, lorsqu'il veut comprendre le sens du mot être, ne peut que tourner son regard en dedans et chercher à plonger au fond de son puits : l'être est puissance, puissance active, effort, poussée, affirmation, volonté d'être. Cela sera senti pareillement de tous ceux qui se posent la question, gens dont le nombre n'est pas grand. Mais lorsque M. de Hartmann essaie d'établir par le calcul que la somme des douleurs surpasse la somme des plaisirs dans notre monde, il s'abandonne évidemment à sa fantaisie, car les éléments du calcul ne sont pas donnés. Il pousse l'arbitraire à l'extrême en universalisant le résultat d'une expérience aussi restreinte ; enfin il contredit la loi même de la pensée quand il essaie d'expliquer cet insuccès de la Création par l'impéritie du Créateur, lequel n'arriverait à l'intelligence que dans son produit. Une hypothèse de cette famille n'a de place nulle part. Celles de la science doivent comporter une vérification possible, directe ou indirecte, péremptoire ou progessive ; les affirmations invérifiables de la pensée spéculative doivent être l'expression de ses propres besoins, et non point un expédient pour faire rentrer sous une loi quelconque telle ou telle portion des phénomènes. Toute philosophie procède du besoin de mettre l'ordre et l'unité dans la pensée, en trouvant l'ordre et l'unité dans l'univers. Mais l'ordre et l'unité ne sont que les côtés abstraits, le cadre de la perfection ; cela ne suffit pas à l'esprit, dont le vrai besoin est d'affirmer la perfection dans sa réalité substantielle elle-même. Si décidément il est impossible de la concilier avec les phénomènes, il faut renoncer à spéculer et s'en tenir à la science inductive. On l'a dit avec beaucoup de sens, le vrai pessimisme ; c'est l'empirisme ; mais imaginer un principe unique de l'être et l'imaginer bête ou méchant, c'est obéir à deux aspirations contradictoires. L'unité de l'être n'est pas le résultat d'une induction légitime, l'unité de l'être est un postulat de la pensée, et le principe qui vous autorise à proclamer cette unité que vous ne sauriez vérifier vous interdit de la prendre pour mauvaise. Aussi bien le programme de M. de Hartmann « obtenir des résultats spéculatifs par la méthode inductive », est contradictoire en lui-même, et ce n'est ni l'induction, ni la spéculation qui lui ont donné son Inconscient, c'est tout simplement la philosophie antérieure, ce dont il convient d'ailleurs d'assez bonne grâce.

Mais si les systèmes pessimistes ont peu de valeur comme constructions logiques, leur importance n'en est pas moins considérable en ce qu'ils témoignent d'un retour sérieux de la pensée philosophique à l'observation des phénomènes. Pour ordonner les faits, il faut les connaître, et les faits de l'ordre moral ne se découvrent qu'à la sympathie. Schopenhauer et ses disciples ont parlé philosophie dans une langue à peu près intelligible à tout le monde, ils ont puisé dans la science une quantité de faits piquants qu'ils ont fécondés par la pensée et par la passion ; ils ont excité l'intérêt du lecteur indépendamment de leurs conclusions dogmatiques, c'en en est assez pour expliquer leur succès. Il y a mieux : en introduisant la compassion dans le temple de la Sagesse, en imposant le service des autres à des esprits systématiquement absorbés en eux-mêmes ou dans l'abstraction, en posant sérieusement le problème du mal en dehors d'une tradition religieuse dont la domination passée et les prétentions persistantes éloignent l'esprit des contemporains, le pessimisme a été l'instrument d'un progrès. Il a fait faire un grand pas vers la vérité, non peut-être à la pensée systématique, mais à la culture générale, à l'esprit du siècle, à la *Gesinnung ;* et ces progrès-là sont les vrais progrès, bien qu'une forme appropriée soit nécessaire à leur conservation. Toutefois, le pessimisme n'a raison que d'un apriorisme abstrait et paresseux, qui se tient à l'écart des faits pour n'avoir pas à les dompter. Il remplace un travers par le travers contraire et méconnaît les droits imprescriptibles de la pensée. Nous ne saurions désespérer aussi longtemps qu'il nous reste des devoirs et le moyen de nous en acquitter en quelque mesure. Le devoir accepté ramène l'espérance en nous montrant

Dieu nécessaire à l'accomplissement de ses prescriptions. Que l'empirisme explique à son loisir la manière dont la raison s'est constituée : la raison existe, elle est un fait et parle à ceux qui l'entendent un langage impérieux. Elle veut que le bien se fasse, elle veut qu'il soit possible, elle réclame, elle affirme tout ce qu'il faut pour qu'il soit possible. L'expérience nous montre que dans les conditions de l'existence actuelle ce bien ne saurait être réalisé. L'antagonisme de la raison et de l'expérience est lui-même la première des expériences, le grand fait qu'il faut poser avant tout pour s'orienter dans la théorie aussi bien que dans la pratique, on ne le méconnaît au profit de l'un des termes ou de l'autre qu'en détournant les yeux de l'évidence, en déplaçant, en faussant tous les rapports. Si l'on ne veut sacrifier ni l'évidence des faits à l'évidence intérieure, ni l'évidence intérieure à celle des faits, il ne reste donc qu'à tenir le mal, en dépit de tout, non certes pour insignifiant, ce serait s'en rendre complice, mais pour contingent et guérissable. Le problème de la philosophie est le problème du salut.

VI

Je devrais peut-être m'arrêter ici. Mon ambition n'était pas de présenter un nouveau système de philosophie encyclopédique, ni d'en remodeler et d'en compléter un ancien ; je voulais seulement poser quelques jalons, relever quelques écueils, mettre en lumière quelques points dont l'occupation est indispensable, rappeler en un mot quels sont les besoins auxquels doit satisfaire un système quelconque pour acquérir un titre légitime à l'attention. Je ne pense pas seulement à ceux du métier, mais à tout le monde, et si ce discours est déjà tombé quelquefois dans des discussions techniques, la faute en est à des habitudes invétérées peut-être autant qu'au sujet. Méthodiquement, toutes les questions sont solidaires, c'est mon excuse ; mais l'esprit ne marche point suivant les règles de la méthode, le plus souvent il possède les théorèmes avant d'en connaître la démonstration. « L'œuvre de la philosophie, disait J.-J. Rousseau dans un texte inédit communiqué par M. Naville, consiste à nous ramener de l'erreur à l'ignorance. » Je ne suis pas loin de souscrire à cette boutade du Genevois ; mais nous ne connaissons les ténèbres que par opposition à la lumière. Sur la mer d'obscurité qui nous environne, quelques phares indiquent des ports, quelques évidences rayonnent dans notre ciel noir ; il s'y faut orienter pour échapper au naufrage qui nous menace. Nul ne saurait les éteindre, sans doute, mais qu'importe, si la passion, déguisée sous les vêtements de la science, parvient à nous bander les yeux. C'est ce bandeau que je voudrais arracher, c'est sur ces points lumineux que je voudrais pouvoir fixer la pensée indécise, en me résignant à l'ignorance de ce qu'il n'est pas indispensable de savoir.

Ces points, connus sous l'équivoque appellation de religion naturelle, résument tout ce qui, dans les recherches philosophiques, a pu devenir populaire et peut-être aussi tout ce qu'elles renferment de sérieux. Le premier est l'affirmation d'un Dieu distinct du monde et cause du monde ; nous en avons dit ce qui nous semble nécessaire à notre objet. Le second point à considérer serait la causalité divine, le rapport entre le Dieu transcendant et l'objet de la science positive. Nous l'appelons Création, pour exprimer que l'existence du monde est contingente et résulte d'un pur acte de volonté, par opposition à toute idée d'une nécessité quelconque inhérente aux perfections divines. Et nous sommes contraints de l'entendre ainsi, car si l'existence du monde était impliquée dans la définition de Dieu, l'être du monde, on l'a déjà dit, ne se distinguerait point de l'être de Dieu ; puis si la nature divine étant donnée, l'existence du monde se trouvait l'être également, ce serait forcément l'existence d'un certain monde déterminé, d'où la liberté de choix serait par là même exclue—panthéisme qui supprime la possibilité du rapport religieux, déterminisme qui ne laisse aucune place à l'établissement d'un ordre moral. Nous appliquons le nom de Création à cette idée formelle et négative en un certain sens, bien que sous un autre, très positive. Création, ce mot désigne la contingence par opposition à la nécessité comme caractérisant le rapport entre Dieu et le monde. Il signifie que le monde est quelque chose, quelque chose vis-à-vis de Dieu, un être qui limite réellement en quelque mesure l'être de Dieu, bien qu'il ne soit que par l'acte de Dieu. Nous nous savons autorisés à dire cela, sans nous flatter de très bien l'entendre. Mais quant au côté positif de la causalité divine, quant au mode de son action, nous ne le connaissons point et nous paraissons condamnés à l'ignorer toujours, car notre pensée ne saurait s'affranchir des conditions de sa propre existence.

Qu'un être produise un autre être, cela ne saurait s'entendre si l'intelligence consiste en un retour à l'identité; mais dans ces conditions, rien ne serait intelligible. Comprendre, c'est, pour nous, faire entrer l'inconnu dans les cadres du connu. C'est ce qu'il est impossible de faire pour l'idée de la création. Mais si nous ne pouvons la définir comme une espèce d'un genre, on a tâché de s'en approcher par quelque analogie. Nous l'essayerons à notre tour.

VII

La substance étant prise, au sens rigoureux du mot, comme le fond de l'être, comme ce qui existe par soi-même, la création d'une substance est une parfaite contradiction. Mais si l'on définit la substance avec Leibniz : « ce qui agit, ou ce qui peut agir », alors la difficulté diminue, parce que nous voyons tous les jours des sujets apparents d'action procéder de sujets apparents d'action. Il nous semble alors que nous comprenons ce que créer signifie, ou du moins qu'avec du travail nous pourrions arriver à l'entendre un peu. Pour nous assimiler l'inconnu, nous le comparons au connu, c'est-à-dire à l'accoutumé, qui lui ressemble. Parmi les idées que nous suggère l'expérience, il en est deux qui se rapprochent de la création par quelques traits : c'est la fabrication et l'engendrement. Fabrication, génération, création sont des manières de passer de l'un au multiple, en apparence du moins. Nous connaissons la fabrication par expérience ; ce procédé n'est directement applicable qu'à des objets inanimés et suppose l'existence préalable d'une matière ; il consiste à changer la forme de cette matière pour l'employer à quelque fin, le travail de l'ouvrier n'est achevé que lorsqu'il a mis l'objet en état de remplir sa fin. La Création ne pourrait se confondre avec une fabrication que si l'on admettait l'existence d'une matière indépendante de Dieu, ce qui simplifierait quelques problèmes, mais sans répondre au besoin qui les a fait surgir. On ne saurait d'où peut venir cette matière, on perdrait tout espoir que le mal disparût jamais, on renoncerait à l'unité. La Création n'est pas une confection, le Créateur produit la matière de son ouvrage. On ajoute qu'il crée de rien, mais ces mots n'ont pas de sens positif : il y a toujours dans l'esprit de ceux même qui les énoncent un antécédent de la Création, cet antécédent c'est Dieu lui-même. La pure matière étant identique à la simple possibilité, dire que Dieu ne tire pas de lui-même la matière du monde serait nier qu'il en renferme la possibilité, c'est-à-dire nier précisément ce qu'on affirme en disant qu'il a créé.

La portée effective du *ex nihilo* est d'exprimer que l'être de Dieu n'est pas diminué par l'acte de la création, qu'il ne souffre aucun partage : c'est ce qui distinguerait la création de la génération, dont la scission, le dédoublement est la forme élémentaire, et qui en conserve le trait essentiel à tous les degrés. Nous ne possédons pas une idée de Dieu qui nous permette de lui appliquer des déterminations de quantité, la foi ne saurait admettre qu'il se diminue, mais elle affirme absolument que nous tenons l'être de Dieu.

La génération se distingue de la confection ou fabrication par une autre différence : celle-ci donne un produit achevé, tandis que la première n'est qu'un ébranlement, une impulsion, un appel, l'émission d'un germe ou d'un minimum d'être formé, véhicule d'une puissance qui se réalise elle-même suivant une loi. Maintenant, laquelle de ces deux représentations convient le mieux à l'idée dont nous cherchons à nous rapprocher, laquelle des deux satisfait le moins mal aux conditions du problème tel qu'il est déterminé par l'induction expérimentale et par les postulats de la raison? Nous ne saurions hésiter dans notre réponse. Le rapport de la créature et du Créateur nous semble mieux symbolisé par celui de l'enfant et du père que par celui de la montre et de l'horloger. Notre préférence est motivée par des considérations d'ordres divers :

Raison *physique* ou raison d'autorité, pour le gros du public la plus importante : La paternité comme représentation du rapport causal a pour complément l'évolution comme représentation de l'effet, la succession des phénomènes, l'apparition des êtres créés. Or l'évolution, que l'irréligion s'est momentanément appropriée sans beaucoup d'égards pour la logique, nous paraît bien, ainsi que nous le disions tout à l'heure, l'inférence la plus légitime qu'on puisse tirer de la comparaison des faits observés. Du moins voyons-nous s'y ranger l'un après l'autre les savants les plus opposés aux interprétations des prédicateurs d'athéisme, tandis que l'opposition désarme et ne vient plus que des systèmes. On essaie avec raison de tempérer le dogmatisme évolutionniste en lui rappelant son impuissance à établir l'identité de l'affinité chimique et du processus vital, non moins qu'à réduire en mouvements la sensation et la conscience ; mais à tout prendre, au nom de la science, on ne condamne plus l'évolution.

Raison *morale,* très considérable à nos yeux, sinon la plus considérable : L'engendrement et l'évolution, le passage de la puissance à l'acte est à notre sens la forme d'apparition la mieux assortie à l'idée d'une créature libre. Ces deux mots : créature libre, impliquent une contradiction, qui se résout, comme toutes les autres, par une limitation réciproque. Être libre, c'est être ce qu'on veut. La créature, en tant que créature, n'est pas libre, elle est ce qu'on l'a faite ; mais on conçoit qu'elle ait été faite de manière à pouvoir se déterminer encore sur quelques points, et de la sorte s'achever. En tant que libre elle n'est pas créée, en tant que créée elle n'est pas libre. Plus complètement elle est déterminée, moins elle se produit elle-même, moins il reste de champ à sa liberté. Le libre arbitre des êtres conscients forme la condition pratique de la vie morale aussi bien que la condition logique d'une explication morale de l'univers, l'intérêt moral nous presse donc évidemment d'élargir son domaine et nous fait préférer l'évolution à la fabrication comme figure de l'activité créatrice. Nous suivons cette indication sans hésiter, car opposer l'évolution à la création comme deux alternatives, s'imaginer qu'on peut concevoir l'évolution qui amène l'esprit sans lui donner pour antécédent l'esprit en puissance, ou concevoir la puissance existant seule en dehors de l'acte — pour en être capable il faut d'avance avoir enterré sa raison sous les partis-pris massifs de l'empirisme systématique.

Raison *religieuse* enfin, où vient aboutir la raison morale : Êtres libres, nous devons vouloir librement notre nature ; créatures, nous restons naturellement unis à notre Créateur ; nous devons donc réaliser cette union naturelle, nous devons nous unir à Dieu par un acte volontaire, et par conséquent nous devons nous en trouver d'abord séparés, nous devons nous donner à Dieu, et pour se donner il faut s'appartenir, pour se posséder il faut se produire. La difficulté souveraine de la création consiste à concevoir la possibilité d'un être réel, distinct de la source de l'être. A défaut d'une pensée claire, où nous n'atteignons point, l'idée évolutionniste conduit au moins notre imagination aussi loin qu'il est possible d'aller dans la direction voulue. D'ailleurs la communion divine, l'objet de la religion, n'est pas compatible avec ce qu'un résidu persistant du dualisme matérialiste fait appeler à des théologiens attardés une opposition de substance et de nature. Nous voulons être enfants de Dieu, nous appelons Dieu notre Père, et il n'y a pas de religion vivante en dehors de ces termes-là. Engendrement, paternité, filiation seraient, au témoignage du sentiment religieux, les seules images naturelles de ce rapport, où toute nature prend son origine. Et si le sentiment religieux nous égare, s'il doit être corrigé dans ces matières, si le point de vue religieux n'est pas celui de la vérité, alors la religion tout entière est une erreur, elle tombe, et nos raisons de croire en Dieu tombent avec elle. Nous ne comprenons point, mais nous croyons que le monde est sorti de Dieu pour se réaliser comme être distinct, afin de donner un objet au divin amour et de rentrer en Dieu par son amour. Tel est le commencement et la fin de l'évolution universelle, dont l'évolution de la nature devient une phase.

VIII

A la prendre dans sa généralité, cette idée nous satisfait. Elle est la seule qui nous permette de concilier la réalité de l'être parfait, où se dirige spontanément notre pensée, avec l'expérience, qui ne nous montre pas plus dans l'univers un instrument joué par des mains divines qu'un mécanisme allant tout seul, mais qui nous y fait constater une vie propre, une intelligence innée, une lutte, un drame, des puissances en collision, car le panthéisme n'est pas vaincu tant que son prestige n'est point expliqué. Mais si nous essayons de préciser et d'aller au détail, nous retombons aussitôt dans la nuit. C'est toujours la question du mal, que nous ne voulons pas éluder et que nous ne pouvons pas résoudre. Tant que nous restons dans l'abstraction tout s'arrange assez bien. En psychologie, on ne saurait contester le passage de la volonté consciente et de l'effort à la nécessité et à la nature par l'intermédiaire de l'habitude. A répéter le même acte il devient plus facile, exige moins d'attention et finit par se produire machinalement, de sorte qu'il devient aussi plus difficile et finalement peut-être impossible de s'en abstenir. Ainsi nous déterminons notre nature par l'usage de notre liberté; ce qui est acquis à la nature est perdu pour la liberté; nous sommes ce que nous

nous faisons, et, plus généralement, être c'est se faire.

Mais en essayant d'utiliser ces aperçus pour expliquer notre destinée conformément à l'idée morale, on rencontre une difficulté que M. Renouvier nous oppose avec beaucoup de force [1]. Le mal est ourdi dans la chaîne et dans la trame du monde actuel, et ce monde nous paraît être l'évolution d'une puissance qui se réalise. Pour éloigner de Dieu la causalité du mal, c'est-à-dire pour conserver l'idée de Dieu, nous en attribuons l'origine au libre arbitre de la créature. Mais comment concevoir le libre arbitre, comment asseoir la responsabilité sans attribuer au sujet l'intelligence des alternatives qui se posent devant lui, la connaissance, ou tout au moins le pressentiment du devoir, une conscience distincte, qui ne saurait se comprendre avant l'action? Indétermination et libre arbitre s'excluraient donc, loin de se confondre. On comprendrait que le mal pût se produire au cours d'une évolution [2], on ne saurait en comprendre la présence à son origine, sinon comme effet d'une détermination antérieure. Ainsi l'évolution, formule du monde actuel, suppose comme antécédent la création de l'auteur de la chute, c'est-à-dire la création de l'être que nous sommes, soit par voie d'évolution, soit par quelque autre. Les inductions qui nous disposent à statuer l'unité de la créature ne

[1] *Critique philosophique*, juillet 1886.

[2] M. Armand Sabatier l'explique ainsi dans une étude fort intéressante que nous recevons en corrigeant ces pages, trop tard pour résoudre la question de savoir s'il serait à propos de les remplacer. (*Critique philosophique* du 31 janvier 1887.)

nous conduisent pas au point de nous en faire une représentation quelconque. La création d'un sujet moral, son altération subséquente ou sa chute sont des suppositions indispensables à notre propos d'obtenir une conception du monde conciliable avec l'autorité de l'idée morale et d'accorder l'expérience avec la raison sans sacrifier l'une à l'autre ; mais certain que la vérité se trouve de ce côté, nous n'arrivons point à la contempler, et la Création reste le mystère. Création, chute, ces vues ne sont pas seulement anciennes et très mal portées, elles ne suffisent pas à nous conduire au point où nous voudrions arriver. Elles ne nous ouvrent pas de chemin pour trouver la justice dans la condition des individus, et nous ne savons où placer ni comment nous représenter le sujet des premières déterminations morales. Hegel, Spencer, le théisme lui-même nous offrent des systèmes bien mieux construits, bien plus complets; mais en faveur de notre vieillerie énigmatique il y a ceci : qu'elle s'efforce de tenir compte impartialement de tous les éléments du problème suivant leur importance respective et sans en négliger aucun, ce qui n'est point le cas, ce nous semble, de ses rivaux plus corrects et mieux costumés.

LA RELIGION

TROISIÈME PARTIE

LA RELIGION

CHAPITRE PREMIER

BASE PHILOSOPHIQUE DE LA RELIGION, RÉSUMÉ DES RÉSULTATS OBTENUS

Nous affirmons la chute parce que cette doctrine nous fournit le seul moyen d'échapper aux cruels mensonges de l'optimisme sans abandonner le Dieu de la conscience. Nous croyons trouver l'origine de cette chute dans le désir naturel à l'être créé de se constituer d'une manière indépendante. Nous affirmons l'unité du sujet coupable pour la raison que la solidarité du mal règne en fait et veut être accordée avec la justice, que l'acceptation de cette solidarité fait notre vertu et son achèvement, dans la complète union de la création en elle-même et avec son auteur, la perfection de notre idéal. Mais tout cela ne donne pas encore une assiette à la pensée ; pour s'expliquer qu'un Dieu sage et bon ait abandonné les destinées de l'univers au libre arbitre d'un être imparfait, il ne suffit pas de constater que l'existence d'un monde moral était à ce prix, il faut croire que Dieu ne permet pas au mal de se produire sans posséder les moyens de le combattre et de le supprimer. Et, en effet, la raison nous dit que la révolte même de la créature doit être enveloppée dans l'immuable volonté du Créateur [1] et que le plus fort l'emportera. L'expérience, de son côté, ne nous montre ni le règne exclusif, ni le progrès uniforme et régulier du mal dans le monde, elle nous montre le mal très puissant, mais combattu souvent et parfois vaincu. Le progrès, dont on parle beaucoup, se présente quelquefois sous des traits assez équivoques, la marche de l'histoire sur notre planète inflige de sanglants démentis à l'opinion que ce qui est c'est ce qui doit être ; néanmoins, la comparaison entre l'état présent de l'humanité et les commencements relatifs de son histoire nous semble bien accuser un certain progrès, non seulement sous le rapport des moyens d'action, ce que nul ne conteste, mais dans la direction même de l'activité, ce qui est plus discutable

---

[1] Non pas dans le sens de la prédestination, ou d'une prescience qui n'est que la prédestination mal déguisée, mais dans le sens d'une puissance égale à toutes les alternatives.

et qui seul importe. La réalité serait donc ici conforme à l'apparence. L'histoire serait bien, comme il le semble, une lutte du bien et du mal, et finalement une œuvre réparatrice ; cette planète (car il faut nous y borner puisque, malgré le télescope, le spectroscope et la chambre obscure, nous n'apercevons rien au-delà), cette planète, disons-nous, serait le théâtre d'une restauration. Comment l'entendre ?

Observons d'abord que pour y croire, il n'est pas besoin de l'entendre du tout. Il suffit de reconnaître que l'induction nous conduit régulièrement à quelque chose de ce genre, que tout espoir est pour nous de ce côté, que tous les autres chemins sont barrés, comme ils le paraissent effectivement si l'on a compris qu'abstraire de la conscience morale dans la conception du monde est commettre un suicide intellectuel. Nous entrons ici dans le domaine propre de la religion.

I

A quelque opinion qu'il soit arrivé quant à l'origine des pratiques religieuses, quant aux racines du sentiment religieux et quant à la valeur de la religion pour la vie, un esprit impartial, plus ou moins informé par la lecture, reconnaîtra que les religions positives, des plus savantes aux plus grossières, ont pour objet de se concilier les dieux, d'apaiser les dieux ou le Dieu.

Le sachant ou non, la religion suppose donc un désordre, un rapport altéré qu'il faudrait rétablir. La religion part ainsi d'une supposition dont nous croyons avoir démontré la justesse. D'une manière tout à fait générale, nous l'approuverons, nous nous rattacherons à la religion, sans affirmer positivement qu'elle soit nulle part réalisée sous une forme parfaitement vraie, c'est-à-dire parfaitement adéquate à son essence, ni qu'elle puisse jamais produire ou rencontrer cette forme absolue.

Cependant si la religion, dans ses manifestations individuelles et collectives, représente l'effort de la créature morale pour rétablir son rapport normal avec le principe de son être, soit, en un mot, pour rentrer dans le bien, et si la restauration de ce rapport est effectivement dans les intentions du Créateur, ainsi que la raison nous l'enseigne, ce concours fournirait des présomptions assez fortes en faveur de l'idée que la religion, telle religion du moins, une ou plusieurs, serait d'institution divine, quelle que soit la manière dont on se représente une semblable institution. Par contre il ne saurait proprement pas y avoir de religion naturelle, en ce sens qu'une religion simplement naturelle ne pourrait pas être la religion vraie, parce qu'elle ne pourrait pas atteindre son but. Si la liberté de la créature est la condition d'existence d'un monde moral, cette liberté doit être réelle, les actes doivent en être suivis de leurs effets légitimes : la créature s'est séparée de son créateur, elle en reste donc séparée et dans l'impuissance de se réunir à lui. La religion naturelle serait le rapport de la créature morale avec son auteur si la chute avait été évitée, ce qui précisément n'est pas le cas. Mais la raison semble marquer le lieu d'une religion positive. D'un côté, nous trouvons la créature jetée hors du bien par sa faute, de l'autre, l'immuable volonté que le bien soit, l'immuable volonté que la créature veuille le bien. Ces deux termes se limitent réciproquement. La chute produit ses conséquences et ne produit pas toutes ses conséquences, la créature n'arrive pas à l'anéantissement où va son effort. Avec la tendance au mal, c'est-à-dire à la destruction de soi-même, qu'elle s'est imprimée et dont elle a fait sa nature, elle a conservé quelque chose de l'être, c'est-à-dire apparemment la sensibilité, l'intelligence, la volonté. Le salut de la créature ne consiste pas à détourner, à conjurer la colère divine, ainsi qu'il était si naturel de le croire et qu'on l cru si longtemps ; le salut consiste pour elle à se retourner du côté de Dieu, qui est toujours prêt à l'accueillir. Mais elle est incapable d'en prendre l'initiative ; car si elle pouvait la prendre, elle se trouverait dans sa condition première antérieure à la détermination critique ; l'initiative ne peut donc venir que de Dieu. La restauration, qui néanmoins ne saurait être que le redressement de la volonté créée par son propre effort, se présente naturellement sous la forme d'une suggestion. Dans le champ si borné de notre expérience, l'action d'une volonté individuelle sur une autre volonté individuelle, sans intermédiaires apparents, n'est plus contestée depuis que, ces jours derniers, l'accident heureux de la Salpêtrière, ceignant d'un nouveau laurier le front de la science officielle, a fait lever l'interdiction d'exister dont étaient frappés certains faits connus de tout temps. Déjà l'on a proposé et, suivant toute vraisemblance, utilisé la suggestion comme un moyen éducatif. De telles volontés directement introduites dans un sujet peuvent-elles identifier durablement à sa volonté propre, comme il arrive souvent des buts suggérés par l'exemple et par le discours ? Nous ne le savons pas encore et peut-être n'est-il pas indispensable que nous le sachions ; nous n'avons risqué ce rapprochement avec des faits dont l'attention publique est justement occupée que pour faire entendre notre sentiment, et non dans le but de le justifier, ce qui nous semble superflu. Nous avons suffisamment expliqué les raisons qui nous portent à croire en Dieu, raisons valables pour une famille d'esprits, sinon pour toutes. Mais si l'action d'une volonté sur une volonté doit être considérée comme surnaturelle, et déclarée impossible à ce titre, alors toute croyance en Dieu devrait être rejetée comme impliquant le surnaturel. Et c'est bien ainsi que l'entendent ceux qui s'entendent eux-mêmes. Nous acceptons ce surnaturel sans aucun scrupule. Et si l'on croit expliquer mécaniquement les suggestions de personne à personne en se fondant sur la similitude des organisations cérébrales (dont l'explication mécanique est elle-même encore à chercher), nous nous approprions très volontiers cette analyse, sous la réserve déjà formulée que les volontés, les représentations et les déterminations des volontés suivant les représentations suggérées seront pour nous le fait essentiel, et les cerveaux, les cellules et leurs mouvements, les vibrations de l'éther et tout le reste, l'accessoire instrumental, ce qui, de vrai, nous semble être le jugement du sens commun sur la matière. Nous n'avons pas besoin d'appuis semblables pour admettre que Dieu suggère à l'esprit créé des idées et des actions.

Une telle inspiration serait une seconde création s'opérant dans la première et suivant les conditions données par l'état de la première, dont le rôle ne saurait être une entière passivité, sans quoi l'être déchu ne serait pas relevé, mais simplement supprimé et remplacé par un être nouveau, ce qui ne satisferait point l'esprit et ne s'accorderait point avec les phénomènes. Il faut que la créature déchue se laisse opérer, il faut qu'elle accepte ce qui lui est offert, pour que l'esprit nouveau transforme l'ancien en se confondant avec lui, et l'amène à la condition, à l'attitude, à la place qui lui avait été assignée et qu'il aurait dû prendre dans l'origine. Cette parfaite identification, c'est le but poursuivi : c'est le salut. Au fond il y a bien substitution de l'un à l'autre, mais substitution limitée. Il faut que la créature renonce à la fausse indépendance dans laquelle elle s'est constituée et qui forme son être présent. Il faut donc que nous mourions à la vie présente, il faut que nous mourions à nous-mêmes pour revivre en Dieu, en ce Dieu qui travaille au dedans de nous et qui apparaît hors de nous sous les traits glorieux du bien à faire. Cette mort du vieil homme, cette vie nouvelle sont une seule et même chose, leurs progrès ne sont qu'un même progrès. Ainsi s'explique un fait intérieur que le pessimisme a peut-être entrevu, mais qu'il n'a pas bien compris, un fait qu'il est très facile, effectivement, de comprendre mal, dont la vue incomplète peut très aisément éblouir et conduire à de funestes aberrations, précisément parce qu'il tient à ce qu'il y a de plus profond en nous, je parle de ce qu'un poète à l'œil entr'ouvert sur les choses de l'âme a presque nommé la volupté du sacrifice [1] et qu'il vaudrait mieux appeler sa joie, car la volupté suit toujours la pente, tandis que la joie s'élève et nous élève. Mourir pour une noble cause, n'est-ce pas, dites-moi, le vœu secret, l'ardent soupir de vos meilleurs moments ? Nous sentons bien la fraîcheur de l'immortalité dans cette mort, mais nous n'en fixons point l'espérance. Nous ne songeons point à nous, nous voudrions nous donner, nous donner tout entiers, sans arrière-pensée. L'être créé s'est perdu dès le commencement en voulant se détacher de sa racine pour se donner une existence indépendante. Consumant ainsi la portion d'être reçue au départ sans pouvoir la renouveler, sa vie apparente n'est plus qu'une mort ; il faut qu'il retourne vers la source, il faut qu'il s'y plonge, il faut

---

[1] « Ivre de volupté, de tendresse et d'horreur. »

qu'il s'y perde. Se perdre en Dieu, c'est se trouver.
Vivre pour soi, c'est mourir ; mourir pour Dieu, mourir en Dieu, c'est commencer à vivre. Mais se perdre
en Dieu n'a point le sens d'une contemplation oisive
qui nous séparerait du tout auquel nous appartenons ;
l'individu fait corps avec l'humanité, il ne peut aller
à Dieu qu'avec l'humanité, en entraînant vers Dieu
l'humanité. Sans l'œuvre de la charité, la charité contemplative ne serait qu'une nouvelle forme, la plus
haute forme probablement, de notre maladie héréditaire, la dernière manière de nous vouloir autrement
que nous ne sommes. La vérité de la vie, la religion
inspirée, c'est le dévouement.

Ces rapports sont évidents, ce mysticisme est dicté
par la logique la plus élémentaire, du moment où l'on
admet une création. Mais pour s'expliquer comment
un si grand nombre accorde la prémisse sans en tirer
la conséquence, il suffit de rentrer en soi-même. On
y verra que la logique ne règle ni nos démarches, ni
nos opinions, parce que nous sommes déjà fossilisés,
crétinisés, parce que l'esprit n'a plus la force de s'enlever, parce que la raison défaillante ne prévaut plus
sur l'accoutumance et sur la paresse. Nous ne voulons
pas voir ce qui nous déplaît et, sous l'empire d'une
habitude impérieuse à l'égal d'un instinct, nous éloignons de nous tout ce qui exigerait un certain effort.
Outre le tort de rappeler un enseignement qu'on repousse avec passion et qui, nous l'avouons, a beaucoup fait pour se discréditer, ces conclusions, qui nous

semblent si claires, paraîtront d'ailleurs trop compliquées, trop épaisses, trop chargées ; on ne veut que des idées simples, extrêmement simples, et l'on s'en applaudit comme d'une marque de bon goût, tandis que le vrai motif de cette préférence est impuissance ou lâcheté. Tout au plus se résoudra-t-on à confronter deux idées, mais en peser à part trois ou quatre, puis les rapprocher pour faire droit à chacune, cela passe la mesure de ce que l'on peut accorder. Mieux vaut s'attacher à l'une d'elles, en tirer brillamment les conséquences, y plier de son mieux les phénomènes, et pour ceux qui n'y rentrent pas, les nier ou les ignorer. Ainsi se font les sectes et les systèmes. Ils n'ont pas tort, ceux qui disent que chaque système répond à quelque aspect de la vérité ; mais cette vue reste stérile aussi longtemps que le mot qui les concilie en les corrigeant n'a pas été prononcé.

Pour moi, j'ai creusé mes fondements, chaque pilier m'en paraît solide, mais je ne saurais bâtir sur eux un édifice sans recourir à l'imagination pour remplir de grands intervalles : ce que j'ai tenté n'est rien moins que complet et ne me satisfait qu'à demi. Quand je croirais pouvoir faire mieux, le but de cet ouvrage ne me permettrait pas de l'essayer ici. Dans toute construction encyclopédique, il y aura nécessairement des parties pratiquement moins importantes les unes que les autres, tout comme, au sentiment de l'auteur lui-même, il y aura des points d'une évidence moins frappante que celle d'autres points. Ici, je ne veux proposer que des vérités certaines et des vérités pratiquement indispensables. Il ne me reste qu'à les récapituler avant de les appliquer aux problèmes de la religion.

I. *Dès le début on fait fausse route et l'on se donne toutes les chances d'insuccès, lorsqu'on sépare le problème de la vérité du problème de la conduite et qu'on se croit libre d'accepter une conception comme exprimant l'ordre du monde, avant d'avoir examiné les conséquences probables de son adoption sur la pratique de la vie.*

En effet, sans avoir épousé les partis-pris d'un système on ne saurait méconnaître que toute recherche d'une vérité générale ou partielle suppose chez celui qui l'entreprend l'opinion que la vérité peut être atteinte. Une seconde réflexion fera comprendre que cet accord possible de la pensée et de la vérité suppose l'ordre, et que l'ordre ne régnerait point dans l'univers si la vérité pouvait nuire.

On objectera sans doute à ces considérations que le bien pratique est un problème, et que nos mouvements doivent être guidés par notre raison, de sorte qu'il convient de rechercher d'abord la science par les moyens appropriés, puis de régler la pratique en conséquence. Tel est l'avis du dogmatisme qui subordonne entièrement la pratique à la théorie, la volonté à l'intelligence, qu'elle en estime indépendante. Mais cette intelligence pure, où la volonté n'entre pour rien, ne se trouve pas dans l'humanité. La vérité sur la conduite est plus prochaine, plus aisée à constater que la vérité spéculative. De plus, le problème pratique est plus important, ce qui suffit pour justifier la règle que nous avons énoncée. Il faut se proposer dès l'abord la vérité tout entière : se borner à la théorie, soit que d'avance on lui soumette la pratique, qu'on fasse abstraction de la pratique ou qu'on se borne à l'ajourner, c'est le moyen à peu près infaillible de manquer la théorie.

II. *A ne considérer que la théorie pure, un système ne saurait être réputé vrai s'il supprime ou s'il dénature une donnée de fait.*

Cet axiome nous permet d'écarter sans ultérieure discussion toutes les doctrines qui rejettent ou méconnaissent implicitement l'autorité de la conscience morale, parce que, malgré la diversité de ses préceptes suivant les siècles et les climats, l'impératif de la conscience est essentiel à l'homme. Sans doute on peut l'expliquer comme un phénomène secondaire et le résoudre en éléments dépourvus d'autorité ; mais de telles explications constituent elles-mêmes une violation de l'impératif chez ceux qui se rendent compte de leur portée ; et quant à ceux qui, indépendamment de toute culture ou perversion systématiques, seraient insensibles à la différence du bien et du mal, l'humanité les tient pour des monstres.

III. Pour légitime que soit le désir de mettre l'unité dans notre pensée, il ne faut pas, avons-nous dit, que notre empressement à le satisfaire nous entraîne à mutiler ou à défigurer les données de fait. *Le sensationnisme n'est pas vrai;* nos connaissances ne résultent pas exclusivement des impressions produites du dehors sur une sensibilité passive, dont la nature nous serait inexplicable. Les représentations ne s'associent pas toujours d'elles-mêmes. Dans l'attention, dans le raisonnement, dans le calcul, dans l'établissement d'une hypothèse, dans la recherche d'une explication possible nous déployons une activité dont la conscience nous rend un irrécusable témoignage. La personne et la raison ne sauraient être éliminées.

IV. *Le rationalisme pur n'est pas mieux fondé.* Nous ne créons pas le monde, ou si nous le créons, c'est sans le savoir, et par un acte dont nous ne pouvons tenir aucun compte. Nous ne saurions inventer les faits; il n'y a pas de méthode pour deviner la réalité; nous ne concluons pas avec certitude ce qui est en établissant ce qui doit être. Les choses se passent de la manière dont Locke, Reid et Kant l'ont compris : il y a un élément *a priori* et un élément *a posteriori* dans la connaissance, que l'activité spontanée de l'intelligence produit en élaborant les éléments donnés par la réceptivité des sens. La pensée reçoit les impressions sensibles, les coordonne et cherche à les expliquer conformément à des lois dont elle acquiert graduellement la conscience, mais dont elle ne peut plus s'écarter sciemment après les avoir constatées.

V. S'il est loisible à l'esprit de suivre son mouvement naturel en s'élevant au-dessus des faits donnés pour former une conception d'ensemble, ce ne peut être qu'en observant les mêmes lois qui lui servent à comprendre le détail des faits. *La loi de causalité ne permet pas de chercher dans le moins la raison du plus, parce qu'elle ne permet pas d'assigner le néant comme cause à l'être.* Cependant en observant l'ordre dans lequel se succèdent les phénomènes, le plus semble bien sortir du moins. Ainsi l'expérience contredit la raison qui sert à constituer l'expérience. Pour échapper à cette conclusion désastreuse, il faut admettre qu'il y a dans les choses, avec un élément perceptible, parce qu'il est manifesté, un élément imperceptible, qui proprement n'existe pas, attendu qu'il n'agit pas, mais qui agira et qui apparaîtra, comme font les facultés que nous n'employons pas et que nous n'avons pas exercées. C'est ce qu'on nomme être en puissance, ou puissance. Ce que nous appelons une vie n'est que le développement successif des puissances qui constituent l'individu. Ainsi, le premier état du monde contiendrait la nature et l'histoire en puissance; mais nous ne concevons de puissance que rattachée à quelque existence.

VI. Le commencement apparent ne peut donc pas être le commencement véritable, et *il faut statuer au-dessus du monde qui se développe dans le temps, une cause capable de produire tout ce que ce monde renferme.* Le déterminisme physique et physiologique, auquel le préjugé régnant accorde libéralement le nom de science, propose un fondement arbitraire et contraire à sa propre méthode : d'une manière générale il identifie la cause avec l'antécédent, et néanmoins il cherche la cause universelle, spécialement la cause de la conscience dans une *matière* dont la conscience forme évidemment l'antécédent, la supposition de cette matière n'étant qu'un moyen de s'expliquer tant bien que mal les phénomènes présentés par la conscience. Ce moyen est du reste insuffisant, puisqu'il n'arrive point à rendre raison de la conscience elle-même. La théorie à la mode enseigne que la conscience est donnée dans la matière, tandis que l'évidence établit que la matière est donnée dans la conscience ou qu'elle n'est donnée d'aucune façon.

VII. Un commandement n'a de sens que s'il est possible de lui obéir. *L'impératif moral implique donc le libre arbitre de l'homme*, et nous connaissons d'avance la fausseté de toute explication générale qui ne ferait pas sa place au libre arbitre [1].

VIII. L'existence d'un être libre en forme multiple, sujet de la loi morale, et borné de toutes manières par le milieu qu'il emploie et dont il dépend, ne se conçoit point d'elle-même. Les choses périssables réclament

---

[1] Retourner ce raisonnement, ainsi que l'a fait M. Fouillée, et prétendre que l'impératif supposant le libre arbitre, on ne saurait le reconnaître avant que la réalité du libre arbitre ait été établie par une preuve indépendante, c'est nier l'autorité que la conscience affirme, c'est prendre une position que la conscience réprouve. Une telle attitude serait inadmissible en vertu de notre première thèse, même au cas où l'impossibilité rationnelle du libre arbitre serait scientifiquement démontrable, or il n'en est rien. La prétendue irrationalité du libre arbitre n'est que son incompatibilité avec des hypothèses contraires aux règles de la vraie méthode, que nous venons d'énoncer.

une cause éternelle ; cette cause pourrait être le monde lui-même, dont l'unité foncière nous est attestée par la solidarité qui en enchaîne toutes les parties dans leur perpétuel écroulement, si cette unité naturelle expliquait la loi morale ; mais celle-ci, qui ne saurait être que l'expression de notre nature essentielle, et qui possède une autorité sur nous exige un principe ensemble immanent et transcendant. *Le devoir nous donne Dieu en nous et au-dessus de nous.* Cependant il n'y a pas là de preuve au sens formel; on peut contester les prémisses, on peut nier que la conséquence sorte nécessairement des prémisses; nous ne voyons dans cet argument qu'une manière dont l'esprit cherche à se rendre compte de sa conviction naturelle. L'esprit ne saurait se développer sans admettre implicitement ou explicitement que toutes choses ont une raison, il ne comprend la perfection comme sa fin qu'en la plaçant à l'origine, il se réalise en affirmant la perfection, qui est la raison de toutes ses formes et la substance de toutes ses lois [1].

IX. Cet être parfait, but permanent de notre pen-

[1] Kant est dans le vrai lorsqu'il dit que toutes les preuves classiques de l'existence de Dieu retombent sur la preuve ontologique; mais il méconnaît la valeur réelle de cette dernière s'il croit l'avoir réfutée en faisant voir que l'existence réelle ne saurait entrer comme élément dans un concept. La question véritable est de savoir si cette existence réelle du parfait n'est pas donnée à l'esprit qui rentre en lui-même. Et Kant témoigne en faveur de l'affirmative en relevant de ses propres mains, sur un plan plus ou moins modifié, l'édifice qu'il a cru détruire, non seulement sous la forme anthropomorphique du Dieu justicier dans la seconde Critique, mais bien mieux encore dans le *moi intelligible* de la *Raison pure*, étranger au temps, à l'espace, par conséquent au nombre, dont la volonté se porte immuablement au bien, et qui ne saurait s'entendre que comme l'immanence de Dieu dans l'individu.

sée, ne saurait en devenir l'objet ; nous ne le comprenons que dans son rapport avec nous, en d'autres termes, *nous ne comprenons de Dieu que ce qui nous en est donné dans l'idée de nous-mêmes.* La conscience découvre en nous une volonté que le bien soit, distincte de notre volonté particulière et variable, qui se prononce quelquefois tout autrement ; ce que nous savons de Dieu, c'est qu'il veut que le bien moral se réalise.

X. *L'accomplissement de cette volonté exige la création d'un être libre ; nous devons dès lors nous considérer comme résultant d'un tel acte créateur*, dont il n'est pas besoin pour cela de concevoir la nature. En effet, le principe constitutif du monde ne pouvant d'aucune manière être réputé parfait, croire en Dieu c'est le distinguer du monde. Généralement, nous ne saurions comprendre le rapport entre ces deux termes que comme la disposition d'une matière préexistante, comme une émanation, ou comme une création proprement dite. La première hypothèse, contraire au besoin de perfection et d'unité, ne semble pas moins opposée à l'intérêt moral qui sert de guide à notre pensée, en ce sens qu'elle tendrait à faire du mal une insurmontable nécessité. La seconde contredit cet intérêt plus directement encore en rendant le libre arbitre inconcevable, car ce qui résulterait nécessairement de sa cause serait nécessairement déterminé. La liberté, toujours inexplicable, du produit deviendrait absurde et contradictoire sans la liberté du producteur et de la production.

XI. Le but intelligible d'une création ne pouvant être que la réalisation de la vie morale, laquelle implique l'empire sur soi-même et une victoire sur la tentation (quelle qu'elle soit), *la possibilité du mal est essentielle à l'idée même de la Création,* qui suppose d'une part le libre arbitre, sans lequel la créature ne se distinguerait point effectivement de son auteur, et, de l'autre, un but préordonné, sans lequel la créature, absolument indéterminée, resterait inintelligible ou plutôt égale au néant.

XII. *Le mal effectif, réalisation d'une éventualité impliquée dans l'idée de la Création, est donc véritablement contingent.* Douter de Dieu pour la raison qu'un être bon n'aurait pas exposé son œuvre à de tels risques, poser avec les docteurs du pessimisme qu'une création quelconque ne pouvait être qu'un mal, c'est dire en propres termes que le bien n'est pas le bien, mais qu'il est le mal, puisque nous ne connaissons d'autre bien que le bien moral, lequel implique la Création.

XIII. *L'universalité du mal dans l'humanité, l'ensemble des phénomènes qui ne sauraient l'expliquer que par son influence, nous obligent à reconnaître l'unité de la Création.* La solidarité de ses membres l'établit en fait, et le sens de ce fait nous est rendu manifeste par la réciprocité de l'amour, qui tend à réaliser l'unité véritable, l'unité de la volonté. Nous ne saurions avoir d'autre loi que celle de réaliser notre nature, et puisque l'accomplissement de la loi morale nous constitue en unité, il est certain que notre nature est l'unité.

XIV. *Le monde subsiste, et dès lors le bien doit finir par y prévaloir,* non pas malgré la volonté de la créature, ce qui n'aurait pas de sens, mais par un changement de cette volonté qu'il est au pouvoir de Dieu d'amener.

XV. *L'avènement du bien consiste en ceci : que la créature renonce à se faire son propre centre et son propre objet,* qu'elle meure volontairement à sa vie présente pour s'unir en elle-même et se placer toute entière en Dieu, le centre et le but de son être unifié. En se voulant elle-même, elle se nie ; elle s'affirme en voulant Dieu.

XVI. Nous devons admettre toutes ces thèses, même au défaut des intuitions qui les rendraient compréhensibles, parce qu'elles sont toutes impliquées dans la résolution d'attribuer une valeur objective à la loi morale qui déclare en nous son autorité souveraine, ou, pour exprimer la même idée en un seul mot, dans la résolution de croire à la vérité.

Tels sont, à nos yeux, les fondements théoriques de la religion, les preuves philosophiques de la nécessité d'une religion ; ce n'est point encore la religion, ni la croyance religieuse. La distinction convenue entre la philosophie spiritualiste et la théologie ne se fonde que sur des préjugés d'une origine assez récente. Tout esprit impartial, examinant les faits sans prévention, reconnaîtra dans la religion dite naturelle le résidu d'une tradition historique. Tout homme un peu au fait de la question conviendra, s'il est de bonne foi, que la croyance à la chute, communément qualifiée de *théologique* et rapportée à une tradition particulière, est au moins aussi générale dans l'humanité que les dogmes du spiritualisme dit philosophique, et comprendra qu'elle est partout le résultat du travail de l'esprit pour concilier l'état du monde tel qu'il le trouve avec l'idée d'un ordre de justice, dont il ne peut pas se départir. Mais cette croyance, philosophique de sa nature, est plutôt un préliminaire obligé de la religion qu'elle n'en forme un élément.

CHAPITRE II

L'IDÉE CHRÉTIENNE

Nous avons résumé notre foi philosophique en quelques points, qui sont à nos yeux d'une entière certitude, comme offrant le seul moyen de concilier les faits d'expérience universelle avec ces données solidaires de l'évidence intérieure : Dieu et le devoir.

Tous les honnêtes gens croient au devoir, quoique aujourd'hui plusieurs s'en défendent, précisément en raison du rapport naturel entre le principe moral et le principe religieux, contre lequel leurs préventions sont excitées. Ils s'efforcent d'éliminer le mot devoir et de rattacher l'idée qu'il exprime à des éléments naturels dépourvus d'autorité. La croyance au devoir est leur premier mouvement, la négation du devoir une attitude artificielle qu'ils sont incapables de conserver jusqu'au bout. Mais croire à la réalité d'une obligation qui subsiste indépendamment du sentiment plus ou moins vif que nous pouvons en avoir, croire que le devoir a droit sur nous, c'est croire en Dieu, quoique sous une forme peut-être trop abstraite pour répondre à tous nos besoins. La croyance en Dieu nous est naturelle; l'âme humaine est semblable à la liane qui s'accroche en haut, elle a besoin d'un soutien, et ce qui l'appuie, c'est ce qui l'attire ; ce soleil du monde intérieur, la présence de l'idéal dans l'âme est un phénomène à peu près incontesté, et la seule explication raisonnable de ce phénomène, c'est la réalité parfaite hors de laquelle un pareil idéal serait dérisoire. Le Dieu que nous contemplons est l'enfant de notre désir, on me le dit et je le crois ; mais d'où vient ce désir lui-même? voilà la question. Le Dieu du théisme a son histoire, dont nous pouvons encore interroger les documents ; cette histoire est celle de la formation de l'esprit humain. Quelle est la loi de cette histoire? voilà la question. La civilisation, l'humanité se sont constituées par la croyance en Dieu. On pense faire un progrès en l'abandonnant, mais à juger d'après les symptômes, c'est un progrès à rebours. L'homme est un animal qui voit au-dessus de lui quelque chose et qui cherche à s'en rapprocher ; on veut en faire un animal pur et simple : peut-être y parviendra-t-on.

Ce qui est certain, c'est que dans un esprit sincère la foi ne subsisterait pas devant le spectacle du monde s'il ne trouvait un moyen de soustraire le mal à la causalité divine et d'y voir un accident réparable, sans en atténuer la gravité. Dieu, la Création, l'amour, le repentir, l'espérance : tout cela n'est pour nous qu'une intuition, un tout dont les éléments sont indissolubles. Hors de là, pas une doctrine qui ne conduise à nier ce qui fait notre vie, ou qui ne fasse abstraction des réalités les plus accablantes. La seule conception du monde qui nous semble se tenir debout est une conception religieuse. Mais une conception du monde n'est pas la science, ce n'est qu'un programme. La même méthode ne s'applique pas à toutes choses, aussi l'unité de la science nous semble-t-elle de nos jours, et pour longtemps encore un but irréalisable; on n'en obtient l'apparence qu'en mutilant et tordant les faits.

Une conception religieuse du monde n'est pas une religion. A proprement parler, nous ne saurions faire une religion, nous ne pouvons que la recevoir. Ceux qui font des religions n'en ont pas pour leur propre compte, ils fabriquent pour l'exportation. En effet, disions-nous plus haut, si l'on entend par religion l'activité qui nous unit à Dieu, et si l'état présent du monde ne se concilie avec la souveraineté de la justice qu'en supposant un acte par lequel l'être libre que nous sommes se serait séparé de Dieu, nous ne saurions évidemment nous replacer en lui par notre seul fait, comme si rien n'était arrivé. Pour que nous rentrions dans sa communion, il faut donc que Dieu nous en fournisse les moyens lui-même. Ainsi dans la présente condition de notre existence, la religion ne peut être que révélée. Aussi n'avons-nous pas essayé de combler en forme de construction scientifique les immenses lacunes qui séparent les points lumineux relevés au livre précédent. Nous ne l'entreprendrons pas davantage sous la forme d'une spéculation religieuse. Peut-être en aurions-nous le droit, car nos évidences partielles sont déjà des révélations : loin de former un antagonisme, comme on se le figure ordinairement, raison et révélation tendraient plutôt à se confondre suivant cette hypothèse d'un Créateur dont on est si lent à saisir la portée. Mais la rigueur de semblables déductions n'est qu'apparente. Tandis qu'elles charment les esprits pressés de conclure et de se faire un tout, elles excitent ailleurs la défiance. Jaloux de ne rien mettre ici qui ne doive être accepté sans conteste par quiconque admet notre prémisse: l'autorité du devoir, nous nous bornerons à quelques remarques sur les caractères de la foi religieuse et sur son objet.

I

Une religion véritable doit être révélée, avons-nous dit. Nous avons besoin de salut, l'affaire de la religion serait de nous l'obtenir. Si nous pouvions nous sauver nous-mêmes, nous serions déjà saufs. La religion vient de Dieu, la religion est un don de Dieu. Elle est *surnaturelle*, en ce sens que nous ne serions pas capables de l'établir, c'est-à-dire d'établir un rapport de vie entre nous et Dieu, avec le reste des forces qu'il nous a données à l'origine et dont nous avons dissipé la meilleure part.

Il importe de bien comprendre cet adjectif : surnaturel. Si l'on entend par événement surnaturel une dérogation à l'ordre établi dans l'enchaînement des phénomènes, nous croyons qu'il n'y a pas de surnaturel et qu'on ne saurait rien admettre de semblable sans blesser la pensée religieuse aussi bien que la pensée scientifique.

Pour la science d'abord, toute possibilité d'investigation et de calcul repose sur la conviction que les phénomènes se suivent dans un ordre invariable. Prétendre que l'exception confirme la règle serait une plaisanterie assez froide. La règle ne serait plus que le cas le plus fréquent, et la question de savoir si l'on est dans la règle ou dans l'exception ne comporterait aucune solution positive. Les savants qui pensent admettre le surnaturel dans le sens discuté se font illusion à eux-mêmes; ils y croient pour le passé, sans trop réfléchir aux conséquences, mais ils ne craignent pas d'en être jamais incommodés, c'est-à-dire qu'ils n'y croient point. Ils ferment leur laboratoire en entrant dans leur oratoire, et vice-versà; mais l'exemple de Faraday lui-même n'excuse pas ce procédé.

Quant à l'intérêt religieux, lorsqu'on envisage le

monde sensible comme immédiatement créé dans son détail, il est assez évident qu'on diminue le mérite de l'ouvrier en représentant son ouvrage comme exigeant des réparations ou comme incapable de répondre par son jeu naturel à tous les besoins du possesseur. Et même si le visible paraît être le produit et la manifestation de l'esprit créé, ce serait encore rabaisser Dieu de le croire impuissant à se révéler dans ce monde sans en fausser les ressorts. Comme symboles, les merveilles sont parfois touchantes ; comme faits historiques, elles semblent enfantines.

Le surnaturel est une idée qui n'a rien de commun avec le merveilleux. Ce que nous appelons surnaturel, c'est l'action d'une force supérieure à la nature, que cette force se déploie ou non dans le cadre de la nature. Ainsi l'action de notre liberté. Quiconque se répute libre croit au surnaturel ; les déterministes ne cessent de le répéter, et ils ont raison. Affirmer la réalité d'un ordre moral, c'est bien affirmer le surnaturel. Et de même que notre pensée et notre volonté modifient les mouvements dans l'espace, une influence supérieure peut nous suggérer des représentations et déterminer ainsi notre conduite. La grâce divine serait à notre causalité libre ce que cette causalité libre est au mécanisme. C'est à de telles influences que nous attribuons la religion, parce que, tout balancé, la religion nous paraît être une puissance bienfaisante.

Nous parlons de la religion en général, et nous pensons en avoir le droit. On oppose la religion vraie aux religions fausses, la religion révélée aux religions imaginées ou inventées. Cette opposition est légitime, nous n'en faisons aucun doute. Avant toute comparaison, il est évident qu'elle doit être légitime ; mais elle ne saurait être absolue, puisque la parole divine entre dans une oreille humaine et nous revient par une bouche humaine. Et pourtant ce n'est pas une simple question de plus ou de moins, c'est une question de prépondérance. Dans toutes les religions il faudrait, si la chose était possible, discerner le rôle des deux éléments : la grâce qui suggère et la réceptivité altérée de l'esprit créé qui reçoit et qui élabore. Dans toutes il y aura donc un mélange d'erreur et de vérité, mais selon que l'un ou l'autre élément l'emporte, la religion fonctionnera comme un agent de corruption ou comme une puissance régénératrice. « Vous les connaîtrez à leurs fruits. »

Il faudrait donc comparer maintenant les religions connues, afin de voir dans lesquelles ou sous lesquelles se manifeste avec le plus de force et de pureté l'action de Dieu pour le salut, c'est-à-dire pour le redressement du genre humain. Les matériaux sont préparés et cette étude ne saurait rester sans fruit, pourvu qu'on soit bien d'accord sur le but final de la religion et de toute la vie : unir l'humanité à Dieu par la charité. Cette idée du but, aussi bien que la conviction d'un désordre dans l'état présent de l'humanité, semble se déduire naturellement et nécessairement de l'expérience dès qu'on en soumet les données à l'autorité formelle de la conscience, même sans préjuger le contenu de sa loi, qui reste à chercher.

Au témoignage de notre sentiment intérieur, nous pourrions entreprendre l'étude comparée des religions sans parti-pris d'aucune sorte; mais peut-être notre impartialité n'est-elle qu'une illusion de notre ignorance. Comme d'ailleurs nous nous trouvons hors d'état de contrôler l'impartialité de nos informateurs, nous ne saurions nous contenter d'un savoir de seconde main, et toutes les sources ne nous sont pas accessibles. Renonçant donc, non sans regret, à cette belle tâche [1], nous nous bornerons à quelques remarques sur la religion de notre Occident, qui est aujourd'hui fort attaquée, mais qu'on ne saurait abolir sans la remplacer.

II

Un édifice de style composite, d'une étendue incommensurable, s'est élevé dans l'espace de quelques siècles sur le tombeau vide d'un prédicateur galiléen. Cette maison contient plusieurs demeures dont les habitants se sont longtemps déchirés et se défient encore [2]. Quelques-uns, étant sortis du temple, essaient

[1] Voisine de celle que s'est proposée M. de Pressensé dans l'*Ancien monde et le Christianisme*.

[2] Les rixes qui troublent quelquefois la piété des pèlerins dans l'église du Saint-Sépulcre, à Jérusalem, symbolisent d'une manière un peu crue

d'en saper les fondements ; pour leur compte, ils n'ont rien construit d'habitable. La vie de Jésus soulève deux questions bien distinctes, quoiqu'il soit difficile de les séparer. Le récit en est-il historique, au moins dans les points où les évangiles s'accordent ? Puis, ces faits, supposés réels, seraient-ils vraiment d'une importance souveraine, pourraient-ils servir de base à la religion, peuvent-ils, en d'autres termes, restaurer et soutenir l'existence de l'humanité ?

Nous intervertirons l'ordre des questions, et nous chercherons d'abord à comprendre le Christianisme, en réservant la question de son origine et de ses fondements historiques. Nous ne plaidons pas une cause, nous voudrions en avoir une à plaider, nous voudrions pouvoir aller à fond dans un sens quelconque, nous ne pouvons que mettre notre âme à nu devant le lecteur, espérant qu'il résultera quelque bien d'une parfaite sincérité, et nous sentons que si l'accord avait régné constamment entre notre pratique et nos lumières, ce désir serait une certitude.

Jésus, conformément aux Evangiles, a prêché en Galilée et en Judée. Ce qu'il dit est fort clair, mais son dessein reste un objet de dispute; il semble vouloir avant tout spiritualiser une religion de rites et d'observances ; il est moins certain qu'il ait voulu organiser

---

l'histoire de la Chrétienté. L'Occident a versé des flots de sang durant quelques siècles pour reconquérir le berceau de sa religion. Victorieux, il étonne la Syrie par ses vices ; aujourd'hui que l'Infidèle est réduit à l'impuissance, la Chrétienté le laisse sans scrupule et sans émotion en possession de ses sanctuaires, et l'âme pieuse elle-même trouve, en y réfléchissant, que c'est mieux ainsi.

ici-bas une société nouvelle et que le royaume de Dieu dont il parle fût dans sa pensée une institution. Son royaume, dit-il, n'est pas de ce monde[1]. En s'exprimant ainsi, il n'entend pas seulement décliner le pouvoir politique. Tout en bornant son action personnelle au judaïsme, c'est bien une révolution religieuse qu'il veut opérer ; il n'entend pas coudre du neuf sur le vieux et verser le vin nouveau dans de vieux vases. Et de cette religion nouvelle, il sera, sinon peut-être l'objet, du moins le centre. Il est « la pierre angulaire », il est « plus grand que le Temple », il est le Fils du maître de la maison. Il envoie ses disciples prêcher en son nom et dit qu'ils seront heureux de se voir persécutés à cause de lui. Il pardonne les péchés et dit à ceux qui sont travaillés et chargés : « Venez à moi ».

Parlant avec autorité, comme envoyé de Dieu, il confirmait sa mission par des miracles : il a donné à de l'eau les qualités du vin dans des noces ; il a fait apparaître des pains pour nourrir la foule suspendue à ses lèvres ; il a relevé son ami Lazare du tombeau où il reposait depuis plusieurs jours ; il a été condamné à mort comme aspirant à la royauté, bien qu'il répétât que son royaume n'est pas de ce monde. Il a reparu aux yeux de ses disciples après avoir été mis au sépulcre ; il a envoyé ses disciples annoncer le salut en son nom, non plus seulement aux enfants d'Israël, mais à toutes les nations[2], et l'Eglise chrétienne a été fondée.

[1] Matth. XV, 24.
[2] Matth. XXVIII, 19.

Tous ces faits étant admis sans marchander, quelle en est l'importance pour l'humanité? Nous ne pouvons pas essayer de répondre à cette question sans égard aux sentiments de l'Eglise, puisque c'est d'elle que nous tenons les faits même qu'il s'agit d'interpréter. Rappelons donc, dans ses traits les plus généraux, sa doctrine sur la personne et sur l'œuvre de Jésus-Christ, pour l'apprécier au critère de la conscience morale qui nous a servi jusqu'ici.

III

Et d'abord, quant à sa personne, au témoignage de l'Eglise, constituée en sa doctrine par les conciles œcuméniques, Jésus est Dieu lui-même, Dieu manifesté en chair. Pour concilier cette affirmation capitale avec l'unité et l'immutabilité divines, comme avec le rapport de filiation que Jésus réclame, l'Eglise a statué dans l'essence divine des distinctions dont les formules les plus précises n'ont pas rendu la portée intelligible et qui, malgré la suprême importance de leur objet, n'ont jamais occupé une place appréciable dans la vie religieuse proprement dite, ce qui nous permet de n'y pas insister[1].

[1] Dans l'été de l'an 1869, je crois, j'eus l'honneur de voir assis à ma table le vieux philosophe Pierre Leroux avec quelques étudiants en théologie. Naturellement, la conversation s'engagea sur des sujets religieux. Vous reconnaitrez, dit Pierre Leroux, que le fondement du Christianisme est la Trinité de Dieu. — La Trinité, s'écria l'un de ces jeunes gens, au-

Pour l'œuvre de Jésus-Christ, la foi de l'Eglise, dans ce qu'elle a d'universel et de populaire, s'exprime d'un mot en disant que Jésus a porté la peine de notre péché. Cette doctrine, distinctement exposée dans quelques écrits apostoliques, et à laquelle on peut sans trop d'efforts rapporter quelques mots de Jésus lui-même, n'a pris une forme systématique bien arrêtée qu'aux premiers siècles du moyen-àge littéraire. On recule généralement aujourd'hui devant la netteté de leurs définitions, mais aucune autre n'a conquis l'assentiment général, et la croyance chrétienne repose toujours sur le fondement du dogme élaboré par le Moyen-Age. L'idée serait donc que la justice divine réclame positivement une somme de souffrance proportionnelle à la culpabilité de l'humanité en général et de chacun de ses membres en particulier; mais il ne serait pas essentiel à cette justice que la peine fût subie par le coupable lui-même : un autre pourrait s'en charger à sa place moyennant qu'il fût capable de la supporter; or, l'homme ayant péché contre Dieu, la grandeur de sa faute est infinie, la justice exige donc une souffrance infinie et la souffrance de Dieu lui-même en fournira le seul équivalent possible, de sorte que Dieu se paye à lui-même la dette de l'humanité par son propre sacrifice. C'est ainsi, du moins

---

jourd'hui pasteur, très activement et très profitablement occupé dans une capitale, la Trinité, c'est une doctrine intéressante assurément, mais le fondement du Christianisme, certes non ! — Qu'est-ce donc, demande le métaphysicien. — « Le fondement, le fondement... c'est que je suis sauvé ! » Sans apprécier cette réponse, elle nous semble marquer assez bien la différence des deux points de vue, l'un partant du dehors, l'autre du dedans.

qu'il faudrait s'exprimer pour conserver l'unité de Dieu que la doctrine des conciles œcuméniques a la prétention de sauvegarder. Mais ce paiement que ce créancier se fait à lui-même n'offre à l'esprit aucun sens précis.

Dans la doctrine de l'expiation par substitution, le Père et le Fils sont réellement opposés dans la pensée comme deux personnes, et l'unité de Dieu ne subsiste que comme l'unité du genre à laquelle ces deux personnes appartiennent [1]; de sorte que malgré l'effort du croyant pour maintenir simultanément les contradictoires, le principe du monothéisme est sacrifié par l'orthodoxie.

Indépendamment de la difficulté spéculative que nous venons de rappeler, cette manière de comprendre objectivement l'œuvre du salut n'est pas défendable. Que l'innocent s'y prête ou qu'il s'y refuse, au point de vue moral une justice satisfaite par la substitution d'un innocent au coupable paraît le contraire de la justice. Cette monstruosité n'est du reste que l'exagération de l'idée première, suivant laquelle un tort moral peut être compensé par une souffrance. L'assimilation manifestement vicieuse d'une faute avec une dette est à la base de toute cette théorie, que la conscience morale réprouve absolument. La réfutation en est si facile, elle a été si souvent entreprise, ce fondement de la religion positive est tellement

---

[1] Ceci explique comment le sort d'une théologie spéculative orthodoxe telle que les Thomas et les Scott essayaient de l'édifier est lié au réalisme métaphysique. Le succès final du nominalisme amène le divorce entre la philosophie et la théologie, *d'abord au profit de la foi d'autorité*, puis au profit de la libre pensée irréligieuse.

ruiné dans les esprits libres et réfléchis, qu'il semble inutile de rien ajouter. Il sera plus intéressant et plus important de rechercher comment il a pu se faire que cette théorie blasphématoire ait trouvé si longtemps créance et la trouve encore.

Lorsqu'on se demande de sang-froid quelle idée ces dogmes nous donnent de Dieu, l'on est révolté; mais l'homme pécheur n'est pas de sang-froid; il ne voit pas Dieu, il ne voit que lui-même; lorsqu'il essaye d'élever ses regards à Dieu, il rencontre son indignation, son courroux; il lui semble que Dieu veut sa mort, et Dieu la veut en effet, mais pour des fins qu'il ignore. Les nécessités de l'éducation dans la famille, les nécessités de la défense sociale, l'instinct de vengeance, l'ordre même de la nature ont créé dans l'esprit de chacun de nous une alliance indissoluble entre la notion de faute et celle de peine; cette association, c'est l'esprit de justice, et nous la transportons en Dieu, que nous concevons à notre image. Nous nous savons coupables et méritant le châtiment, nous pressentons quelle est la vertu du châtiment sans la bien comprendre: voyant comme un but ce qui n'est qu'un moyen pour la charité, nous appelons la punition sur nous-mêmes, nous voudrions expier, et nous sentons incapables d'expier, c'est-à-dire incapables, ainsi que nous le sommes effectivement, de rattacher nous-mêmes le lien avec Dieu que nous avons brisé. De là viennent ces idées de dette, d'expiation et de rédemption. Nous ne pouvons pas payer, nous ne pouvons pas expier, nous implorons un rédempteur. Et si Dieu a pris en effet l'initiative de nous ramener à lui, s'il s'est passé quelque événement propre à suggérer l'idée d'une semblable initiative, nous comprendrons cet acte réel ou supposé comme un rachat et une rançon.

L'idée que nous avons tous besoin d'être pardonnés est juste, en ce sens que nous nous savons et que nous sommes réellement tous coupables. L'idée que ce pardon ne saurait être gratuit, mais qu'il doit être acheté, et payé d'un très haut prix, est juste également, en ce sens que Dieu ne saurait tenir le coupable pour innocent, que le mal moral est un fait réel, qui ne peut pas être annulé et qui ne saurait être neutralisé sans le déploiement d'une force réelle. Que nous ne puissions pas payer notre rançon nous-mêmes, c'est également évident, l'idée de créance exigible une fois admise; car s'il dépendait de nous seuls de mettre en Dieu notre vie, notre rapport avec lui n'aurait pas subi d'altération. Chercher dans le sacrifice de Dieu cette rançon de notre péché, c'est élever à l'absolu le dévouement, qui est l'idéal véritable de l'humanité, c'est voir en Dieu notre modèle. Tout cela répond à nos besoins les plus profonds, à nos aspirations les plus intimes et les plus généreuses. « Incapables par nous-mêmes d'aucun bien », c'est bien là l'expression élémentaire de la religion en général, car la religion ne souffre pas que nous soyons rien par nous-mêmes; notre salut est l'œuvre de Dieu, c'est le cri de l'âme pieuse, qui veut absolument rapporter à Dieu toute gloire et toute louange. Telles sont les inspirations subjectivement justes qui ont suggéré la doctrine orthodoxe. N'y aurait-il aucun moyen de conserver ces éléments sans les placer dans un cadre absurde, sans les faire dépendre d'un décret atroce?

IV

Nous croyons que ce moyen existe, et qu'on le trouvera non dans une interprétation toute nouvelle des récits chrétiens, mais dans la doctrine même des Eglises, en creusant un peu plus profondément que nous n'avons fait jusqu'ici. En effet, il est indispensable que nous revenions sur la nature de Jésus, notre sauveur suivant l'Evangile. Le dogme de la Rédemption présenterait logiquement un tout complet. Si l'on en accepte les prémisses, si l'on admet que le péché constitue une dette, et que le paiement fait par un tiers peut libérer le débiteur, comme il le libère effectivement en droit civil, le sacrifice de Dieu le Fils devrait, semble-t-il, pleinement suffire à la rançon de l'humanité. Cependant, suivant la doctrine de l'Eglise la Passion du Christ n'en sauve qu'une partie, savoir ceux qui satisfont à certaines conditions, dont la plus universellement admise est la foi. Pour le plus grand nombre, avoir la foi c'est simplement croire à la réalité et à l'efficacité de la mort expiatoire soufferte par Jésus-Christ. Cette condition paraît arbitraire, nous dirons même blasphématoire. Elle suppose, en effet, que Dieu trouve positivement son plaisir au malheur de ses créatures, puisqu'il y condamne toutes celles qui n'ont pas eu l'occasion d'entendre prêcher l'Evangile, sans parler de toutes celles à qui, suivant l'ancienne théologie, il n'accorde pas le don de la foi. On voit ici jusqu'à quel point il est vrai que le dogme est une œuvre composite. La prédestination vient de la philosophie; elle peut invoquer en sa faveur des arguments empiriques et métaphysiques au moins très plausibles; mais elle est incompatible avec la conception d'un ordre moral du monde et jure avec l'idée d'une rédemption acquise par le sacrifice d'un Dieu. Quant à cette dernière, elle est fondée sur la confusion du droit civil et du droit pénal dans les lois barbares, où les crimes se rachetaient à prix d'argent, suivant tarif, et où, par conséquent, un ami pouvait subir la peine d'un autre. Laissons ces déterminations particulières et attachons-nous à l'idée centrale :

Le salut est donc une exemption de peine, un accès à des jouissances, la foi, condition du salut, est une opinion. Le Christianisme compris de la sorte est étranger aux conditions de l'ordre moral, et ce sens du Christianisme reste incontestablement le plus populaire; mais ce n'en est pas le sens véritable, ce n'est pas celui qui ressort de l'ensemble des données les plus authentiques. Au témoignage de ses biographes, Jésus ne parlait ni d'un salut acquis à l'humanité tout entière par la mort qu'il allait souffrir, ni d'un salut promis à ceux qui reconnaîtraient la vertu de son sacrifice; il nomme bienheureux ceux qui se sentent pauvres, il promet le bon accueil du Père à ceux qui se repentent; il se donne lui-même comme le pain qu'il faut manger pour vivre de la vraie vie, comme le cep auquel il faut être uni pour porter du fruit; enfin il déclare qu'il faut être né de nouveau pour avoir part au royaume de Dieu. Conversion, régénération, voilà le cœur de l'Evangile, que la théologie systématique a singulièrement perdu de vue. Le monde, lui, ne s'y trompe pas, c'est pourquoi l'Evangile est l'objet de sa haine. Le christianisme originel ne consiste point en pratiques; il ne sait rien d'un sacerdoce commis aux rites sacrés — on n'en trouve pas vestige dans les documents primitifs, lorsqu'on les interroge sans parti pris, en faisant abstraction des interprétations traditionnelles. Le Christianisme ne consiste pas non plus en doctrines : dès les premiers jours, il en nourrit dans son sein de très différentes. Ce que le Christianisme exige, ce qui en fait l'essence, c'est un changement radical de direction, d'orientation et de mobiles, une véritable conversion, notre langue ne possède aucun mot plus précis ni mieux frappé que ce mot-là. Dans la pensée, il s'agit d'échanger un noble orgueil, une fierté légitime contre le dépouillement de l'humilité. Pour le sentiment, il faut aller de la tristesse à la joie, se sentir mauvais et se sentir aimé, fondre ensemble orgueil, humilité, tristesse et joie dans l'élan de la gratitude. Comme conduite, s'oublier, cesser de prendre pour but nos plaisirs, notre fortune, notre position, notre pouvoir, notre talent, notre mémoire, les plaisirs et les succès des enfants qui nous continuent, pour ne songer qu'à l'accomplissement de notre tâche, l'avancement du règne de Dieu, le bien du prochain. Se demander avant d'agir comment il est possible de faire le plus de bien avec les forces dont on dispose, en commençant par ceux dont on a la charge ; après l'action, rendre grâce à Dieu pour tout succès et lui rapporter tout mérite, tels sont les fruits de la conversion, les signes de la régénération. Le vieil homme, c'est l'amour-propre sous toutes ses formes ; l'homme nouveau, c'est la charité, le devoir pour le devoir, l'amour de Dieu, qui anime toutes les fibres de l'organisme et remplit tous ses vaisseaux, l'amour de Dieu, dans lequel s'éteignent ou se transfigurent tous les vœux personnels, toutes les préférences individuelles, l'amour de Dieu, qui est la vérité de la vie et la substance du bonheur.

Mais cette conversion, nous ne saurions l'opérer nous-mêmes ; pour que nous soyons retournés, il faut que Dieu nous retourne. Nous ne saurions ajouter par nos efforts une coudée à notre taille, comment pourrions-nous donc par nos efforts déposer en nous le principe d'une vie nouvelle ? Le cristal attire à lui les molécules homogènes et grandit par toutes ses faces, mais le cristal ne saurait se changer lui-même en être vivant ; pour passer du règne élémentaire au règne organique, il faut que les molécules s'associent dans un nouvel ordre suivant l'impulsion d'un rythme nouveau, et quelqu'ait été la cause première de ce changement, il ne se produit aujourd'hui que par l'introduction d'un germe vivant dans un milieu nourricier. Les défenseurs attardés des générations spontanées ne trouvent dans l'expérience aucun point où s'appuyer : la vie naît de la vie. A plus forte raison encore l'esprit naît-il de l'esprit. Et comme le règne des éléments fournit la matière de l'organisme, de même le règne organique, la vie naturelle fournit la matière du règne spirituel. Une faible partie des corps est simultanément élevée à la vie par la communication de la vie, une faible partie des êtres vivants est élevée à l'esprit par la communication de l'esprit qui vient de Dieu par Jésus-Christ. Dans un ouvrage qui a produit une vive sensation de l'autre côté du Canal, un naturaliste chrétien, M. Drummond, a tracé les grandes lignes d'une classification universelle fondée sur ces principes. Des idées analogues sont développées dans un livre jusqu'ici trop peu remarqué d'un penseur suisse, M. de May[1]. La donnée fondamentale de ces constructions a ceci de particulièrement intéressant qu'elle ramène le surnaturel à la nature sans en effacer les traits. C'est une évolu

---

[1] *L'Univers visible et invisible ou le plan de la Création*, 2ᵐᵉ édition, Neuchâtel 1881.

tion non plus insensible, mais rythmée, qui ne procède plus du dehors, mais du dedans, par la combinaison de la spontanéité et de la réceptivité, de telle sorte que l'élément actif dans l'échelon inférieur devient l'élément passif et réceptif dans le suivant. Ainsi la loi fondamentale de la nature serait identique à celle de l'intelligence, où la sensation, fruit d'un premier travail de l'esprit sur la matière, devient à son tour la matière d'une nouvelle synthèse, et ainsi de suite. Cependant, il ne faudrait pas trop abonder dans ce naturalisme d'un nouveau style. Sans nier précisément le libre arbitre, M. Drummond, fidèle en ce point à la tendance empirique, fait rentrer la moralité dans les fonctions naturelles, en la séparant de la religion. Suivant la logique de son système et ses expresses déclarations, sinon suivant sa pensée la plus intime, l'homme irrégénéré, le premier des animaux, absolument mort à la vie spirituelle, pourrait réaliser un type de moralité aussi complet, « aussi beau dans son ordre », dit-il, que l'homme spirituel dans le sien. Ce jugement ne nous semble pas confirmé par l'expérience, et si nous étions dans l'erreur sur ce point, la nécessité d'une nouvelle naissance ne nous apparaitrait plus avec la même clarté. La superposition des règnes n'est que spécieuse : le monde élémentaire, le monde organique sont des touts complets ; le monde moral s'ouvre dans le monde organique et ne s'y ferme pas. Il ne s'accomplit que dans l'Esprit et par l'Esprit. Il n'y a pas d'idéal de l'homme naturel, car l'homme n'est pas fait pour rester dans l'état de nature, comme on l'appelle, c'est-à-dire séparé de Dieu. Rayonnât-il de beauté, de force et de génie, un homme pareil est un malade. La théologie de M. Drummond fait abstraction de la chute, qui, en effet, n'a point de place dans son système, puisqu'elle ne rentre pas dans les cadres de la nature, mais sans laquelle il est impossible de s'expliquer l'état présent conformément aux exigences de l'idée morale. L'ordre spirituel n'est pas une superposition, un étage ajouté à l'édifice de la nature ; c'est une restauration et un achèvement : la nouvelle naissance est une régénération. Si l'homme naturel ne fournissait qu'une matière à la nouvelle créature, il serait entièrement passif dans sa conversion, doctrine qui peut être conforme aux vues d'une théologie autrefois nommée orthodoxe, mais qui consommerait le divorce entre la morale et la religion.

Néanmoins, cette manière d'entendre le Christianisme semble bien être la plus intime et la plus profonde où nous permette d'arriver l'opposition consacrée entre l'homme et Dieu incarné dans le Christ. La vie religieuse étant absolument séparée de la vie morale, l'humanité, physiquement homogène, se partagerait en deux règnes : d'un côté des animaux étrangers à l'Esprit, impropres sans doute à le recevoir, et vivant exclusivement de la vie organique; de l'autre des êtres divins où se développerait Dieu le Fils et dans lesquels les pensées, les affections, les facultés simplement humaines joueraient un rôle comparable à celui de l'hydrogène, de l'azote et du carbone dans le végétal ou dans l'être simplement humain. Ce naturalisme mystique plaira sans doute à quelques chrétiens par son opposition tranchée aux doctrines vagues et fades qui dépouillent leur religion de ses traits distinctifs, mais il ne s'accorde pas avec le langage de Jésus-Christ. Celui-ci semble bien attribuer quelque initiative à la volonté de l'homme dans la conversion lorsqu'il dit à l'impératif : « repentez-vous, convertissez-vous ; » puis lorsqu'au commandement il joint la promesse : « cherchez et vous trouverez, demandez et il vous sera donné ; » et enfin : « si quelqu'un veut faire la volonté de Dieu, il connaîtra si ma doctrine vient de Dieu [1]. » Ce qui est plus décisif encore dans la logique de notre point de vue, ce mysticisme suivant lequel toute une sphère s'élève au-dessus de la sphère morale ne s'accorde pas avec la conscience, qui ne souffre rien au-dessus de son idéal ; il ne s'accorde pas avec l'idée de Dieu suggérée par la conscience, c'est-à-dire avec la seule idée de Dieu que nous possédions en propriété légitime : « la volonté que le bien soit. » S'il fallait absolument opter entre la théologie de M. Matthieu Arnold, qui ne voit dans la religion qu'une moralité émue, et celle de M. Drummond, qui n'en fait qu'une évolution naturelle sans rapport à la moralité, nous finirions bien, je crois, par nous rabattre sur M. Arnold. Mais cette alternative n'est pas nécessaire ; disons mieux : le Christianisme ne nous per-

[1] Jean XII, v. 17.

met pas de choisir entre les deux conceptions, il les absorbe l'une et l'autre en les corrigeant l'une par l'autre. M. Drummond insiste avec une énergie admirable, mais trop exclusive, sur l'idée que le vrai chrétien est une nouvelle créature : elle est nouvelle sans doute, mais non pas jusqu'à suppression de l'identité personnelle. Le vieil homme doit bien mourir en tant que vieil homme, c'est-à-dire que ses inclinations égoïstes, d'abord domptées, doivent finir par s'éteindre; mais en tant qu'homme il ne meurt pas; au contraire il est vivifié. Bref, il n'y a pas de vie spirituelle distincte de la vie morale, car la vie spirituelle est la vérité de la vie morale. La vie morale serait-elle donc autre chose que l'accomplissement de notre loi, et la loi d'un être autre chose que la réalisation de son idée? Nous ne possédons pas l'existence par nous-mêmes, nous ne devons pas la poursuivre et nous comporter comme si nous la possédions ainsi. Nous ne sommes pas un tout, nous sommes les membres d'un tout, nous devons donc vouloir ce tout. Nous ne pouvons vivre qu'en Dieu, nous devons donc aimer Dieu. Aimer Dieu dans l'homme, aimer l'homme en Dieu, voilà la morale, l'unique morale, rien que la morale. Tout ce qu'il y a de vrai dans la plus vulgaire morale vient de celle-là, il est aisé de le comprendre en y pensant, quoiqu'il soit plus facile encore de n'y point songer. Ce charme inconnu, ces pleurs soudains, cette tristesse plus douce que les voluptés, cette impulsion mystérieuse qui nous rend aisés et chers des sacrifices dont nous n'osions pas nous croire capables, tout cela c'est Dieu qui nous parle, il faut l'écouter, c'est son Christ qui frappe, il lui faut ouvrir. Il veut renaître en nous, sachons l'y aider. Mais quand il y vivra, c'est nous qui vivrons ; l'homme naturel ne sera pas le théâtre d'une vie surhumaine, mais le malade sera guéri, l'homme vrai sera manifesté.

V

C'est que toute cette opposition de l'humain et du divin, comme opposition de substance et de nature, n'est qu'une imagination que la raison ne conçoit pas, que la conscience réprouve et que Jésus désavoue. La raison ne conçoit ni substance humaine ni substance matérielle distinctes de la substance divine, car la substance est ce qui subsiste. La conscience n'admet pas qu'il y ait quelque chose de supérieur à la sainteté ; la nature divine c'est la sainteté. L'imagination servile a beau s'effrayer et la prévention crier au blasphème, si l'homme est appelé à se sanctifier, il est appelé à se diviniser, et il ne saurait devenir divin si de sa nature il n'était divin. Enfin, si paraître en figure d'esclave, suivant l'expression de l'apôtre Paul, c'est simplement paraître sous des traits humains, si le Christ n'était homme qu'en apparence, s'il était d'une nature foncièrement différente de notre nature primitive et véritable, il nous trompe lorsqu'il s'appelle le Fils de l'homme, c'est-à-dire l'homme, dans la langue de son pays; et il nous propose une tâche impossible lorsqu'il nous appelle à devenir semblables à lui. Cette théologie nouvelle est incompatible avec les Saints Livres. La doctrine orthodoxe des deux natures juxtaposées soutiendrait mieux ce genre d'épreuve, mais elle succombe à sa propre inconsistance; tandis qu'il n'y a rien, ni dans les paroles du Sauveur, ni dans l'expérience religieuse, qui ne s'explique aisément lorsqu'on admet que Christ est Dieu parce qu'il réalise l'homme idéal. « Ce n'est point pour une bonne œuvre » que nous te lapidons, » disent les Juifs au prophète de Nazareth, « mais pour un blasphème, et parce qu'é-» tant homme tu te fais Dieu. » Jésus leur répond : « N'est-il pas écrit dans votre loi: j'ai dit, vous êtes des » dieux ? Si la loi appelle dieux ceux à qui la parole » de Dieu a été adressée, et si l'Ecriture ne peut être » rejetée, comment pouvez-vous dire à celui que le » Père a consacré et qu'il a envoyé dans le monde, tu » blasphèmes, parce que j'ai dit: Je suis le Fils de » Dieu [1]? » Si le Maitre qui a dit ailleurs que pas un iota de la Loi ne passerait a vraiment tenu ce langage, on ne saurait y voir un pur *a fortiori* de rhétorique.

« Avant qu'Abraham fut, je suis, » avait-il dit aux pharisiens [2]. Le disciple qui nous rapporte cette parole voit en lui « la lumière par laquelle le monde a été

[1] Jean X, 34-36.
[2] Ibid. VIII, 5-8.

» créé [1]. » Nous pouvons prendre ces dernières paroles à la lettre, moyennant que la précédente soit prise à la lettre. Cette lumière qui a créé le monde est une lumière finie, car le monde tel que nous le donne l'expérience est certainement un monde imparfait. Dieu veut que le bien moral soit, et le bien moral ne peut se réaliser qu'en surmontant une résistance. Le dessein de la Création, l'idée de l'homme est éternelle, mais le monde est le produit d'une évolution, l'homme a bâti sa maison lui-même, il persiste identique à travers les âges; sa lumière, d'abord obscurcie, s'est graduellement ranimée et brille pure en Jésus-Christ parfaitement uni à son Père; l'homme, enfin restauré par l'action de l'esprit divin dans l'histoire, retrouve en lui la conscience de son unité propre et de sa position à l'égard du monde. Jésus est donc notre frère; il est le premier-né des créatures [2]; il est celui par lequel toutes choses ont été faites; il est le cep dont les individus, qui se dessèchent séparés du sol nourricier, sont appelés à fournir les sarments, parce qu'ils en sont naturellement les sarments; il est le pain dont nous pouvons vraiment nous nourrir, parce que sa substance est pareille à notre substance. Nous sommes appelés à vivre de sa vie, à devenir semblables à lui, parce que nous sommes naturellement, mais non point moralement, c'est-à-dire effectivement, semblables à lui. Si nous étions d'une autre nature originaire, cette assi-

---

[1] Jean I, v. 10.
[2] Coloss., I, 5.

milation ne saurait jamais être qu'un semblant, comme son incarnation n'aurait jamais été qu'un semblant. Toute autre est notre espérance : nous recevons sa vie en nous, nous serons réellement un avec lui lorsque nous serons convertis, lorsque nous serons tournés vers Dieu comme il s'est tourné vers Dieu en surmontant la tentation ; et ses frères ne seront unis à Dieu que par lui, soit qu'ils aient entendu, soit qu'ils n'aient pas entendu raconter sa vie et prêcher sa doctrine, puisque le retour au Père ne s'est accompli qu'en lui et par lui, et que l'humanité n'a qu'une vie. Jésus n'est pas simplement un homme : il est l'homme, en raison de sa position centrale, car toutes les positions ne sont équivalentes ni dans un organisme, ni dans une histoire. Les progrès faits avant lui rendent sa venue possible et la préparent. En lui les prières de l'humanité sont exaucées, c'est dans ce sens qu'il est le Fils de l'homme par excellence. Par le don complet de lui-même il communique à ses disciples la faculté de se donner, et se donner c'est se trouver, le sacrifice de soi-même c'est le salut ; ainsi le Fils de l'homme est l'initiateur du salut et le Sauveur de l'humanité. Mais si l'humanité n'était pas homogène à Dieu dès l'origine, toute union morale avec Dieu, toute participation à la vie de Dieu lui resterait à jamais impossible. Ainsi Jésus n'est pas homme et Dieu par la coexistence contradictoire de deux natures opposées dans une personne, mais il est Fils de Dieu, de substance divine, parce qu'il est l'homme dans sa vérité. Supprimer la divinité de Jésus-Christ, c'est supprimer le Christianisme. Refuser à Jésus-Christ le nom de créature que saint Paul lui attribue en termes exprès, opposer à l'humanité sa divinité, c'est réduire à de vaines métaphores, c'est dépouiller de toute vérité positive et de tout sens intelligible ces doctrines de la nouvelle naissance, du Christ notre nourriture, du corps dont il est la tête et nous les membres, qui sont le centre, le cœur, la moëlle, la substance et la force de l'Evangile. Le véritable libéralisme et la véritable orthodoxie sont une seule et même doctrine; le libéralisme vulgaire et l'orthodoxie vulgaire sont également incapables de comprendre l'Evangile et de comprendre le monde; leur antagonisme est irréconciliable, parce qu'ils sont fondés sur le même sol, sur la même opposition substantielle entre l'humain et le divin, entre la créature et le Créateur, qui ne parle qu'à l'imagination, dont l'apparence ne s'explique que par la chute, et que la raison réprouve. Ce qui est séparé de nature ne saurait s'unir sans faire violence à la nature. Ce n'est pas ainsi qu'il faut comprendre le surnaturel.

Et qu'on ne parle plus de panthéisme à propos d'une assimilation où se résume le christianisme intérieur, car le panthéisme est la négation de l'ordre moral; tandis que la conception religieuse du monde ramène tout, absolument tout, à des déterminations morales.

Prenant donc les récits de l'Evangile pour historiques et son enseignement comme inspiré, conformément à notre supposition première, nous comprenons que le Seigneur Jésus est de substance divine, dans ce sens que toute substance est divine et que l'opposition du divin et de l'humain n'est point une opposition de substance, mais de condition, comme celle de l'organique et de l'inorganique, ou mieux encore, celle de la vie et de la mort. Nous comprenons que Jésus est divin de naissance et d'origine, parce que, après des tentatives innombrées, après tout une progression d'efforts inspirés et de vœux exaucés, il est le fruit béni du travail de l'humanité déchue pour se rapprocher de Dieu ; nous comprenons que Jésus est Dieu parce que, limité par son enveloppe, exposé peut-être à l'erreur, il est parfaitement saint, et que la sainteté est le divin par excellence.

VI

Maintenant, cette conception de la personne du Christ étant admise, quelle pourrait être la signification de son sacrifice et l'importance de sa mort pour l'humanité ? Jésus appelait ses compatriotes au repentir, à l'humilité, à la vie intérieure, à la charité; il se sentait le chef d'une humanité nouvelle. Sans toucher à l'ordre établi, rendant à César ce qui est à César, il voulait fonder dans ce monde une communauté de saints, un royaume de Dieu qui ne fût point de ce monde. Opposant une religion toute spirituelle à la religion des cérémonies, il s'est attiré la haine des prêtres et des pratiquants de son époque ; il a préféré la mort au désaveu de son entreprise, et tout en la redoutant il semble même l'avoir cherchée, parce-qu'il la jugeait utile à l'avancement de sa cause. Prêchant le sacrifice, il voulut en donner l'exemple. « Il n'y a pas de plus grand amour, disait-il aux siens, que de donner sa vie pour ses amis. Vous serez mes amis, si vous faites ce que je vous commande. » Prévoyant le sort qui l'attendait, résolu à ne point s'y soustraire, Jésus pensait donc qu'il allait donner sa vie pour ses disciples, quelle que soit l'étendue qu'il convienne de donner à cette désignation. Dans quel sens pouvait-il entendre ce sacrifice ? Avec nos habitudes d'esprit, les idées de rançon, d'offrande expiatoire se présentent inévitablement les premières, nous avons dit à quels besoins impérieux elles correspondent. Aux raisons pour les écarter que nous avons déjà produites, ajoutons cette circonstance, assurément significative, que Jésus lui-même n'en parle pas. En prenant la situation telle qu'elle est donnée, sans la compliquer de suppositions dogmatiques, nous voyons que le jeune maître accusé d'aspirer à la royauté fait comprendre qu'il s'agit d'une autorité purement spirituelle et consent à tout souffrir plutôt que d'y renoncer ou de la désavouer. Il meurt donc pour la cause de la vérité, et la vérité pour laquelle il meurt c'est la vérité de sa mission, c'est la vérité de sa doctrine, la doctrine de la religion spirituelle, la doctrine de la charité. En conséquence, on pourrait dire, mais sans prétendre épuiser le sujet par là, que Jésus s'est offert pour donner au monde un modèle, et l'efficacité de son sacrifice consisterait essentiellement dans son exemple, non dans l'exemple du dévouement à une cause quelconque, ni même à une vérité quelconque, mais dans l'exemple du dévouement à la cause de l'humilité, de la spiritualité, de la vie intérieure, et surtout dans l'exemple du dévouement à la charité, du dévouement au dévouement. Ce n'est pas seulement un sacrifice volontaire, c'est le sacrifice à l'esprit du sacrifice, et dans ce sens, le sacrifice par excellence.

De divers côtés, sans doute, on trouvera que cette explication ne répond pas à la place occupée dans la conscience religieuse par le supplice de Jésus-Christ, parce que d'autres avaient déjà donné leur vie pour leurs amis. Peut-être, en effet, n'est-ce pas assez, quoique ce soit déjà beaucoup. Autour des influences dont nous pouvons nous rendre compte en quelque manière et que pour cette raison nous estimons naturelles, bien qu'elles soient en réalité surnaturelles, il y a les influences dont nous ne saurions nous rendre compte et que pour cette raison nous appelons surnaturelles, quoiqu'elles soient aussi naturelles que les premières. Sans en avoir une intuition distincte, ceux qui n'admettent pas que la destinée du Christianisme soit achevée, parce qu'ils le sentent vivant en

eux et autour d'eux, ont sujet de penser que la place de
son fondateur dans l'histoire est le centre de l'histoire,
car il faut bien que l'histoire ait un centre ; du moins devons-nous lui chercher un centre, puisque nous essayons de la comprendre. Rien d'humain n'est étranger
à l'homme, la sympathie a ses raisons d'être dans la
constitution de l'univers, l'acte d'un homme est toujours,
nécessairement, en quelque sens un acte de l'humanité
tout entière ; c'est pourquoi l'homme bien constitué
moralement se sent relevé par toute action généreuse et
déprimé par toute action vile et méchante commise
quelque part par un être humain. Mais les actes de
l'homme central, qui, préparé pour cette place par les
aspirations antérieures de l'humanité, l'a conquise par
sa victoire sur la tentation, appartiennent à l'humanité
dans un sens bien plus éminent que ceux d'un individu quelconque. Ce qu'il a fait est accompli véritablement par toute l'espèce. Le sacrifice de Jésus-Christ
serait donc l'initiation décisive à la charité, et si l'on
ne peut pas séparer les idées de faute et d'expiation,
on ajoutera : c'est l'expiation du péché de l'humanité
par l'humanité dans la personne d'un représentant
qui, individuellement, n'aurait rien à expier. Mais ce
terme juridique d'expiation n'est qu'un voile jeté sur
la vérité spirituelle.

> Quel est ce roi sublime et tendre
> Qui, vers nos déserts attiédis,
> Les yeux en pleurs paraît descendre
> Les bleus coteaux du paradis ?

> C'est le pauvre fils de Marie
> C'est l'époux de la terre en deuil
> Qui pose la lampe de vie
> Dans le mystère du cercueil [1]

Lampe de vie, germe de vie, la naissance d'un homme pur de la souillure héréditaire est la réponse divine aux supplications inspirées de l'humanité coupable. Sang de notre sang, semblable à nous en toutes choses sauf le péché, borné par conséquent dans ses lumières et dans son horizon, sa conscience ne lui reproche rien en particulier : il ne saurait se repentir aucune faute personnelle, mais la puissance de l'amour qui l'éclaire lui fait sentir, lui fait vouloir son unité essentielle avec l'humanité. L'humanité se repent en lui de ses crimes ; c'est dans le sentiment de la coulpe universelle qu'il a pu se trouver un moment abandonné de Dieu ; c'est la réaction de l'individu, de la chair si l'on veut—toujours la chair, quoique purifiée—qui lui fait demander un moment d'être dispensé du sacrifice ; mais il triomphe encore de ce mouvement et s'abandonne à la volonté qu'il a sollicitée. L'œuvre du salut est tout entière une œuvre morale, ce salut c'est la conversion, qui se manifeste à la conscience sous la forme du repentir. Les affections du sentiment, les résolutions de la volonté sont individuelles ; mais l'humanité est une, et la preuve sans réplique de son unité, c'est qu'elle se veut et se rend telle dans la charité. Ainsi l'humanité s'est repentie à salut en Jésus-Christ, la crise de la conversion, déjà préparée,

---

[1] Fréd. Monneron.

s'est accomplie en Jésus-Christ pour se répéter dans l'âme de chaque fidèle. Le mystère religieux du salut en Jésus-Christ, l'imputation au fidèle des mérites de Jésus-Christ n'est que la concentration, la forme morale du mystère physique : l'unité de l'espèce réalisée par l'enchaînement organique des individus, du mystère logique : le rapport du particulier et de l'universel, dont on ne peut affirmer la réalité simultanée sans se contredire, et dont on ne peut supprimer un des termes au profit de l'autre sans sortir des conditions de la pensée.

Quelle que soit du reste la valeur de cette explication, elle servira, nous l'espérons du moins, à fixer définitivement les termes du problème. Pour un esprit réfléchi le Christianisme ne saurait s'entendre et se justifier que sur la base d'une logique chrétienne aussi bien que d'une morale chrétienne. L'intelligence du Christianisme implique un renouvellement complet de la pensée, aussi bien que la pratique du Christianisme une conversion de la volonté. C'est ce que n'ont compris ni l'ancienne Église, ni le Romanisme, ni la Réforme; et c'est pourquoi tout l'édifice est à reprendre en sous-œuvre. L'effort pour enter le fait chrétien sur les conceptions générales de l'homme déchu est l'origine de cette conception vulgaire du surnaturel, identique au contradictoire et à l'impossible, dont nous ne nous dégagerons que progressivement, à mesure que le Christianisme se réalisera d'une manière plus intégrale dans notre être tout entier.

Le sacrifice de Jésus-Christ rend donc le grain mûr au sol pour le féconder : il meurt et se décompose afin de porter du fruit. Il rendra semblables à lui ceux qui désormais croiront en lui, et croire en lui c'est s'élever à lui, c'est s'inspirer de lui, c'est le suivre sur le chemin du sacrifice.

Ce qui est vrai du rapport entre les éléments du monde est également vrai du rapport entre le monde et son principe. Jésus est réellement Dieu, car dans sa pureté sans tache, par son triomphe sur la tentation, il a rétabli l'humanité dans la divinité de son origine. Il a réellement porté nos péchés ; sa mort est réellement l'expiation de nos péchés, car en lui l'humanité solidaire accomplit cette mort à elle-même qui est la condition et le commencement de la vie vraie. Sa Passion donne un corps au sacrifice de soi-même que l'humanité doit accomplir pour rentrer dans la communion de son Père, lui seul, le saint et le juste, pouvait prendre cette initiative. Nul n'a compris, en effet, nul n'a vécu le Christianisme s'il n'a compris et s'il n'éprouve que la Passion de Jésus-Christ doit se reproduire en chacun de nous. Mais c'est la Passion de Jésus-Christ qui nous permet d'accepter notre Passion et d'y trouver la suprême joie.

D'ailleurs nous ne savons pas tout, ou pour mieux dire nous ne savons rien ; jusqu'à la fin, même en marchant de lumière en lumière, nous serons exposés à prendre l'illusion pour vérité, la vérité pour illusion. La conscience morale, la conscience religieuse ont leur histoire. Péché, punition, dette, paiement, ces idées se sont associées d'une façon naturelle, et leur association reste puissante. Contraints de punir pour détourner le coupable du mal et pour en détourner les autres, nous nous sommes habitués à l'idée que la justice exige une punition. Nous ne saurions nous trouver trop punis, parce que nous ne saurions nous trouver trop coupables. Dès lors nous nous sentons hors d'état d'expier ou de payer, tandis qu'un juste instinct nous détourne de l'idée que Dieu veuille positivement notre malheur et notre ruine, nous savons bien plutôt qu'il nous aime ; et sur ce chemin nous arrivons naturellement à penser que Dieu veut souffrir pour nous et se payer de la sorte à lui-même la dette que nous avons contractée envers lui. Nous restons longtemps, fortement attachés à cette idée, même après en avoir entrevu les difficultés, parce que nous détournons notre regard du Dieu qui maudit pour le fixer sur le Dieu qui sauve, en élevant pour ainsi dire à l'absolu le sacrifice de soi-même qui est notre idéal. Mais on ne saurait pousser à fond ces représentations sans retourner au polythéisme et sans admettre un Dieu qui prend la souffrance comme but, un Dieu pour la manifestation duquel le péché devient nécessaire, un Dieu qui veut le mal, c'est-à-dire qui le devient. Pour conserver son empire sur les consciences, le Christianisme doit s'en débarrasser franchement et complètement; mais l'auteur de cet essai s'avoue qu'il ne les a pas à son gré suffisamment remplacées, et qu'il reste attaché par le cœur au mystère de la Passion sans que sa pensée en ait déchiffré la lettre. La commune prétention des théologiens de préciser le surnaturel et d'asseoir des constructions sur l'abime est une prétention contradictoire : le surnaturel cesserait de l'être du moment qu'il serait compris. Le chrétien se gardera donc de vouloir dire, après Saint-Anselme ou tout autre, comment nous trouvons le salut dans la croix de Jésus-Christ; mais il ne désertera pas cette croix, il ne cessera pas d'y trouver la source des pleurs, de l'espérance et du courage. Cette gloire de la souffrance, cette communion de la mort et de la vie, ce don libre de l'infini ne perdent pas leur attrait sur les âmes que l'égoïsme n'a pas desséchées et que l'orgueil n'a pas livrées à la stupidité. Nous croyons y voir la consécration du premier-né de l'humanité nouvelle, qui veut se sacrifier au salut de ses frères et qui les sauve effectivement en leur inoculant l'esprit du sacrifice. Nous ne disons pas qu'il n'y ait rien de plus sur cette croix ; nous pencherions plutôt à l'avis contraire, mais ce surplus, nous renonçons à le définir. Nous ne pouvons travailler que sur des idées nettes, et dans le domaine spirituel, nous ne saurions édifier qu'avec des notions morales.

Ce qui est clair pour nous dans ce sujet, c'est l'idée morale, le frère pur qui nous a aimés et qui a donné sa vie pour nous. La peine que nous éprouvons à concevoir la nature du bénéfice que cette mort nous a conféré, ce mystère qui a donné lieu à des représentation artificielles, valables tout au plus à titre de symboles, c'est, nous y voulons insister, le mystère du rapport de l'espèce et de l'individu. Que vaut l'individu pour l'espèce *dans l'humanité* ? Nous ne l'entendons pas, nous manquons de mots et de catégories ; mais nous savons que l'humanité n'est pas une simple abstraction, que l'individu n'est pas un exemplaire ; nous savons aussi que l'espèce ne possède aucune existence à part, en dehors des individus. C'est pourquoi nous croyons nous entendre à demi lorsque nous suggérons que Jésus, déjà virtuellement rétabli dans le rapport normal avec Dieu par l'issue victorieuse de sa tentation, a réalisé complètement ce rapport par un sacrifice intérieur de son être séparé, dont le supplice visible n'a été que la conséquence, la manifestation et le symbole — et qu'accomplissant cette révolution en tant que chef de l'humanité, il a changé la position de l'humanité tout entière en rendant une semblable révolution possible à ceux qui s'attachent à lui par la foi. Ainsi, le salut par Jésus-Christ serait l'imitation de Jésus-Christ rendue possible par le sacrifice de Jésus-Christ. Le salut acquis par le mérite de Jésus-Christ consisterait pour chacun dans la possibilité de la conversion, laquelle consiste à mourir à soi-même pour revivre en Dieu comme Jésus-Christ, c'est-à-dire à cesser de se vouloir soi-même, de se prendre soi-même et son bonheur présent ou futur comme but, pour ne vouloir que Dieu et l'avancement du règne de Dieu dans l'humanité[1]. Mais en quoi con-

---

[1] Sur la matière de ce paragraphe, comparer *Philosophie et Religion*, 1883.

siste cette vie en Dieu, comment ce rétablissement du rapport organique du Créateur et de la créature se traduira-t-il dans l'existence journalière ? Pour l'entendre, nous devons revenir encore une fois sur l'idée de Dieu.

VII

On ne doit pas reprocher l'anthropomorphisme à la religion. Nous ne connaissons Dieu par la foi que dans son rapport avec nous, comme une volonté toute-puissante qui tend à réaliser le bien moral dans le monde ; mais nous avons le droit de le considérer comme une personne, nous sommes assurés de ne nous point égarer en lui attribuant les caractères positifs de la personne, quoique nous nous apercevions bien que la notion de personne est impuissante à le renfermer. Nous ne savons pas comment Dieu pense et ce que c'est pour lui que penser, mais nous savons qu'il entend nos prières, parce que c'est de lui que nous tenons l'être et que la prière est notre fonction naturelle. La prière est la force qui nous élève au-dessus de la boue. C'est la respiration de notre âme, et l'on ne respire pas sans air ; s'il nous fallait prier sans être entendus, notre constitution serait absurde, et si notre constitution était absurde, nous ne pourrions rien comprendre à rien, ce qui rendrait toutes les opinions indifférentes. Dieu nous entend donc, et Dieu nous aime ; car c'est un besoin pour nous de l'aimer. L'a-

mour de Dieu tel que l'entend Spinosa ne demande
aucun retour, parce qu'il sait un tel retour impossible.
Mais cet amour prétendu n'est que la sereine accep-
tion de la nécessité des choses. Une contemplation
semblable nous détache de notre égoïsme, et dans ce
sens elle est véritablement religieuse ; mais elle ne
représente que le côté négatif de la religion, elle tend
à l'anéantissement de l'individu, qui, pris en lui-
même, ne possède aucune valeur ; la véritable affirmation de soi lui manque, la volonté ne s'unit qu'à la
volonté, l'amour ne va qu'à l'amour. La constitution
de notre être moral, l'impérieux besoin de notre cœur
nous attestent que Dieu nous aime, et nous ne craignons point en l'affirmant de tomber dans l'irrévérence.
Nous n'admettons pas non plus, avec Aristote, que Dieu
ne pense qu'à lui, la conscience parfaite ne pouvant
avoir d'autre objet que la perfection ; Dieu se connaît
et connaît toutes les choses qui sont en lui. Nous lui attribuons résolument toutes les qualités qui nous permettent de soutenir un rapport moral avec lui, parce
que la réalité de ce rapport moral est pour nous un
point de fait, une donnée d'expérience. Dès lors, nous
concevons Dieu comme un esprit concret. Nous savons
bien que nos mesures sont trop courtes, nos formules
impuissantes ; mais dans la pratique cet anthropomorphisme ne peut pas nous égarer : ce que nous affirmons est réel, bien que nous ne sachions pas comment
il peut l'être et que la certitude s'en mêle à des représentations dont nous apercevons l'impropriété.

La pente est assurément glissante : Une fois Dieu conçu comme esprit, on cherche à discerner en lui les éléments constitutifs de l'esprit que nous connaissons, on construit une psychologie divine sur le modèle de la nôtre, opération d'autant plus scabreuse que notre psychologie est moins avancée et que la fascination de langage nous conduit à imaginer des facultés plus ou moins indépendantes correspondant aux formes abstraites de la conscience. Les résultats d'un travail semblable n'ont pas de valeur. Mais par l'effet du péché, une différenciation apparente est inévitable dans notre rapport avec Dieu, dans la volonté divine à notre égard. Penser que Dieu respecte notre liberté jusque dans l'acte coupable, c'est penser qu'il nous juge et qu'il nous condamne ; cependant il veut toujours notre bien, il veut nous sauver ; ce qu'il veut réellement, c'est que nous rentrions en lui par l'abandon de notre fausse indépendance ; il nous suggère, nous persuade de mourir à nous-mêmes pour revivre en lui ; il nous inspire, il est en nous l'Esprit qui sanctifie. Si l'on veut trouver un sens raisonnable, un sens religieux, c'est-à-dire un sens moral, à des distinctions consacrées, qui ont été suggérées par les besoins de la religion pratique et dont s'est emparé mal à propos une métaphysique trop ambitieuse, on pourra dire avec raison qu'il est triple et un, parce qu'il est simplement et constamment la volonté que le bien moral se réalise [1] La conscience peut s'approprier ces dis-

[1] Voyez *Philosophie de la liberté*. 3ᵉ éd. T. II. p. 143-160.

tinctions, mais elle ne saurait admettre que la volonté divine soit déchirée, et que Dieu veuille le mal.

VIII

Indépendamment de la tradition chrétienne et de toute autre, nous avons consulté l'expérience pour apprendre d'elle s'il est possible de trouver une signification morale de l'existence, en conciliant l'autorité de la loi morale avec les autres réalités de l'univers. Nous avons trouvé ce programme réalisable, du moins jusqu'à un certain point, au moyen des vieilles hypothèses de Dieu, de la Création, de la liberté humaine et de la chute, dont le besoin d'une conciliation pareille est l'incontestable origine. La dernière de ces théories ne nous a paru point différer des autres en cela, quoiqu'elle en ait été séparée arbitrairement, pour la rattacher à une religion particulière et l'envelopper dans son discrédit. Elle est d'ailleurs indispensable aux précédentes pour les faire cadrer en quelque mesure avec l'état des faits[1]. Les conséquences de la chute nous semblent atteindre justement l'humanité tout entière en raison de son unité réelle, dont nous instruisent la biologie, l'histoire et surtout la conscience morale par la loi de charité; de sorte que celui qui souffre de la chute est bien réellement celui-là même qui l'a

---

[1] Comparez *La Raison et le Christianisme*.

commise. Cette conception ne nous interdit point l'espérance, car Dieu n'aurait pas créé s'il n'avait pas en lui de quoi parer à l'éventualité de la chute, inséparable de la Création ; et l'histoire, où nous voyons les puissances du bien et du mal se faire une guerre acharnée, semble bien accuser ici et là, dans certains domaines, quelques symptômes réparateurs.

Cette philosophie nous met en repos sur ce qui tient à notre condition particulière, en nous apprenant à n'y plus songer, pour nous consacrer à l'ensemble ; mais sur le problème des différences individuelles, comment tel souffre justement plus que tel autre, pourquoi tel est poussé dans le mal plus que tel autre par les circonstances extérieures et par ses instincts, elle ne nous apporte aucune lumière. Le Christianisme ne nous en apprend pas davantage sur un sujet où il est difficile de se résigner à l'obscurité totale, et qu'on rattache naturellement aux questions de l'avant et de l'après. On suppose des antécédents à l'individu pour ramener la variété des conditions, et surtout des dispositions, à des décisions de la liberté qui la rendraient acceptable ; ou remet à l'avenir le soin de corriger l'injustice apparente du sort comme celui de punir le crime et de récompenser la vertu. Pourquoi l'Evangile est-il annoncé aux uns et non aux autres ? Parmi ceux qui l'entendent, pourquoi les uns l'acceptent-ils et non les autres ? Et parmi ceux qui l'acceptent, pourquoi quelques-uns sont-ils plus ou moins transformés par son influence et non les autres ? Nous n'avons point de réponse à ces questions. Mettre l'arbitraire en Dieu, c'est nier Dieu. Dieu veut le bien, rien que le bien, le bien tout entier, sa justice est le type de toute justice, nous le savons ; néanmoins la liberté des individus n'explique pas les différences que nous constatons. Les suppositions qu'on risquerait dans le but de ramener la diversité des conditions et des tempéraments à la diversité des conduites en quelque existence antérieure ne contenteraient sur ce point notre besoin de justice qu'en le blessant sur un autre. Elles condamneraient la solidarité, mais surtout elles offenseraient la charité, comme le cruel enfantillage de ceux qui, sans égard aux avertissements de Jésus-Christ, cherchent à quel péché particulier de l'individu ils doivent attribuer ses maladies. L'idée, d'ailleurs assez naturelle, d'une série d'existences individuelles se déterminant les unes les autres n'est donc pas sans inconvénients moraux. Ensuite elle se concilie malaisément avec la solidarité constatée en fait. L'effrayante obscurité n'est point dissipée.

Quant à l'avenir, dès l'origine il a fortement préoccupé l'Eglise. Rien n'est plus vieux, rien n'est plus populaire, rien n'est plus universel, parce que rien n'est plus naturel à la pensée, que l'Enfer et le Paradis. Mais c'est à dessein que nous avons réservé pour l'étude du Christianisme toute la matière de la vie future, où la seule raison — j'entends ma raison — n'aboutit qu'à se convaincre de son ignorance. Et le Christianisme ne nous conduit pas beaucoup plus loin.

les textes de ses livres sacrés sur ce sujet ne sont pas tous clairs et ne s'accordent pas entre eux sans difficulté. L'interprétation traditionnelle en est dominée par une anthropologie étrangère au Christianisme primitif: le dualisme foncier de l'âme et du corps, l'indestructibilité naturelle de l'esprit fini. Ce dualisme n'est pas absolument démoli, comme on l'affirme un peu trop tôt, mais il ne fournit certainement pas l'interprétation la plus naturelle des phénomènes. La preuve de l'immortalité de l'âme qu'on tirait de sa simplicité, déduite elle-même de l'unité de la conscience, suppose bien des connaissances que nous n'avons pas. Le monisme matérialiste s'abuse à son tour lorsqu'il croit avoir établi l'impossibilité d'une vie future : peut-être l'aurait-il prouvée si l'on accordait ses prémisses, que les esprits absolument incapables d'analyse seront seuls tentés d'accepter. La physiologie mécaniste aboutit fatalement au dualisme, car si nous savions quels déplacements correspondent à chaque pensée, nous n'en verrions que mieux l'impossibilité de prendre la pensée pour un déplacement. Et si l'on dit que la force intérieure est une propriété de la matière, on exprime l'unité de l'être par un contre-sens. L'être intérieur, l'être en soi, l'activité propriété du passif, du non être, c'est absurde ! Nous ne saurions trop le répéter, le seul monisme défendable est celui qui fait de l'étendue et de l'impénétrabilité la manifestation d'un être et le signe de sa présence. Dans ce point de vue, on comprend qu'après la destruction de l'organisme, le principe actif qui l'a produit pour s'en servir puisse fort bien s'en construire un autre. Affirmation et négation sont également gratuites dans ce domaine. Ce ne sont pas les caps et les amers que nous avons à consulter pour diriger notre navire ; il faut rester en pleine eau, les yeux fixés sur l'étoile.

IX

Tout l'Evangile se rapporte à la vie à venir, on ne saurait la nier et rester chrétien ; et pour y croire, il n'est pas besoin d'en avoir compris la possibilité ; la science qui se croit autorisée à l'écarter n'est pas moins transcendante en sa négation que la foi dans ses affirmations, et n'a pas les excuses de la foi. Mais, cette vie à venir, comment faut-il l'entendre ? Suivant quelques passages des livres saints, le sort de chacun serait décidé d'une manière irrévocable à l'instant même de sa mort et il passerait immédiatement à sa condition définitive. Suivant d'autres, les morts attendraient « dans la nuit où l'on ne peut travailler », l'heure solennelle d'un jugement collectif où les boucs seraient séparés des brebis, pour aller, les uns au feu éternel, les autres à la joie éternelle, joie et tourment dont on essaie en vain de se faire une idée précise. Aujourd'hui l'on enseigne que les passages où nos pères croyaient trouver les peines éternelles étaient mal traduits. Authentique ou non, la doctrine des peines éternelles ne saurait se concilier avec les textes qui enseignent la fin du mal et l'établissement d'un ordre définitif où « Dieu sera tout en tous. »

Sans insister sur l'exégèse, nous nous attachons à ce qui, dans les documents primitifs et dans la tradition, répond aux besoins de la conscience, et nous repoussons l'éternité des peines.

Ce n'est pas sans quelque difficulté. Le rôle de la religion n'est point, suivant nous, de consoler l'humanité de ses maux présents par la perspective de délices imaginaires : son ambition est de la guérir de sa corruption. La conscience est notre règle d'interprétation. Elle n'admet pas que la liberté soit violentée; une conversion forcée équivaudrait à une substitution de personnes. Si le pécheur, dont l'amendement devient de jour en jour plus difficile, persiste dans sa rébellion, il ne peut pas entrer dans un ordre dont il supprimerait les conditions. Mais de quelque manière qu'on la conçoive, l'éternité des peines c'est l'éternité du mal. Nous avons vu comment un mal temporaire peut se concilier avec l'existence de Dieu, mais l'éternité du mal serait décidément la négation de Dieu dans cet attribut de Toute puissance qui nous semble inséparablement lié à l'idée de cause première. Nous ne saurions entendre que ce qui ne doit pas être soit éternel, il y a là une contradiction. Et la logique n'est pas ici le principal intéressé. L'expérience ne prouve point assurément d'une manière irrécusable que ce qui suivra vaille mieux que ce qui a précédé, mais en dépit de l'expérience, nous ne saurions renoncer à l'idée que tout finira bien. Nous aurions tort d'abandonner cette espérance, car elle est la force qui nous soutient dans notre tâche. Prétendre que l'ordre moral porte sur une illusion est la sagesse des cœurs gâtés.

Le mal doit finir, l'esprit de Dieu doit s'épandre en toutes choses. Mais comment? L'impasse où nous nous trouvons entre deux solutions également contraires aux besoins de la conscience tient à leur supposition commune d'une immortalité essentielle de l'esprit individuel. Cette doctrine, que toute l'Eglise a accueillie et que le théisme populaire connu sous les noms de spiritualisme et de religion naturelle a soigneusement conservée, nous vient de la philosophie grecque et ne s'impose pas nécessairement à l'esprit. On éviterait les inconvénients d'un pardon sans repentir, d'une liberté contrainte, ou de l'éternité du mal, en admettant, avec une école assez active aujourd'hui, que les pécheurs impénitents sont anéantis, soit par la mort naturelle, soit après de nouvelles épreuves. Sans examiner ici laquelle des trois doctrines s'accorde le mieux avec les textes qu'elles invoquent également, il nous semble que la dernière échappe aux impossibilités morales contre lesquelles viennent se briser les deux autres, qui ne sont peut-être pas plus anciennes. De plus, la dernière se justifie assez naturellement par l'analyse. Le mal moral, en effet, n'est pas une simple privation d'être, comme le représentait une théologie trop abstraite et trop prompte en ses conclusions, mais le mal n'est pas sans rapport avec le non-être; c'est un effort de l'être vers le non-être, une tendance à la destruction de soi-même. L'être créé, l'être dérivé veut se constituer ou demeurer en dehors du principe et de la source de l'être : tel est le caractère commun du mal sous toutes ses formes. En vertu de sa définition même, le mal semble donc tendre à s'éteindre, à s'anéantir. Ainsi, la considération du mal en soi nous conduirait aux mêmes conclusions que celle des perfections divines : « Le salaire du péché, c'est la mort ».

X

A nos yeux, la difficulté n'est pas de comprendre que l'individu n'est pas immortel de sa nature; la difficulté serait bien plutôt de comprendre qu'il le devienne. Les prétendues objections de la physiologie à la vie future procèdent, il est vrai, d'une métaphysique dont le propre est de prendre l'effet pour la cause; nous en faisons peu de cas. Mais ce n'est pas seulement le monisme matérialiste, c'est le monisme en général qui semble répugner l'immortalité de l'individu. Sans qu'on puisse parler ici d'une nécessité logique absolue, il est naturel de penser que ce qui commence est destiné à finir. D'ailleurs il y a plus, infiniment plus : la difficulté gît dans le sentiment moral lui-même, dans l'esprit chrétien. Le mobile chrétien n'est pas l'espoir d'une récompense, même spirituelle, même éternelle, le Christianisme n'est pas un placement, le dévouement n'est pas un calcul ; il veut se donner, se donner tout entier, et sans réserve, et pour toujours. Vouloir le bien pour le bien, c'est ne rien demander, ne rien espérer soi-même. Si nous nous en approchions trop, les éblouissantes perspectives de la gloire à venir ne nous laisseraient plus la place et la faculté de vouloir le bien pour le bien, ni d'aimer Dieu parce qu'il est le bien. Peut-être même, le but n'étant plus d'obéir à la conscience, cette voix intérieure cesserait-elle de se faire entendre ; et nous pourrions nous égarer, et l'on pourrait nous abuser sur les moyens d'arriver au Ciel. Il n'y a pas de sot métier si l'on y fait fortune ; le fanatisme se produira naturellement à la suite d'une religion intéressée. Toute idée a deux pôles : quand le bonheur personnel reste l'idéal, on ne tarde pas à prendre la souffrance comme le moyen d'y parvenir et l'on s'inflige des supplices dans le but de gagner le Ciel : c'est la sainteté monacale, toilette malpropre de l'égoïsme, imagination blasphématoire, qui suppose un Dieu méchant. Sans descendre à ces aberrations répugnantes, la charité même, pratiquée en vue d'une récompense, n'est proprement plus la charité. La soif de bonheur est intarissable sans doute, mais il la faut toujours réprimer. C'est en foulant ce sol élastique que l'âme trouve l'élan qui lui fait gravir la hauteur.

La conciliation se trouve dans l'amour de Dieu, qui est le vrai sacrifice de soi-même. L'esprit chrétien ne consiste pas à se dépenser en vue des félicités à venir, c'est dans le sacrifice lui-même, dans le sacrifice actuel qu'il met son bonheur, non dans la douleur pour la douleur, mais dans la douleur et dans la mort pour le bien commun, dans le don parfait de soi-même.

Faire comme Christ, être à Christ, être en Christ, s'anéantir, en d'autres termes, telle est la folie de la croix, cette contradiction suprême, cette absurdité des absurdités dont procède tout ce qui permet encore de supporter l'existence ici-bas. « Les filles de Sainte-Thérèse n'ont pas le loisir de songer beaucoup à leur âme, car leur vœu les oblige d'appliquer constamment leur oraison au salut d'autrui ». La sainte ne préférait personne à ses propres enfants, mais si plusieurs chemins mènent au Ciel, elle tenait celui-là pour le plus court et le plus sûr. Ne rien vouloir pour soi, ne pas penser à soi, ne penser qu'à l'œuvre, travailler tant qu'il y a quelque chose à faire, puis passer en souriant l'arme ou l'outil au camarade, et qu'il n'en soit plus question ! Le dôme ambitieux du Panthéon, la coupole d'or des Invalides couvrent-ils des tombeaux comparables à la sépulture du matelot, la grande mer, la grande paix, l'éternel silence?

XI

Eh bien, non, malgré tout, l'anéantissement n'est pas le dernier mot. Le christianisme qui triomphe de ce qu'une souffrance imméritée nous a dispensé de subir un châtiment mérité, le christianisme qui consiste simplement à renverser toute justice appelait nécessairement une réaction, mais toutes les réactions ont une tendance à s'exagérer. Ne rien vouloir pour soi-même n'est pas la même chose que vouloir ne pas être. Si le néant était le but de notre aspiration légitime, le néant resterait l'unique bien. Or le néant n'est pas le bien, le bien c'est l'amour, qui ne saurait se réaliser que sous la forme sociale, laquelle implique à son tour la pluralité des personnes. Et ces personnes ayant atteint leur but, réalisé leur idéal, il n'y a plus de raison pour qu'elles changent ni pour qu'elles passent. Nous concevons l'objet de l'expérience comme évolution, mais l'évolution ne s'explique point d'elle-même. La fin n'est pas l'évolution, la fin n'est pas le devenir, la fin n'est pas le temps, la fin n'est pas le mouvement, la fin n'est pas la vie, la fin est l'*acte*, la pleine possession de soi-même, l'éternité. Ainsi l'immortalité personnelle conserve sa place dans l'idéal ; en dehors de l'immortalité personnelle il n'y a pas d'achèvement possible à l'évolution, il n'y a pas d'idéal réalisable, il n'y a pas de raison des choses. Le devenir tend à l'être, la grande logique des choses conclut à l'éternité. Et quant aux mouvements du cœur, si nous pouvons un moment nous croire permis d'attacher peu d'importance à notre personne, il n'en est pas de même de la personnalité d'autrui. Disparaître ne serait rien, ce qui importe, c'est que ce ne soit plus nous qui vivions, mais que Christ vive en nous. — Nous conserver pour agir, nous posséder pour nous donner, tenir notre mérite en faible estime, respecter en nous l'œuvre de Dieu, être, en un mot, vouloir être, mais vouloir être à notre place, ne nous vouloir qu'avec le corps et pour le corps dont nous sommes un organe, la sagesse est toujours là.

Nous pencherions donc pour l'immortalité conquise. Mais ce qui nous frappe surtout dans ce sujet, comme dans ceux que nous avons abordés précédemment, c'est l'impossibilité de se fixer dans une théorie parfaitement satisfaisante, c'est le mystère où nous nous heurtons à chaque pas, c'est l'au-delà que nous apercevons de tous les côtés. On a déjà signalé maintes fois l'antinomie qui existe entre des récompenses ou des punitions quelconques, durables ou passagères, et la notion même de la vertu, qui est essentiellement désintéressée. Et l'on ne saurait méconnaître que cette opposition s'étend à l'idée même de Dieu comme dispensateur de la justice, de sorte qu'en pressant un peu les termes on ferait saillir une contradiction générale entre la morale et la religion. Et cependant, la morale et la religion sont en réalité solidaires, car il serait

absurde de penser que la conscience possède un droit
véritable sur nous, et qu'on ait tort de lui mettre un
bâillon quand elle gêne, après que l'ayant réduite à
des associations d'ordre sensible, on aurait cessé d'y
voir une manifestation de l'ordre éternel. L'antagonisme est illusoire, parce que la vertu réelle, la moralité concrète n'est pas le produit d'un seul mobile,
mais du concours de plusieurs mobiles qui se compensent, qui s'entr'aident et prévalent tour à tour sans
que l'ordre en soit altéré. L'action juste n'est pas toujours celle où l'on fait le bien uniquement parce qu'il
est le bien, il suffit qu'il soit fait dans la conscience
qu'il est le bien; autrement le plaisir même qu'on
trouve à l'accomplir en souillerait déjà la pureté. L'espoir d'une vie meilleure cesserait d'être un motif moral et passerait à l'ordre opposé s'il nous déterminait
d'une manière exclusive, ce qui ne pourrait avoir lieu
qu'en le supposant séparé de la conscience morale où
cet espoir a tout son fondement. Dans ce cas, il pourrait nous porter indifféremment à des actions quelconques. Ainsi la croyance à l'immortalité pourrait
isolément devenir dangereuse, et l'on ne doit pas regretter que les preuves métaphysiques en aient perdu
leur crédit. L'inconvénient signalé n'est point chimérique, les croyances du grand nombre ne sont pas
raisonnées, et toujours la contradiction nous est plus
facile que la conséquence; mais en fait les preuves de
l'immortalité, comme les preuves de l'existence de
Dieu, ne se trouvent que dans la conscience morale

elle-même. La croyance en Dieu, la confiance en l'avenir s'élèvent et s'abaissent avec l'intensité de la vie morale ; l'immortalité dont l'espoir fortifie, l'immortalité qu'on aperçoit, c'est l'ordre vrai, la consommation de la charité, où nul n'existe pour lui-même ; et l'homme qui affirmait la résurrection avec la plus grande énergie se sentait capable de sacrifier à ses frères, non seulement la vie présente, mais la vie à venir ; il désirait « être lui-même anathème et séparé de Christ pour ses frères [1]. »

Dans cet ordre supérieur, la raison raisonnante est fort peu de chose, la croyance est sa preuve à elle-même. L'objet en est évident, il est lumineux parce qu'on en vit et tant qu'on en vit : il recule, il paraît confus, il se dissipe aussitôt qu'on a cessé d'en vivre. Les orthodoxies s'entre-déchirent ; nul dogme n'est stable. Une théologie n'est jamais à son origine que l'expression d'un état moral qui cherche à s'expliquer, et ce qu'il importe de constater, bien qu'on pût le prévoir aisément, c'est qu'il n'y réussit jamais. La religion précède la théologie, et quoique à son tour celle-ci tende à façonner la religion suivant ses vues, elle ne saurait ni l'épuiser, ni l'embrasser. C'est pourquoi nous n'essayerons pas d'achever cette ébauche d'une dogmatique rationnelle, certain que dans l'éventualité la plus favorable nous n'arriverions qu'à mettre un système de plus à côté d'autres systèmes plus ou moins équivalents. En théologie comme en philoso-

[1] Rom. IX, 3.

phie, nous n'arrivons pas au but, heureux si nous en
avons su marquer distinctement la direction. Nous
aurions voulu dire comment les faits chrétiens peuvent s'expliquer à la conscience de manière à conserver leur empire sur la vie. La raison critique a besoin
d'un tel travail, la religion peut s'en passer. La même
religion s'accommode aux systèmes les plus différents.
Le catholicisme, qui prétend nous sauver tels que nous
sommes, par la vertu des cérémonies, régler la conduite sans en changer les mobiles par l'obéissance aux
supérieurs et creuser à l'Esprit des canaux dont il ne
saurait s'écarter, le catholicisme, qui nous dispense
d'avoir une conscience personnelle et nous décharge
sur le prêtre du soin de notre salut, n'apporte point
un obstacle insurmontable au développement de la vie
intérieure et n'ignore point le miracle de la conversion. Le calvinisme, qui nous peint un Dieu haïssable,
n'a pas empêché ses disciples les plus fidèles d'aimer
un Dieu dont ils se sentaient aimés. Grec, latin, réformé, gomariste, arminien, on n'est chrétien que
d'une manière : le cœur brisé, la joie discrète, le désabusement sur soi-même, l'intime reconnaissance
pour un pardon accordé, pour une guérison commencée, pour la grâce de pouvoir se donner soi-même, le
besoin et la faculté de s'unir à Dieu dans la prière et
dans l'amour de ses enfants ! Aussi la vie ne saurait-elle donner un ravissement comparable au bonheur
de ceux qui découvrent des frères où leurs prédicateurs et leurs prêtres leur montraient des ennemis.

CHAPITRE III

LE FAIT CHRÉTIEN

Vivre en Jésus-Christ, vivre de Jésus-Christ, devenir semblables à lui, telle est l'aspiration de ceux qui se croient sauvés par lui, quelque incapables qu'ils soient de définir ce salut et ce sauveur. Maintenant que faut-il penser des faits sur lesquels porte cette croyance ?

I

Les récits évangéliques renferment des traits qui semblent appartenir à la légende, mais Jésus n'est pas un personnage légendaire. Il a vécu, il a enseigné, il a été supplicié. Expliquer l'origine de l'église chrétienne en éliminant la personne de son fondateur est un tour de force dont l'insuccès paraît dès aujourd'hui définitif. Que Jésus ait été mis à mort à Jérusalem à la requête des chefs de la nation juive, et que, peu de temps après, un changement notable une grande fermentation se soient produits parmi ses disciples, qu'ils aient cru ou qu'ils aient dit leur maître ressuscité, il n'est pas permis raisonnablement de le mettre en doute. Et ce maître fut assurément un personnage très remarquable. Bien que sa doctrine se présente sous des traits assez différents dans le dernier Evangile et dans les trois premiers, elle accuse une individualité puissante. Ces divergences s'expliquent d'ailleurs assez naturellement : préoccupés du Messie hébreu, les témoins dont les récits forment la base des Evangiles synoptiques[1] ont compris dans ce sens le nouveau prophète et retenu principalement de ses paroles ce qu'il était le plus aisé d'y rapporter et que dès lors ils croyaient mieux comprendre ; tandis que Jean, l'auteur ou l'inspirateur du quatrième Evangile, a recueilli ses souvenirs après un long séjour dans des villes grecques durant lequel il avait trouvé ou cru trouver dans la spéculation philosophique des Juifs grécisés la signification des discours du maître et le secret de sa personne. A quelque opinion qu'on s'arrête, la parabole de Jésus-

[1] L'apôtre Matthieu, suivant la tradition, et Pierre, dont Marc est l'interprète.

Christ, le paradoxe de Jésus-Christ sont l'expression du génie, d'un génie unique et d'un génie tout moral et tout religieux. Nous croyons donc à la réalité de Jésus-Christ et, ne discernant dans sa vie aucune tache, nous pouvons croire qu'il a été vraiment saint, parfaitement saint. Nous sommes assurément incapable de le prouver. Ne possédant pas même assez de détails sur sa vie pour asseoir sur ce point une induction probable, il serait naturel de penser qu'il a eu ses faiblesses comme tout le monde et d'interpréter dans ce sens ce qui est susceptible de l'être ; mais la raison générale que nous avons pour admettre un plan de restauration, la conviction que notre délivrance ne peut s'accomplir que par la sainteté, le pacifique avènement de l'Eglise, le témoignage de l'Eglise, la puissance de l'esprit de sainteté manifeste dès les premiers jours dans l'Eglise, quoiqu'on croie en pouvoir rabattre sur les récits qui nous en ont été conservés, enfin la vertu sanctifiante, ou tout au moins transformatrice, que possèdent l'histoire et la contemplation de Jésus-Christ et dont on peut constater chaque jour l'effet chez ceux qui s'attachent de la pensée et du cœur à sa personne : tout cela réuni nous porte à croire qu'il a été vraiment saint, et que dès lors l'humanité, virtuellement sanctifiée en lui, trouve en lui le germe, le principe d'une régénération qui doit être un accomplissement. Nos besoins personnels, s'il est permis de s'exprimer ainsi, et cette considération des phénomènes dans leur ensemble à la lumière de l'idée morale où nous trouvons la véritable philosophie, forment dans notre conscience un creux que la sainteté de Jésus-Christ viendrait remplir. C'est là tout d'abord ce qui nous conduit à l'admettre, malgré ce qu'elle présente *a priori* d'invraisemblable en tant qu'exception, pourvu que nul fait précis n'y fasse obstacle ; et nous ne trouvons rien dans les récits évangéliques qui ne puisse être raisonnablement interprété dans un sens compatible avec la parfaite sainteté de leur héros.

Autre motif de croire en Jésus : La corruption la plus concentrée a seule imaginé de le transformer en escamoteur, pour établir par ce grand exemple la thèse générale de la nécessité du mensonge en toute bonne œuvre. Parfait ou non, Jésus était honnête, il était sincère, il n'était pas sage au sens de la sagesse vulgaire, puisqu'il ne cherchait pas son profit ; mais il avait trop d'esprit, il jugeait de trop haut et d'un sens trop ferme pour un maniaque atteint du délire des grandeurs ; il convient donc, pour toutes les raisons que nous avons indiquées, d'examiner l'opinion qu'il a de lui-même, et d'accorder un poids considérable à son témoignage. Il se désigne lui-même par le nom du Fils de l'homme, ce qui ne peut guère signifier que l'homme par excellence. Il veut qu'on l'aime plus que ses proches, il veut qu'on le confesse ouvertement ; il ne veut pas être appelé bon, car Dieu seul est bon, dit-il, mais il accepte les titres de Christ et de fils du Dieu vivant de la bouche du disciple auquel, dit-il, le Père l'a révélé; il se donne pour le seul docteur, pour le bon berger. Sans rien du fourbe ni du sot, Jésus croit en lui-même, et sort ainsi du cadre de l'humanité. N'admit-on pas comme textuels les discours du quatrième Evangile où il se donne comme le Pain de vie descendu du ciel pour donner la vie éternelle à quiconque le contemple et croit en lui, disant qu'avant qu'Abraham fut, il était, et qu'Abraham s'est réjoui de voir son jour, il faudrait toujours poser sérieusement comme élément du témoignage que Jésus-Christ se rend à lui-même les passages des Evangiles synoptiques déjà précédemment allégués, où il semblerait se donner autant comme l'objet que comme l'interprète de la religion véritable, comme celui qui pardonne les péchés, comme l'époux durant la visite duquel ses amis sont dans la joie. « Venez à moi, dit-il, vous qui êtes travaillés et chargés, et je vous soulagerai. Toutes choses m'ont été données par mon Père, nul ne connaît le Fils que le Père et nul ne connaît le Père que le Fils et celui à qui le Fils aura voulu se faire connaître [1]. »

II

Les miracles, auxquels on s'achoppe aujourd'hui, ne sont donc pas pour nous arrêter. Plusieurs d'entr'eux présentent un aspect décidément légendaire. Il nous

[1] Matth. XI, 28. 27.

semble qu'on pourrait les éliminer à peu près tous sans que la foi chrétienne en reçut une atteinte bien grave ; toutefois on ne saurait contester que Jésus-Christ n'ait guéri des malades, quelque fût son procédé de médication. Nous ne voyons d'ailleurs absolument rien qui doive empêcher un esprit sérieux d'admettre la réalité des faits dont nous avons rapporté quelques-uns plus haut. Nous ne pensons pas que Dieu veuille faire exception aux lois naturelles, tenant pour sûr qu'il n'en aura jamais besoin ; mais d'où sait-on que Jésus n'ait pas marché sur les flots en vertu des lois naturelles? On a beaucoup étudié l'influence du physique sur le moral, on a, ce nous semble, singulièrement négligé de mesurer l'action non moins importante du moral sur le physique. Lorsqu'on en aura marqué les limites dans l'individu et dans les rapports individuels, il sera temps peut-être de calculer l'influence possible de l'ordre moral sur le mécanisme de l'univers. Nier cette influence d'une manière générale, c'est, pour un esprit conséquent, nier l'ordre moral lui-même, car c'est nier que l'ordre moral forme la clef de voûte de l'ordre universel, c'est-à-dire qu'il appartienne à cet ordre, nier la suprématie de l'ordre moral qu'affirme la conscience, c'est en nier la réalité. Croyant à sa réalité, nous croyons à sa suprématie, mais nous croyons que celle-ci s'exerce suivant des lois dont nous ne savons aujourd'hui que fort peu de chose.

En admettant, par supposition, que les faits rapportés dans les Evangiles soient réels, ils comportent une interprétation qui expliquerait la condition de l'humanité d'une manière plus satisfaisante qu'aucun système purement rationnel, en permettant de la concilier avec l'idée d'une volonté toute puissante tendant à la réalisation du bien moral qui constitue le postulat essentiel de notre raison.

En même temps, cette interprétation de l'Evangile tendrait à créer et à développer les plus puissants motifs de faire le bien.

Il résulte de là une présomption de vérité en faveur des faits susceptibles d'une interprétation pareille.

Si le dessein de concilier les réalités expérimentales avec les postulats de la raison, par exemple le fait de la solidarité humaine avec la conviction que le bien moral doit finir par l'emporter et par régner, conduit à reconnaître que certaines existences individuelles doivent avoir un caractère exceptionnel et unique, en raison de la position qu'elles occupent et du rôle qu'elles joueraient dans l'évolution de l'humanité, l'argument tiré de l'invraisemblance d'un fait unique de son espèce — invraisemblance qui devrait le faire rejeter malgré tous les témoignages historiques, qu'on peut toujours suspecter d'erreur —, cesserait d'être applicable à l'histoire de telles individualités.

Telles sont les règles de méthode que nous appliquons aux questions de fait soulevées par l'Evangile. Nous n'ignorons pas qu'elles prêtent à des objections sérieuses ; mais nous voudrions, s'il était possible, qu'on les examinât sans parti pris, et sans faire abstraction de l'état présent et des besoins effectifs de l'humanité.

Un seul miracle est vraiment important, ou plutôt la question du miracle se concentre tout entière en un point : la résurrection de Jésus-Christ, qu'il a lui-même annoncée et que ses disciples ont alléguée comme une preuve de sa mission. Nous croyons à la résurrection de Jésus-Christ, et ce ne sont pas des arguments *a priori* qui pourraient ébranler cette croyance. Mais le détail même du fait, la nature et la couleur des récits qui nous l'ont transmis font naître des difficultés d'un autre genre. Après sa résurrection, Jésus ne vit plus avec ses disciples comme du passé. Soudainement il apparaît et disparaît de même, sans que nous puissions nous représenter la nature de son existence. Enfin son ascension sur la montagne et sa disparition dans les nuées parlent à l'imagination sans rien dire à l'esprit et au cœur, sinon comme figure et comme symbole. Les sujets de doute et d'embarras n'ont pas besoin d'être énumérés. Comprend-on, par exemple, que le Seigneur ait pu s'entretenir longuement sur le chemin d'Emmaüs avec des disciples qui l'avaient vu constamment et qu'il n'avait quitté que depuis peu de jours, sans que ses disciples l'aient reconnu? Mais aux raisons pour douter il faut opposer les raisons pour croire, et si les motifs de croire semblent valables, on reprendra les sujets de doute, pour voir s'ils ne s'atténuent pas en s'expliquant lorsqu'on les examine dans l'hypothèse de la vérité. Je ne plaide point de cause, et

n'apporterai certainement aucun point de vue nouveau.
Je résume simplement ma confession.

III

Et d'abord la crucifixion de Jésus me paraît un fait historique ; je n'ai rien à dire à ceux qui croient pouvoir s'expliquer la suite des faits en l'éliminant. La supposition qu'un tel supplice n'ait pas entraîné la mort n'entre pas dans mon esprit, bien que les détails destinés à bien établir ce point puissent avoir été imaginés après coup. Le point capital, complètement supérieur au doute, est la révolution qui se produit chez les disciples peu de temps après l'événement. Timides et dispersés tout à l'heure, ils deviennent agressifs ; pleins d'enthousiasme, ils prêchent hautement la résurrection de Jésus, et on les écoute. Comprend-on des gens qui s'exposent au martyre pour accréditer une supercherie dont ils seraient les inventeurs ? Et si Pierre, si Etienne n'étaient que des dupes, de qui, de quoi l'étaient-ils ? Nous ne connaissons pas les auteurs des biographies de Jésus-Christ adoptées par l'Eglise, ni la date précise de ces compositions ; l'authenticité de tous les détails de leurs récits ne saurait être garantie que par la foi, dans la mesure où la foi les réclame ; mais l'existence de l'apôtre Paul ne peut pas être aisément contestée ; l'authenticité de ses épîtres à l'Eglise de Corinthe n'est mise en question par personne. Ces lettres sont antérieures à la rédaction des évangiles. On ne peut pas douter que Paul ne dise vrai lorsqu'il affirme[1] avoir enseigné aux Corinthiens « que Jésus est ressuscité... qu'il est apparu à Céphas, puis aux Douze, qu'après cela il est apparu, en une rencontre, à plus de cinq cents frères, dont la plupart sont encore vivants... », qu'ensuite il est apparu à Jacques, puis à tous les apôtres ; qu'enfin, après eux tous, il est apparu à Paul lui-même. De telles assertions pouvaient être immédiatement contrôlées ; le nombre des Juifs établis dans une métropole du commerce telle que Corinthe, la fréquence de leurs rapports avec la Syrie et la Palestine facilitaient singulièrement cette tâche. Il est impossible de supposer que Paul eût risqué des assertions semblables s'il n'eût été convaincu personnellement ; impossible de comprendre comment il aurait pu l'être, lui qui avait habité Jérusalem, qui avait été en contact, en conflit avec ceux qu'il désigne, si les faits qu'il rapporte n'avaient pas été de notoriété publique dans la Terre-Sainte. Au milieu des faits du même temps par lesquels tout le cours de l'histoire a été changé, ce témoignage authentique et catégorique constitue un motif de croire à la résurrection contre lequel, pour les raisons déjà déduites, les principes généraux de la critique ne sauraient prévaloir dans notre esprit. Quelques éléments légendaires peuvent s'être mêlés aux récits postérieurs, dont il ressort du

---

[1] Cor. XV, 4-9.

reste assez clairement que Jésus ressuscité n'appartenait plus à notre terre. Malgré l'obscurité de ces récits, malgré leur caractère étrange et les doutes qu'ils suggèrent, nous croyons donc à la résurrection corporelle de Jésus-Christ, soit qu'il faille la considérer comme un fait absolument unique, soit qu'on la rapproche de la résurrection de Lazare et de quelques autres. L'idée chrétienne et les faits chrétiens sont inséparables. Sans la nécessité relative de l'idée, les faits seraient simplement incroyables; sans la réalité historique des faits, l'idée resterait en l'air. Si Jésus s'est montré à ses apôtres et à quelques disciples sous des traits qu'ils eurent parfois peine à reconnaître, s'il ne s'est pas produit ouvertement devant ceux qui l'avaient crucifié, c'est apparemment qu'il ne voulait pas fonder son Eglise sur des évidences extérieures, mais sur le contact de l'Esprit.

Nous tenons la résurrection de Jésus-Christ pour un fait véritable, malgré l'ombre qui plane sur les récits qui s'y rapportent et l'impossibilité de l'accorder avec les lois naturelles à nous connues. L'importance que lui attribue l'apôtre Paul, l'importance qu'elle possède pour toute l'Eglise nous montrent de quel œil nous devons l'envisager. C'est le retour de Jésus au milieu des siens qui explique l'énergie de leur prosélytisme et le merveilleux succès de leur prédication. Notre foi n'hésite pas, notre intelligence n'est pas complète. Personnellement nous ne sentons pas la nécessité de ce retour en chair pour l'œuvre du salut; nous y croyons, nous ne voudrions pas dire qu'il soit impossible d'être chrétien sans y croire. Seulement il est infiniment probable que ceux qui se rattachent à Jésus-Christ sans affirmer qu'il ait reparu sur la terre après son supplice, n'auraient pas eu l'occasion d'entendre prononcer son nom si ce retour n'avait point eu lieu. Ce retour n'ajoute rien à l'œuvre libératrice, car c'est spirituellement que nous nous unissons à Jésus-Christ ressuscité; mais il était nécessaire pour rétablir la foi des disciples et pour lui donner enfin son objet véritable. La présence visible de Jésus-Christ ressuscité était nécessaire pour donner à ceux qui croient en lui la certitude qu'ils ressusciteront avec lui.

Tout s'enchaîne dans la pensée : si l'on croit à l'honneur et au devoir, on ne se tient pas pour une machine; si l'on ne se croit pas une machine, on ne peut pas admettre le mécanisme universel, et l'on ne peut trouver que dans un Dieu libre une explication quelconque de sa propre liberté. Une fois ces points admis, une fois que, malgré toutes les sagesses qui nous disent : « tu n'es rien », on cède à l'ordre impérieux de ce quelque chose en nous qui veut être; une fois jugé possible qu'une fin morale soit assignée à l'histoire et qu'une providence dirige l'histoire, on n'a plus de raisons personnelles pour se gendarmer contre l'idée de phénomènes exceptionnels destinés, dans une crise décisive, à manifester une vérité ; l'impossibilité *a priori* s'évanouit et laisse la place libre pour un examen historique. La pure légende est un thème abandonné comme l'imposture; ces suppositions ne cadrent point avec la suite des faits et se brisent contre le témoignage de Paul. Le retour pur et simple à la vie ordinaire fût-il concevable, il est incompatible avec les récits conservés. On se rabat de tous côtés sur les visions, et c'est fort sage, car au fond vision et fiction sont les seules alternatives. Que savons-nous d'autres personnes, sinon par nos perceptions? et que sont nos perceptions, sinon des phénomènes intérieurs, des *hallucinations vraies*, suivant le mot de M. Taine? Nous acceptons la vision dans ce sens comme une chose qui s'entend d'elle-même, et non pour échapper au miracle. S'il s'agit de visions dans le sens où le naturalisme déterministe peut les admettre, d'hallucinations produites par la violence des émotions que le supplice de leur maître avait excitées chez les disciples et par la vive attente de son retour, nous ne pouvons pas nous contenter d'une explication qui jure avec le détail des récits et plus encore avec la suite des événements. Ces hallucinations communes à des centaines de personnes seraient quelque chose de fort extraordinaire; mais enfin les accidents nerveux sont contagieux, on pourrait passer là-dessus. Ce qui est plus grave, c'est que tout nous montre que cette vive attente, cette foi prête à se changer en vue n'existaient chez les disciples à aucun degré. Au contraire, ils étaient extrêmement déprimés, et c'est la vue du Maître qui les remonte. C'est ici le point décisif : si la vision de Jésus avait été l'effet de leur confiance en son retour, cette confiance se serait éteinte avec le dernier jet d'une flamme expirante ; tandis que c'est le contraire qui a eu lieu : les visions ont cessé, la confiance s'est accrue, et la puissance, et l'éloquence, et l'énergie — et l'Evangile a été prêché aux nations. Loin d'être l'effet de la foi antérieure, la vision de Jésus-Christ ressuscité est la cause de la foi qui a conquis le monde. Si l'on peut admettre que cette vision a été accordée aux disciples dans ce but et à cet effet, alors il nous semble que toutes les théories viennent se fondre dans celle-là, sans qu'il soit bien nécessaire, ni bien possible, ni même bien désirable de la préciser davantage.

IV

Les faits historiques auxquels se rattache notre foi ne peuvent plus, à la distance où nous en sommes, rester les causes et les motifs de cette foi. Le bien et le mal sont tellement mêlés dans l'histoire de l'Eglise, et depuis si longtemps ; la crédulité y joue un si grand rôle, la fraude y a obtenu de tels résultats, les crimes commis au nom de la foi montent comme une si haute montagne, dont il échappe une si mortelle odeur ; le contraste est si dur entre le fondement et les édifices bâtis par lui qu'on ne saurait où s'arrêter sans l'irrécusable démonstration de puissance que fournit l'action du Christianisme dans le cœur et dans la conduite de ses vrais disciples : certitude immédiate, absolue, pour ceux qui, sentant leur Sauveur vivre en eux, sont transfigurés à son image ; pleine certitude encore pour ceux qui, sans être morts de sa mort et ressuscités dans sa vie, ont pu connaître de tels chrétiens et sentir quelque chose de ce qui se passe en eux. Sans aller jusque là, sans rien demander à l'intuition, à la sympathie, chacun pourra constater, pensons-nous, si la chose lui paraît en valoir la peine et s'il ne redoute pas les conséquences d'un tel examen, que les seules charités collectives de quelque durée, de quelque importance exigeant de véritables sacrifices, sont des œuvres religieuses, qui se font encore au nom de Christ. Mais il faut aller plus loin pour se convaincre. La lumière de l'Evangile brillant dans les chrétiens véritables, la décomposition manifeste de la société qui se détourne de cette lumière et qui cherche à l'éteindre, voilà le contraste propre à dissiper les doutes que feraient surgir le désir et l'impuissance de comprendre. Une âme en qui Jésus habite, la flamme est là, la vie et la vérité sont là. Jésus-Christ est le centre de l'histoire et le sauveur du monde ; tenons-nous fermes à ce rocher. Mais pourquoi l'œuvre du salut semble-t-elle reculer au dehors ? pourquoi avance-t-elle à pas si lents là où elle avance ? — Résignons-nous à ne le point comprendre, et demandons à Dieu que notre part de responsabilité soit la moindre possible et dans ces retards et dans ces reculs.

En quoi consiste au fond le salut lui-même ? Quelle

est, dans la conversion, la part de l'homme et la part de Dieu? Comment se marient l'humain et le divin dans la personne de notre Sauveur? La pensée du chrétien ne saurait se détourner de ces problèmes : mais ce qu'elle en voit n'est qu'une échappée, ce qu'elle en dit n'est qu'un bégaiement; il y a toujours un au-delà, et ce qui est au-delà de nos prises semble toujours le plus important. Ces choses dont on vit lorsqu'on vit, ces choses qui sont la vérité de toute nature, pour nous, dans notre présente condition, elles sont surnaturelles; après en avoir dit ce qu'on croit pouvoir risquer, il faut confesser son impuissance et renoncer à les définir.

CHAPITRE VI

L'ENSEIGNEMENT DE LA RELIGION

Nous aurions voulu dire ce que peut et ce que doit devenir la théologie ou, pour nous servir d'un mot plus exact, l'enseignement de la religion ; mais nos forces ne répondent pas à cette tâche. Nous ne parvenons pas à faire évanouir le surnaturel, et par définition le surnaturel ne saurait être l'objet d'une science. La raison naturelle ne suffit pas à trouver le procédé convenable pour communiquer la croyance au surnaturel. On arrive à la possession du salut par divers chemins et, comme nous l'avons déjà reconnu, la vie chrétienne peut s'associer à des théologies très différentes. S'il existe une méthode raisonnable pour atteindre et pour établir la croyance essentielle, il est assez probable, d'après les analogies, que cette méthode aura peu d'effet sur le plus grand nombre : pour élever une intelligence, il faut se mettre à son niveau, et si l'on veut décider une volonté, il faut lui présenter des considérations qui puissent devenir des motifs pour elle dans l'état même où elle se trouve. Les bonnes raisons ne persuadent que les bons esprits, la foule est sensible à des arguments qui ne toucheraient pas ces derniers. Il se peut faire qu'une religion vraie pousse sur le terrain d'une doctrine fausse, parce que l'Esprit parle au dedans une langue inaudible ; le cœur a sa logique à lui, qui vaut mieux que l'autre : il prend dans la prédication ce dont il a besoin et n'élève pas d'objection sur le reste, parce qu'il n'a pas le temps de s'y arrêter. Sans répudier l'autorité du prêtre ou du livre, le fondement de sa foi n'est plus cette autorité, mais l'expérience intérieure. On appellera mystique un tel homme ; à proprement parler il ne sera tel que lorsqu'il se sera rendu compte de son état et que son inconsciente indifférence à l'autorité sera devenue un antagonisme. A défaut de cette distinction, le nom de mystique s'appliquerait à tous les chrétiens.

Mais si l'Esprit rectifie la croyance de ceux qu'il anime, et si leur foi réelle est supérieure à leur formulaire, il en est tout autrement du gros des communautés dans leur activité collective et dans la conduite de leurs membres. Pour autant que les passions naturelles et l'intérêt séculier laissent place en eux à d'autres mobiles, ceux-ci tirent assez régulièrement les conséquences logiques de l'enseignement qu'ils ont reçu, et les fruits de cette logique se sont montrés souvent assez amers pour autoriser l'opinion qui envisage la religion comme un fléau. Si le salut dépend de la correction des croyances et si Dieu veut le salut du genre humain, il n'a pas pu lui refuser une autorité vivante, infaillible, pour décider ce qui est de foi. Ainsi l'autorité de l'Eglise résulterait du dogme même au nom duquel on l'a combattue au XVIe siècle. L'expérience a suffisamment établi que l'infaillibilité d'un recueil de livres n'assure pas l'uniformité des sentiments et que les doctrines les plus opposées ont pu se réclamer de la Bible avec une égale apparence, avec une égale bonne foi. De plus, homme ou livre, il n'importe, si la pureté de la croyance est la condition nécessaire et suffisante, ou seulement une des conditions indispensables du salut, tous les moyens de préserver ou de restaurer l'unité de l'enseignement devront être employés, pourvu qu'on les juge utiles. L'expérience prouve que l'extermination est un moyen très effectif toutes les fois qu'elle ne s'arrête pas à mi-chemin. Chacun devra par conscience travailler à la suppression des doctrines qu'il estime fausses. Le supplice de Jean Huss, le supplice de Servet furent des actes de charité. N'essayons donc pas d'amoindrir l'influence du dogme sur la conduite.

Mais si l'on fait suivant qu'on croit, et si l'on est suivant qu'on fait, la manière dont les opinions sont inculquées ne laisse pas d'influer sur les opinions elles-mêmes.

I

La dogmatique n'a pas le droit de s'étendre au-delà du champ conquis par l'apologie. Et les doctrines qu'elle proposerait sans les justifier resteraient sans racines, elles ne fructifieraient que par miracle et ne resteraient intactes que dans les esprits paresseux. Une idée reçue sur l'autorité du maître et qui ne répondrait pas à quelque besoin intérieur durera ce que peut durer l'autorité du maître, peut-être jusqu'à douze ans d'âge, si le maître est fort. Une thèse fondée sur les définitions de l'Eglise ou sur un texte de la Bible persistera dans la créance aussi longtemps que le disciple sera convaincu de l'immutabilité de l'Eglise ou de l'homogénéité de la Bible ; mais elle restera comme un poids sur cet esprit : elle le soumettra peut-être, elle dictera plus ou moins sa conduite extérieure, en bien ou en mal ; elle ne le pénètrera pas, elle ne le changera pas, elle ne l'affranchira pas ; cette vertu n'appartient qu'à la doctrine qui comble un vide dans notre cœur et qui plonge ses racines dans la conscience. Telle est la doctrine du péché pour celui qui se trouve incapable d'observer la loi qu'il avoue et de satisfaire à son propre idéal ; telle est la doctrine du pardon pour celui qui a besoin qu'il lui soit pardonné et qui dans son impuissant amour trouve, malgré tout, la preuve que l'amour est la loi suprême et la vérité de l'être. Quel que soit le vent qui la sème ou le flot qui l'apporte, la religion de la conscience est la seule religion véritable. Sans contester à l'Esprit, qui souffle où il veut, la faculté de passer par d'autres chemins, nous refusons à notre intelligence le droit et le pouvoir de lui tracer des itinéraires, et nous ne saurions conseiller d'autre méthode que celle qui consiste à s'adresser à la conscience. La vérité, suivant nous — et s'il faut absolument des autorités, nous en pourrions invoquer une assez considérable [1] — la vérité doit nous affranchir, et non point nous asservir, même pour notre bien ; car le bien que nous ferions ainsi, les vérités que nous recevrions ainsi, par déférence à l'autorité, ne seraient plus ni la vérité ni le bien. Quoiqu'en pensent les sectateurs d'Auguste Comte et ceux de Joachim Pecci, nous pouvons subir comme un fait la division de l'espèce humaine en maîtres irresponsables et en disciples sans jugement personnel, mais nous ne l'accepterons jamais en principe ; le but est ailleurs. Aussi n'admettons-nous comme vérités religieuses que les doctrines nécessaires pour rétablir l'unité dans la conscience, qui affirme le bien comme raison des choses en l'affirmant comme sa loi, tout en constatant le mal dans les faits.

Nous ne reconnaissons comme procédé légitime

[1] Jean VII, 32.

pour établir la vérité religieuse, nous ne concevons comme susceptible d'être formulé sans inconséquence et sans impiété que celui qui consiste à s'appuyer sur les données de la conscience morale et à proposer à la croyance les idées et les faits dont elle a besoin. Mais l'autorité subsiste en fait ; malgré toutes les protestations elle subsistera longtemps encore, aussi longtemps, suivant l'apparence, que subsistera l'humanité, parce que l'humanité est sociable, parce que la conscience est collective aussi bien qu'individuelle, et que les intelligences sont inégales. Tel est autorité dans un domaine et croyant soumis dans un autre. Seulement l'autorité se déplace. Elle n'appartient plus, en fait, aux interprètes consacrés des religions traditionnelles ; ceux-ci n'ont plus d'influence sur la marche de l'esprit, qu'ils sont contraints de suivre, tout en s'appliquant à la ralentir. L'autorité appartient à la science. La vogue et le préjugé sont pour les savants, même lorsqu'ils parlent de ce qu'ils ignorent. Le droit de la science est incontestable, dans les limites de la science. Mais pour les savants et pour les penseurs eux-mêmes, ces limites sont assez difficiles à tracer. Quant au public, la question sort absolument de sa compétence, il n'aperçoit aucune différence entre la vérité démontrée et l'hypothèse en crédit ; il croit que la science a réponse à tout. La superstition de la science nous enveloppe ; le fanatisme de la science se déchaîne à l'heure même où le pouvoir politique tombe en partage à ceux qui n'ont rien appris.

La première question qui se pose au chrétien jaloux de s'entendre lui-même et de faire respecter sa foi nous semble donc être celle des rapports entre la science et la religion. Il faut reconnaître sans marchander l'autorité de la science dans toute l'étendue de son domaine. Mais il faut comprendre, il faut affirmer nettement, et pour les esprits capables d'entendre une telle analyse il faut démontrer que la science est bornée aux propositions susceptibles d'un contrôle expérimental, et par suite, incompétente sur les questions de commencement et d'issue, d'essence et de finalité. On montrerait en particulier, nous le rappelons, que la finalité ne saurait être proscrite par le mécanisme, puisque loin d'exclure le mécanisme, la finalité l'implique elle-même. Sur les points qui importent à la religion, la science est muette et les savants n'y peuvent atteindre que par des hypothèses, qu'ils modèlent suivant leurs goûts et leurs penchants, sans que leur compétence en d'autres domaines ajoute rien à leur autorité. Telle hypothèse peut sembler plus conforme à l'analogie de la science que telle autre parce qu'elle est plus conforme à son intérêt, et cette circonstance prise en elle-même la recommande à l'attention ; toutefois l'apparente supériorité scientifique n'est pas le seul point à considérer. Ainsi l'ordre moral possède une évidence propre, qui doit pareillement entrer en compte. Si telle hypothèse métaphysique favorable aux intérêts de la science, le déterminisme par exemple, tend à l'affaiblissement du ressort moral, il faut, pour savoir l'accueil qu'il mérite, se demander si la vie est faite pour la science ou la science pour la vie. Le choix entre deux hypothèses invérifiables dépend au fond de ce qu'on veut.

Après avoir défini la science et repoussé par une fin de non recevoir les objections qu'on élève en son nom de divers côtés contre la religion en général, on montrerait l'impossibilité naturelle et le danger moral d'une indifférence absolue relativement à ces questions d'origine, de devoir et de destinée où notre savoir n'atteint pas. Entre les suppositions possibles, il faut choisir, et ce choix importe : il ne doit pas être livré au hasard de nos lectures, de nos relations, de nos passions ni de nos caprices, il doit être dirigé par notre raison au plus près de la conscience. La collection des êtres particuliers dont chacun commence et finit peut-elle être considérée comme le principe, le tout et le dernier mot, ou bien des êtres passagers, tous déterminés les uns par les autres, ne seraient-ils que l'apparence changeante d'un même principe, d'une même force, d'une même vie, disons plutôt d'une même inconnue ? Tout peut-il venir de rien par l'effet de rien, ou bien faut-il statuer le monde éternel ? Le monde s'explique-t-il entièrement par lui-même, ou n'est-il pas plus à propos de considérer son existence comme contingente et de reconnaître un Dieu distinct du monde ? — nous ne disons pas hors du monde, parce que cette locution n'offre aucun sens précis. Sur tout ceci la science a le droit d'être consultée, non pour suggérer des solutions, qui ne sauraient être que des déceptions, mais pour écarter toutes les doctrines inconciliables avec ses lois. Que si, par exemple, comme le veut M. Spencer, l'évolution cosmique se résume en intégration de matière et en diminution du mouvement, il est difficile d'admettre que ce mouvement n'ait pas commencé, car si l'on affirme que l'horloge se remonte elle-même, on ne le fait assurément pas comprendre.

Sans entrer dans la question au-delà du nécessaire, on établira sans trop de peine que la physique pût-elle même se passer de Dieu, elle ne fournirait pas de motif pour supprimer Dieu, si des raisons d'un autre ordre portaient à l'affirmation de son existence. Or ces raisons subsistent, elles sont puissantes, nous les trouvons dans toute la constitution de notre esprit, dont le matérialisme et le panthéisme ne rendent point compte. D'où vient que nous cherchons l'infini et la perfection en toutes choses? D'où vient que nous nous cherchons nous-mêmes ? C'est ce qu'il faudrait expliquer. L'intime besoin de notre intelligence n'est point satisfait par une théorie quelconque des phénomènes qui ne la reproduit pas tout entière. Indépendamment des phénomènes, en dépit des phénomènes, elle se porte à la perfection qu'elle ignore, comme l'aiguille aimantée montre le septentrion. Le cœur a besoin d'admirer une beauté que lui dérobe l'importune splendeur des cieux constellés ; il a besoin d'aimer et d'être aimé d'un amour invariable. La conscience, qui juge le cœur, lui montre en lui-même un plus grand que lui, qui a droit sur lui. Tout cela pris ensemble et fondu dans un tout indiscernable : la contemplation de l'esprit, l'effusion du sentiment, l'élan des grands desseins, la conscience qui les approuve et les compare au néant de l'œuvre et de l'homme, tout cela c'est la religion, qui nous recueillant et nous unissant d'abord nous-même à nous-même, nous unit à nos semblables pareillement unifiés par notre zèle, pour chercher ensemble l'unité parfaite en nous prosternant devant le Trône.

Ce trône est-il vide ? Ne nous distinguons-nous de l'animal que par une faculté de nous abuser dont il est exempt ? Nos lois, nos arts, tout ce qui nous distingue et nous élève prendraient-ils ainsi leur source, puiseraient-ils leur force et leur inspiration dans une illusion dégradante ? Serait-ce le progrès de se convaincre que l'attrait d'en haut n'est qu'une chimère, et la gloire de l'homme adulte consisterait-elle à savoir qu'il n'est qu'un animal ? Il est possible de le croire, puisque tant de gens s'en font un mérite, et pourtant ces idées répugnent. Il faudra l'établir, car les apôtres de la secte sont partout, mais cette tâche n'est point difficile lorsqu'on s'adresse à des esprits qui n'ont pas pris de mot d'ordre et que l'orgueil de la science n'a pas troublés. La croyance en Dieu se présente ou plutôt s'impose ainsi comme la plus autorisée, car si les tendances naturelles de l'esprit humain ne prouvent pas la réalité de leur objet, s'il n'y a de certitude a

priori que dans [l'ordre formel, ces tendances n'en persistent pas moins comme des données de fait qui réclament une explication satisfaisante, et les écrivains naturalistes n'expliquent ces faits qu'après les avoir au préalable mutilés et défigurés [1], ce qu'il ne sera pas malaisé de faire voir par des citations appropriées.

II

Il est raisonnable d'affirmer Dieu, à moins que cette affirmation ne soit impossible. Ceux qui le prétendent ne sauraient s'appuyer sérieusement que sur le mal. On leur répondra par la théodicée dont nous avons tenté l'esquisse et qui se résume en ces deux propositions : « La réalisation du mal est un fait contingent, imputable à la créature; la possibilité du mal est un bien. » Il sera peut-être assez difficile d'inculquer ce dernier paradoxe dans un jeune esprit; mais c'est le nœud de tous les problèmes, la source de la culture intellectuelle et de la culture morale, de la résignation et du courage. La vertu naturelle est un non-sens, les bons penchants sont des avantages et non des mérites; il n'y a de vertu que dans l'empire sur soi-même; l'existence morale est impossible sans la tentation. Des hommes dont le sens moral fonctionne régulière-

---

[1] Quelques-uns élèvent ce procédé à la hauteur d'une méthode, en statuant que la religion doit être jugée d'après ses débuts, c'est-à-dire d'après l'idée hypothétique qu'ils se font de ses débuts, et qu'il est superflu de l'entendre elle-même.

ment finiront bien par comprendre en quoi la moralité consiste, et quelle place elle occupe dans l'échelle des valeurs.

Cependant il ne suffit pas de concilier l'existence de Dieu avec le fait du mal d'une manière abstraite et générale, il faut la concilier avec le mal tel que nous le constatons, avec l'apparente injustice des destinées, avec le fait que chacun subit les conséquences d'un mal qu'il n'a pas commis et se trouve poussé par sa constitution physique et morale au mal, où les nécessités du milieu l'entraînent comme un courant irrésistible. Pour expliquer ces disparates, il est nécessaire d'approfondir quelque peu les leçons de l'expérience, au lieu de s'en tenir à l'apparence des choses comme le fait l'individualisme, le nominalisme, l'atomisme physique, métaphysique et moral du vulgaire. On montrera donc par la science naturelle et par la conscience morale que l'individu n'étant pas un tout au sens absolu, mais l'élément organique d'un tout, ne peut être sain que si le tout est sain ; tout comme il ne peut conserver ou recouvrer la santé qu'en travaillant à la santé du tout dont il est un organe. Il suit naturellement de ce rapport que si quelque organe devient malade, c'est-à-dire commet le mal, l'organisme entier s'en trouve affecté. C'est la doctrine de la chute, si décriée et si justement condamnée lorsqu'on la rencontre chez ceux qui la font entrer dans une conception individualiste du monde, mais qui s'entend d'elle-même lorsqu'on admet l'unité foncière de la créature morale, et qui reste après tout l'unique moyen de maintenir la suprématie du bien vis-à-vis des faits, de concilier l'optimisme de la raison et les leçons de la vie, l'expérience et la conscience. C'est un problème assurément difficile, peut-être insoluble, de faire tenir ensemble en son esprit l'unité de la créature et la liberté des individus. Cependant, force est bien de les affirmer toutes les deux en dépit de leur contradiction apparente, puisque la loi des individus, qui est la charité, ne tend à rien moins qu'à réaliser cette unité par la liberté et les renferme ainsi l'une et l'autre. Il sera possible, sans doute, de comprendre et de faire comprendre au moins cela.

Nous devons donc, pour nous expliquer les faits, statuer au début de l'histoire, avant l'histoire, la chute morale d'un être qui contient en lui virtuellement la série des êtres. L'imagination n'a rien à voir dans ces questions d'origine, la raison seule est capable de nous dire en quoi cette chute a pu consister, elle nous en fait voir l'idée impliquée comme possible dans celle de la Création. La créature a pour unique substance la volonté de Dieu qu'elle soit. Tirant son être de Dieu, elle doit déterminer elle-même son existence pour rester un être distinct, elle doit se vouloir elle-même. Tirant son être de Dieu, n'ayant d'être qu'en Dieu, elle doit se vouloir comme elle est, se vouloir en Dieu, retourner à Dieu, aimer Dieu : c'est le but de son appel à l'existence, non que Dieu ait besoin d'être aimé d'elle, mais parce que aimer Dieu, c'est le bien. Cependant, appelée à se réaliser elle-même, elle peut chercher à se réaliser dans l'indépendance, affirmer la séparation par sa volonté au lieu d'affirmer son origine en retournant à son origine. Telle est la première illusion, la première erreur, la source du mal.

Voulant se séparer, elle est séparée, elle s'affirme dans le non-être, elle épuise, sans pouvoir la renouveler, la dot de forces qu'elle a reçue à l'origine, elle tend à l'anéantissement. Peut-elle l'atteindre? — question spéculative, peut-être insoluble, sur laquelle il est inutile de se prononcer.

En effet, nous ne sommes pas au bout des inférences où nous conduit le propos de retrouver dans les faits la suprématie de l'ordre moral. Nous avons vu comment il est possible que la Bonté crée, c'est-à-dire s'expose à ce que le mal soit réalisé. La volonté divine est immuable, la créature existe, elle agit, elle a agi, elle s'est vouée au néant, rien ne saurait être effacé; donner et reprendre ne vaut. Cependant on ne saurait admettre que Dieu, créant dans une intention bienveillante et sachant la possibilité du mal inséparable de la création, en ait effectivement couru le risque s'il ne possédait pas un moyen de guérir le mal. Il ne se peut pas que la créature veuille se constituer à part sans que cette résolution déploie un effet; mais il ne saurait être non plus qu'elle se sépare absolument de Dieu : elle est en Dieu tant qu'elle est; Dieu possède toujours quelque moyen de l'atteindre, de la ranimer, de l'éclairer, de la ramener, de lui pardonner, car ce mot conserve toujours un sens légitime, quoique Dieu ne nous veuille jamais de mal.

Quel est ce moyen ? Nous le cherchons, et, comme nous le dit une raison tendre et profonde, nous ne le chercherions pas si nous ne l'avions déjà trouvé.

III

Ici s'ouvre l'histoire de la religion, indépendamment de laquelle on aurait donc établi, comme nous l'avons marqué plus haut dans une énumération plus développée [1] :

1º *Le devoir :* le sentiment d'une obligation étant universel dans l'humanité et les explications du devoir qui le font évanouir devant être écartées, parce qu'en cas de conflit entre la raison pratique et la raison spéculative, la première est déterminante :

a) comme plus importante au tout de la vie,

b) comme plus évidente, ce qui doit être étant plus facile à constater que ce qui est ;

2º *le libre arbitre,* sans lequel le devoir n'a pas de sens ;

3º *l'existence de Dieu,* dont la pensée a besoin pour comprendre la réalité du monde, la réalité du devoir et la possibilité du libre arbitre.

En théorie, la légitimité de la croyance en Dieu se

---

[1] Voir page 341 et suivantes.

fonderait sur l'impossibilité d'amener à l'évidence nécessitante une opinion quelconque sur l'origine et le principe de toutes choses et sur l'impossibilité plus grande encore de contrôler de telles opinions par l'expérience, de sorte que la préférence doit être accordée au sentiment le plus en harmonie avec les besoins et les tendances de notre raison, qui sera toujours le juge en dernier ressort. Or la raison ne s'accomode point d'un commencement arbitraire, elle ne saurait entendre un progrès sans borne ni se retrouver dans une rotation sans objet, elle ne comprend pas que la cause de sa propre existence puisse être inférieure à ses conceptions ;

4º *le mal*, la réalité du mal en nous attestée par la conscience, l'inanité d'une explication du mal simplement privative, l'immorabilité et l'irrationnalité d'une explication dualiste, la nécessité d'obéir à la voix de la conscience en imputant le mal à notre arbitre ;

5º *la compatibilité du mal actuel avec l'existence de Dieu* démontrée par l'excellence de l'ordre moral, dont la possibilité du mal est inséparable ;

6º la solidarité naturelle et morale de l'humanité, nonobstant le libre arbitre limité des individus, attestant *l'unité fondamentale de l'espèce* et fournissant la matière de la morale ainsi que la base d'une conception de notre avenir ;

7º la nécessité d'admettre *un moyen de salut* pour l'humanité, résultant de l'idée même de Dieu aussi bien que de l'expérience, qui nous montre les conséquences naturelles du mal contenues et combattues.

Il nous semble que la raison considérant les phénomènes à la lumière de la conscience morale nous conduit jusqu'ici, indépendamment de toute autorité extérieure et de toute influence consciente d'une tradition quelconque, — je ne dis pas de toute influence quelconque d'une tradition et je ne vois ni la nécessité, ni la convenance logique d'une telle indépendance. En effet, les chrétiens ne sont pas seuls arrivés à croire en Dieu et l'on ne peut pas croire en Dieu sans croire à la présence de Dieu dans l'histoire. Une fois l'évidence établie, la question de savoir comment cette évidence s'est produite recule au second plan.

Des considérations de cet ordre pourraient servir de base même à l'enseignement de maîtres personnellement convaincus que les articles de leur foi sont l'objet d'une révélation surnaturelle. Ils écarteraient par là quelques objections de la critique négative, ils atténueraient la portée des autres, et dans le cas où les arguments de cette critique finiraient néanmoins par l'emporter dans l'esprit des disciples, cette issue de la controverse ne le vouerait pas à l'irréligion. Au vrai, la différence profonde qui sépare les chrétiens des Gentils, des libres-penseurs et des gens du monde, comme celle qui, dans les cadres des églises de la Réforme, sépare les orthodoxes des rationalistes ou libéraux, porte bien moins sur des opinions historiques ou métaphysiques que sur leur conception de l'humanité, c'est-à-dire sur l'estime qu'ils font d'eux-mêmes. Ceux-ci se trouvent bien tels qu'ils sont, ils se tiennent droits, ils marchent seuls, ils n'ont pas besoin de secours pour faire ce qu'ils ont à faire, et peut-être proportionnent-ils leur idéal en conséquence. Les premiers ont besoin d'aide et d'appui, ils cherchent le salut, et par conséquent ils se croient perdus, ce qui ne signifie pas qu'ils soient voués à des supplices — circonstance extérieure encore, qui ne touche pas l'essentiel, et sur laquelle ils peuvent différer —; mais ils se voient impuissants sans cesser pour cela de se juger responsables, ils souffrent de la blessure du genre humain, qu'ils ne sauraient panser en raison de leurs propres blessures; pour eux-mêmes et pour nous tous ils implorent une guérison, et ils l'espèrent. S'il y a dans le camp libéral des hommes qui partagent ces sentiments, nous les réputons orthodoxes. Quant au libéralisme dans le sens où nous avons pris ce mot, sa conséquence logique est l'irréligion, quelle que soit sa métaphysique. L'affirmation que Dieu existe ne suffit pas seule en effet pour asseoir une religion. Si nous n'avons pas besoin de Dieu, il n'a pas non plus besoin de nous, car s'il avait besoin de nous, c'est parce que nous aurions besoin de lui. Pour l'intelligence pure, Dieu ne sera jamais qu'une hypothèse, et ce n'est pas le choix de l'hypothèse, c'est la vie en Dieu qui fait la différence entre les religions et l'impiété, parce que la religion n'est pas une détermination de la pensée, mais une forme de la vie. La vie en Dieu naissant du besoin de Dieu, telle est la religion ; hors de là il n'y a place que pour la superstition et pour l'indifférence. C'est pourquoi ces préliminaires à l'étude historique des religions et à l'exégèse des monuments de la nôtre prennent à nos yeux une importance capitale et supérieure à tout le reste.

IV

Cette vue n'est-elle qu'un préjugé naissant de la valeur exagérée que chacun attache le plus souvent à l'objet de son occupation ordinaire ou, pour dire à peu près la même chose en moins de mots, n'est-ce qu'une illusion de l'amour-propre, ou bien la manière opposée, qui fonde la théologie sur une base historique objective, ne serait-elle pas plutôt un effet de la coutume, un préjugé de caste ou de corps, une superstition du passé ? Si nous définissons la théologie comme la piété se plait à le faire, si nous y voyons essentiellement le développement et la démonstration de la vérité religieuse, nous trouverons dans le mouvement de la pensée théologique de quoi nous incliner à ce dernier sentiment. La moderne orthodoxie elle-même n'enseigne plus l'inspiration littérale des livres recueillis dans le Canon sacré ; il ne suffit donc point qu'une pensée soit clairement et distinctement énoncée dans la Bible pour en établir la vérité, et les prédicateurs qui usent encore de cet argument paient leurs troupeaux de raisons qui ne les satisfont pas eux-mêmes. La théologie orthodoxe a dû reconnaitre que sur un grand nombre de questions, et sur des questions très importantes, les auteurs bibliques, même les seuls auteurs du Nouveau-Testament, ne sont pas toujours d'accord entre eux. Qu'il s'agisse de la personne de Jésus-Christ, de ce qu'il a fait pour nous, de la foi et des œuvres, de la vie à venir ou de tout autre point de doctrine, ceux qui veulent établir leur avis personnel sur la Bible allèguent triomphalement certains passages en faisant abstraction des autres lorsqu'ils sont admis à parler seuls, et quant les nécessités de la controverse les obligent à viser tous les textes, chaque parti donne une interprétation naturelle de ceux qui lui sont favorables et fait des merveilles d'acrobatisme exégétique pour neutraliser ou pour tourner à lui ceux qui sont favorables à l'adversaire. D'un autre côté, la même théologie dite orthodoxe ne fait plus dépendre le salut de cette doctrine exacte qu'il est si difficile de formuler ; dans ses rangs même les esprits conséquents ne l'attachent plus à l'objet des croyances, car de distinguer entre les points de foi nécessaires au salut et ceux sur lesquels il est permis de varier, c'est une opération dont l'entreprise est délicate, l'issue arbitraire et la justification impossible. Il n'est pas plus facile de s'entendre sur le choix de ces points essentiels que sur l'ensemble de la doctrine. Qui fixera le nombre des questions et qui jugera les réponses, l'Etat, l'Eglise, l'individu ? Quel sera le critère, la Bible, la raison, la vie ? Fonder le départ entre l'essentiel et le secondaire sur des textes bibliques, c'est revenir à des positions abandonnées, sur la raison, c'est ôter toute existence propre à la théologie. Adopter pour base les effets moraux, sociaux de chaque doctrine, c'est entreprendre un examen sur les résultats duquel on ne sera jamais d'accord. Sans nier toute influence des opinions sur la conduite, ce qui paraît excessif au sens commun, nul aujourd'hui n'oserait dire, nul peut-être n'oserait penser qu'il n'y ait pas d'honnêtes gens hors de l'église chrétienne, moins encore que Dieu refuse jamais le salut à d'honnêtes gens, quel que soit d'ailleurs le sens qu'on attache à ce salut, que nous n'avons pas besoin de définir. Cependant on ne saurait réputer personne affranchi de la solidarité du mal. Les meilleurs sont loin de se croire absolument purs ; la théologie ne saurait admettre qu'ils soient sauvés par leurs mérites ; elle ne peut que les damner ou leur appliquer les mérites de Jésus-Christ. Le Christ sauverait donc ceux qui n'ont pas connu son œuvre et son nom, ceux même qui les ont méconnus. On est bien obligé de se l'avouer : si Rome le conteste, Paul le déclare.

Ainsi la théologie ne possède aucune méthode certaine pour déterminer l'objet historique de la foi, et cette foi historique, dont nous ne contestons point l'utilité, n'est pas indispensable à la religion. Nous sachant malades et croyant en Dieu, nous pensons qu'il nous a préparé un remède : l'histoire de l'Eglise, malgré ses misères, la personnalité de Jésus-Christ mystérieuse et resplendissante, la place qu'il occupe dans l'âme des chrétiens où nous constatons que la guérison est accomplie dans l'humilité et dans la charité, l'impulsion secrète d'un cœur ému — tout nous porte à chercher le remède, à travers les cailloux et les épines, au pied de l'arbre desséché qui se dresse à Golgotha. Nous croyons à la divinité de Jésus-Christ, nous croyons à la vertu du sacrifice de Jésus-Christ ; mais encore une fois nous ne pouvons rien définir, nous n'essayons pas de le faire, nous insistons sur ce qui est évident à la conscience, il ne nous en faut pas davantage, et tout notre savoir se résume en un cœur brisé. On voit assez que la théologie ne saurait en rester là ; parce qu'aucun enseignement n'est possible dans le vague, mais dès qu'elle dépasse les données de la conscience, elle ne peut émettre que des conjectures, et le respect absolu qu'elle doit à la vérité lui interdit de les offrir comme autre chose. C'est pourquoi la philosophie religieuse, dépouillée, artificiellement peut-être, mais loyalement, de tout élément historique, reste à nos yeux l'objet principal.

V

Comme il résulte de l'idée même d'un développement historique de l'humanité solidaire que le salut opéré se manifeste en forme historique, il faudra

chercher cette forme dans l'histoire, où certains points
s'imposent à notre attention. Il faudra comparer les
civilisations différentes pour voir vers quelles régions
se portent les aspirations de l'humanité. Si le Christianisme paraît être la religion la plus complète et la
plus pure, on examinera suivant les règles de la critique historique ce qui concerne l'authenticité de ses
documents, et l'on consultera la religion de la conscience pour apprécier la crédibilité des faits qu'ils
rapportent. Il peut surgir sur ce point, et plus encore
sur la manière de s'expliquer les faits conservés, des
divergences qui ne touchent pas à l'essentiel. Nous
ne nous sentons pas en état de suggérer une explication complète. On est chrétien, suivant nous, chrétien
du moins par la pensée, lorsqu'on attribue au maître
des Evangiles un rôle capital dans le relèvement et
dans l'accomplissement moral de l'humanité, de quelque
manière que ce rôle soit conçu. Quant à savoir si l'on
peut être vraiment religieux en dehors du Christianisme, c'est un point sur lequel le défaut d'une suffisante expérience ne nous permet pas de nous prononcer. Pour les miracles, nous pensons, contrairement
à l'opinion courante, qu'on peut les admettre tous sans
perdre le droit d'être écouté, et d'autre part nous ne
saurions mettre hors de l'Eglise celui qui n'en recevrait aucun. Nous laisserions la plus grande marge
à la diversité des théologies, moyennant qu'elles
fassent droit aux exigences de la religion naturelle
formulées plus haut, et qu'elles ne s'abusent pas sur

la portée de leurs conclusions au point de devenir intolérantes. Nous réprouvons absolument toutes les doctrines qui, sous le prétexte d'institution divine, de succession apostolique ou tout autre, placent des intermédiaires entre le fidèle et son Dieu, comme toutes celles qui introduisent dans le culte et dans la vie religieuse à titre d'éléments essentiels des rites et des cérémonies quelconques, toutes celles en un mot qui tiennent pour nécessaire, ou même utile au salut à quelque degré que ce soit, des choses faites pour le fidèle, autour du fidèle, en dehors de la conscience du fidèle. Le culte véritable est en esprit, et l'on ne saurait recevoir aucun autre culte qui ne porte dommage au culte en esprit.

VI

Ce que nous demandons à l'enseignement religieux pour qu'il porte fruit, c'est avant tout d'être sincère, et sur ce point la situation du moment nous semble fâcheuse. On n'a pas renoncé à dicter d'autorité, bien que les fondements de cette autorité soient renversés au jugement des hommes instruits. Tous les théologiens sont loin sans doute d'admettre dans leur for intérieur tout ce que nous disons au présent chapitre; mais les plus attachés au système traditionnel en seront moins scandalisés que les laïques du troupeau qui se piquent le plus de largeur dans les idées[1]. Si l'on n'affirme pas dogmatiquement l'autorité dans le sens

[1] Le courant de l'opinion s'est modifié depuis que Vinet écrivait, il y a cinquante ans, les lignes suivantes, pour exprimer ses scrupules à occuper une chaire de théologie pratique à laquelle il avait été appelé.

« La question est de savoir si celui-là est propre à être professeur à l'Académie de Lausanne, qui 1°...................... 2°......................

« 3° qui a, sur plusieurs points, plus ou moins graves, notamment sur l'inspiration des Ecritures, des vues très hétérodoxes, qui, je dois le dire, le sont devenues toujours plus à mesure que j'ai étudié l'Ecriture avec plus d'indépendance, de dépréoccupation et de candeur. Une réticence obstinée sur ce point et sur les autres, dans la position où je suis, c'est ce qu'à la longue il me serait impossible de supporter et ce qui, d'ailleurs, en principe, me paraît lâche, déloyal et absurde. La profession de mes hérésies ne serait point en soi-même un mal, ce serait même un devoir, si j'étais en mesure de bâtir sur mes démolitions, et si je n'étais pas sûr de troubler et d'angoisser les jeunes esprits en pure perte; j'ai la *conviction*, mais je n'ai ni la *science*, ni la force morale et physique qu'il faudrait pour entrer dans cette lice.

« N'est-il pas horriblement corrupteur et funeste de *conserver* une position fausse à tant d'égards? Quant à l'avoir *acceptée*, cela n'est point si étonnant. Indépendant comme je l'étais, *laïque* dans presque toute la force du terme, j'avais laissé mes idées se former d'après l'observation des faits. Depuis que je ne forçais plus mon esprit à croire telles et telles choses, parce qu'*on* les croit, je gardais une *paix* légitime (je ne vous parle pas de la paix par excellence; mais enfin ce ne sont *point* ces divergences qui m'auraient empêché de posséder cette vraie paix et d'être chrétien); mon tort et le sujet de ma douleur, c'est de n'avoir pas calculé la différence entre la position que je quittais et celle que j'allais occuper; mon tort surtout, c'est de n'être pas descendu assez avant dans mon cœur et de n'avoir pas vu que, dans mon état spirituel, je ne devais être ni professeur ni pasteur, dussé-je même, dans cet état, convertir des âmes, ce qui est possible; mon tort, c'est encore d'avoir cru que ma décision était (*étant*) composée de toute sorte de sacrifices (temporels, humains), cela constatait ma vocation.

« Aujourd'hui, vous le savez, aucun sacrifice ne m'effraiera pour rentrer dans *le vrai* et pour trouver un abri à mon âme, que la dissimulation (je ne dis pas la simulation, mais cela viendrait!) fatigue, corrompt et perd. »

La lettre fort longue dont nous avons transcrit ce fragment est datée de Veytaux le 5 mai 1838 et fait partie des papiers Vinet déposés à la Bibliothèque de la Faculté libre de théologie à Lausanne; mais les éditeurs de la correspondance d'A. Vinet n'en avaient pas obtenu communication des héritiers de M. le pasteur Scholl, auquel elle est adressée. Dans sa réponse, dont la correspondance de Vinet contient un fragment (Tome II, p. 74, note) et qui dépose au même lieu, on constatera que Scholl, dont on a jamais suspecté ni la foi ni la sincérité, réfute amplement les scrupules de Vinet fondés sur l'insuffisance de sa vocation et de sa vie religieuse (1° et 2°) et ne touche absolument pas à la question dogmatique (3°). Les mots en italiques sont soulignés dans l'original.

conséquent que cette doctrine avait jadis, on suppose la même autorité ; si l'on n'enseigne pas tous les anciens dogmes, on ne les remplace pas. En ménageant des superstitions qu'on ne saurait attaquer sans ébranler la foi et sans se perdre soi-même, on les utilise pour se faciliter la besogne.

La position est réellement très difficile : pour la comprendre il faut une culture que le gros des fidèles ne saurait acquérir dans les conditions d'intelligence et d'existence que nous connaissons. Mais si les informations varient, la logique est la même pour tout le monde. Le public qui s'intéresse à la religion et se flatte de la posséder ne la conçoit que sous une forme précise et démonstrative. En lui ôtant les critères artificiels de la vérité dont il fait usage on lui ôterait tout. Et nous ne manquons pas de gens d'esprit que leurs confessions nous montrent absolument au niveau du public sur cet article. Il se prépare une crise dont il n'est pas aisé de prévoir les effets. Le voile est bien mince, il est tendu, il peut se déchirer à chaque instant. On accusera de duplicité coupable des hommes dont le tort principal est de se trouver fort empêchés. Mais quelque redoutable que cette crise puisse être, il ne faut pas la retarder davantage, il faut la précipiter au contraire, car au milieu de symptômes réjouissants en certains pays, fâcheux dans quelques autres, le danger s'accroît chaque jour. La dissémination des lumières voue à la destruction les religions d'autorité. Les doctrines du naturalisme sont contraires aux dispositions naturelles du cœur humain, elles prévaudraient difficilement dans les milieux honnêtes sur une religion intelligente et conséquente. Par malheur l'optimisme spiritualiste ne méritait pas plus ces qualifications que la religion officielle des clergés, de sorte que le naturalisme a pu s'étendre sans obstacle. Le spiritualisme s'éteint, la religion du Christ vit encore. Mais ce littéralisme, ces dogmes choquants qu'on n'enseigne plus et qu'on ne sait pas désavouer n'ont pas cessé de fournir à la controverse des sujets toujours profitables, parfois légitimes, de risée et d'indignation. Ainsi la religion voit se rétrécir de jour en jour le cercle de son action, tandis que, dans ce cercle borné, elle soutient les mœurs sans élever les intelligences (dans la classe instruite du moins), ne se maintient qu'en connivant à la superstition et peut à certains égards être placée sans trop d'injustice au rang des influences rétrogrades. Nous ne parlons pas ici du papisme, condamné par sa constitution à ne se mouvoir qu'en masse, par secousses brusques et de manière à serrer toujours plus les nœuds qui l'étreignent; nous parlons des peuples dont l'épanouissement de l'Amérique avait assuré la prépondérance durable longtemps avant la victoire allemande, et dont la supériorité scientifique a fait l'organe essentiel de la civilisation. Nous parlons des peuples dont les mœurs sont encore susceptibles de quelque remède, et nous disons aux pasteurs : « Prenez garde de ne pas rester seuls entre des églises qui vous chasseront lorsqu'elles commenceront à vous entendre et la foule indifférente, qui ne vous écoutera pas plus après cette crise qu'elle ne le fait aujourd'hui. »

Le corps ne saurait se mouvoir sans une âme, un corps sans âme est bientôt en proie à la putréfaction. La société ne peut pas subsister sans une pensée commune, cette pensée est nécessairement une religion, et la société moderne ne peut épouser qu'une religion conciliable avec l'esprit scientifique aussi bien qu'avec les faits acquis à la science, une religion intelligible, qui réponde, sans heurt et sans hiatus, aux besoins de la conscience morale, une religion qui soit l'expression de la conscience elle-même, une religion de liberté. Sous ces conditions, dans ces limites, la diversité des opinions est tolérable, peut-être même désirable, puisque aucune d'elles ne peut se flatter de représenter entièrement la vérité.

CONCLUSION

CONCLUSION

A l'heure où nous écrivons ces lignes, l'an 1886 s'achève dans les bourrasques ; le vent du Midi gonfle les torrents en fondant les premières neiges, aucune forme ne se dessine dans le ciel d'un gris de fer, et la vague déferle trouble sur les galets, avec un mugissement où l'on croit discerner comme un sanglot et le tintement sourd du tocsin. Les seize mois écoulés depuis que j'ai commencé d'écrire n'ont rien changé à l'état des choses humaines, sinon que les dangers prévus se sont rapprochés. Les Bulgares, essayant de se constituer en nation indépendante, ont vu leurs efforts se briser contre l'inflexible volonté du gouvernement qui se glorifie de les avoir affranchis. Celui-ci ne peut pas faire un pas de plus vers le but de ses ambitions avouées sans frapper un autre empire européen dans les conditions mêmes de son existence. Et la guerre en Orient, c'est la guerre partout. Il y a eu depuis trois siècles d'autres conflagrations universelles, dont la civilisation a réchappé. Mais les guerres d'autrefois se faisaient entre des armées : pillées et maltraitées sur leur passage, les populations ne restaient pas moins à leur travail, tandis qu'aujourd'hui chacun est soldat. Numériquement, les légions qui se mesurent aujourd'hui du regard sont aux combattants du premier empire dans la même proportion que ces derniers aux troupes de Wallenstein et de Gustave-Adolphe. Les cadres des armées embrassent toute la population virile, de sorte qu'une prise d'armes entraine une cessation presque complète du travail productif. Du reste, ces peuples qu'un mot de leurs chefs va précipiter les uns sur les autres n'y sont portés par aucune inclination. Ce qu'ils ambitionnent, c'est une nourriture plus abondante et plus assurée, de meilleurs logements et plus de loisir. Les hommes qui vivent en louant leurs bras pour un salaire journalier commencent à comprendre que la condition des ouvriers dans un pays affecte nécessairement la même industrie dans tous les autres; la solidarité des classes tend à remplacer les passions et les préjugés dont est tissu le patriotisme vulgaire ; la confédération universelle, seule organisation possible de la paix, trouve chez les déshérités de la fortune une adhésion qu'elle cherche en vain parmi les politiques, et le moment n'est pas loin par conséquent où l'on aura quelque peine à forcer des frères à se massacrer.

La haine d'ailleurs n'y perd rien. Au lieu de passer la frontière elle monte à l'étage : on abhorre celui qui nous entretient pour travailler à sa fortune ; on déteste celui qui se pare et se divertit quand nous souffrons. Les peuples ne sont pas encore assez maîtres de leurs destinées pour empêcher la guerre d'éclater entre eux ; mais la guerre du pauvre et du riche sévit pareille au sein de chaque peuple, sans qu'on puisse tracer d'avance la résultante probable de ce double mouvement. Chocs latéraux, chocs verticaux tendent à se neutraliser aujourd'hui, et se combineront peut-être demain pour disloquer et broyer une civilisation épuisée, dont nul lien moral ne resserre plus les éléments. Un coup de vent peut en balayer la poussière, et ce qui s'annonce pour la remplacer n'est qu'un spectre. Ceux qui sont le besoin, ceux qui sont le nombre, ceux qui font la loi n'ont que des idées confuses et misérables de l'avenir qu'ils voudraient fonder. Travailler moins dur, consommer davantage, n'être plus éclaboussé par le luxe bourgeois, voilà ce que l'ouvrier demande au socialisme. Il voudrait supprimer le patron, le bourgeois, et le remplacer par l'Etat, tout en restant salarié, sans responsabilité, sans autre avenir qu'une pension de retraite qui l'empêche de mourir de faim. Ceux des siens qui s'élèvent à la propriété individuelle ou collective sont à ses yeux des déserteurs. Il ne comprend pas une chose pourtant fort simple, c'est que si le travail est la source de toute propriété légitime, la propriété est à son tour le fondement de la liberté, de la responsabilité, de la prudence, de la réflexion, de l'économie et de la bienfaisance, qu'en un mot elle est un complément nécessaire à l'homme, tellement que le but raisonnable de l'effort collectif ne saurait être que d'assurer à chacun, jusqu'à l'entier démérite exclusivement, une part de propriété de la terre ou de l'usine, en surmontant les obstacles que l'organisation de la grande industrie apporte à la réalisation de cet idéal.

Pour lever les difficultés qu'on voit surgir, la loi ne suffira pas seule, et, le but fût-il compris du législateur, le raisonnement ne lui fera pas trouver à coup sûr les moyens d'en approcher, tandis qu'une fausse mesure peut entraîner la ruine totale. La loi ne saurait intervenir que pour garantir et généraliser les résultats acquis à l'expérience par l'initiative individuelle et par l'association spontanée. Paix au dedans, paix au dehors, tous propriétaires, tous ouvriers, confédération du genre humain, voilà où il faut aller sans s'arrêter et sans fléchir devant les anathèmes, les ricanements ni les menaces.

Aucun objet digne d'être poursuivi ne saurait être obtenu par la contrainte. Le ressort de la contrainte est brisé pour le bien, elle ne peut que détruire.

Tant que le pouvoir était exercé par un homme ou par une classe, les gouvernants avaient intérêt à ménager, à contenter les gouvernés. De leur station élevée, ils apercevaient plus ou moins les intérêts généraux, et ne les subordonnaient à leur orgueil ou à leurs plaisirs que dans la mesure dictée par l'intérêt supérieur de leur propre conservation : c'est pour avoir négligé cette prudence qu'ils ont été renversés. Sous l'empire du suffrage universel, les droits des particuliers et des groupes sont à la merci du bon plaisir. Avec l'omnipotence d'un maître insaisissable, irresponsable et toujours changeant, il n'y a de salut pour chacun que dans les lumières et le bon vouloir de tous les autres.

La paix ne saurait subsister entre les nations que si les nations l'imposent et lui font le sacrifice de leurs ambitions particulières. La paix sociale ne peut être restaurée que par le progrès social, et le progrès social exige la réciprocité des bons vouloirs. La guerre sociale ne peut rien fonder : loin d'améliorer sa condition, la victoire du prolétariat détruisant sans les remplacer le crédit, le capital et l'intelligence, le priverait de son gagne-pain.

Avant de réformer l'ordre existant, il faut donc le défendre, et la contrainte ne saurait s'exercer efficacement dans l'intérêt de l'ordre qu'en s'appuyant sur des hommes résolus à se sacrifier pour sa conservation. Ainsi toutes les questions du siècle se ramènent à la question morale, non que le maintien de la civilisation moderne et sa transformation pacifique exigent un changement radical dans toute la masse, ce qui reviendrait à déclarer que la civilisation moderne est irrévocablement condamnée ; mais il faut que les intérêts collectifs déjà compris par quelques-uns soient compris par un plus grand nombre ; il faut surtout que les sentiments généreux qui inspirent déjà tant de sacrifices individuels se propagent assez pour imposer l'imitation et pour acquérir la prépondérance ; il faut enfin que la générosité des impulsions se mesure à l'intelligence des réalités, de sorte que les efforts et les sacrifices suggérés par l'amour du bien aboutissent effectivement au bien et non à l'inverse, comme il arrive trop souvent encore aujourd'hui. Notre siècle possède plus de lumières qu'aucun des siècles précédents et peut-être autant de vertus, mais il est encore bien loin de posséder la lumière et les vertus nécessaires au fonctionnement normal de la démocratie. Le prolétaire s'exagère et méconnaît son pouvoir réel, il se trompe sur le but auquel il doit tendre; le riche s'étourdit sur le danger et compromet ses dernières chances; les deux partis, ne se fiant point l'un à l'autre ne peuvent s'entendre sur des transactions, et les palliatifs imaginés par l'empirisme des gouvernements ne sont point dirigés dans le sens d'une guérison, mais tendent simplement à faire passer à l'état chronique un mal aigu, c'est-à-dire à le rendre incurable. Le salut n'est pas là; le salut n'est possible que si l'amour, la crainte et la pudeur poussent ensemble la classe riche tout entière à démontrer au pauvre par ses bienfaits qu'elle est de bonne foi, qu'elle mérite confiance et qu'on peut s'entendre. Il faut que le pauvre, de son côté, soit aussi de bonne foi, qu'il cherche à s'éclairer et qu'il écoute ceux qu'il envie.

Alors il ne s'agira plus pour le prolétaire de détruire le capital, de le partager ou de l'attribuer à l'Etat, mais simplement d'en acquérir une part. Le progrès social possible est là; tandis que l'assurance obligatoire resserre les nœuds de la servitude, dont l'organisation du travail par l'Etat serait la consommation. Mais il faut que l'ouvrier comprenne ce progrès et que l'entrepreneur s'y prête. L'un et l'autre ont des sacrifices à s'imposer.

Comme forme principale de la production, le salariat est virtuellement condamné par l'avènement du suffrage universel : la dépendance personnelle et la souveraineté politique sont incompatibles. La conservation de l'ordre de choses actuel est donc impossible ; la question pratique est de savoir dans quel sens le changement s'en produira. La partie la plus bruyante et peut-être la plus active du prolétariat nous semble dominée par le désir d'exproprier les capitalistes et de placer tous les instruments de production entre les mains de l'Etat. Il ne peut rien sortir de bon d'une telle idée. Tous salariés, tous fonctionnaires, c'est à tout le moins la perpétuation du prolétariat sous une forme aggravée. Quelle que fût la combinaison adoptée, les stimulants du travail et de l'épargne seraient amortis, sinon supprimés, la production diminuée, la misère accrue sans profit pour la liberté. C'est un but opposé qu'il faut poursuivre : que chaque ouvrier, copropriétaire de l'usine ou du domaine, soit intéressé directement à la production. L'Etat ne saurait s'effacer dans des questions où son existence est en jeu. Son initiative nous paraît indispensable pour empêcher la destruction de l'emporter sur la réforme en vitesse ; mais son intervention ne saurait être utile que s'il en comprend bien les limites naturelles : son rôle est précisément d'empêcher ; il ne saurait ni produire ni faire produire. L'Etat sait déjà que la partie n'est pas égale entre l'ouvrier qui a faim et le patron qui peut attendre ; il sait que le marché du travail est rarement un marché libre; cédant à des pressions menaçantes, il a déjà réglementé l'emploi des enfants et des femmes, assigné même un maximum d'heures à la journée de l'ouvrier ; mais ensuite de la concurrence, un gouvernement isolé ne peut presque rien ; ce mouvement ne saurait aboutir à un résultat sérieux et durable que sur la base d'une convention internationale. Un état industriel sans importance politique pourrait risquer quelques démarches dans ce sens. S'il y en avait un qui fût déjà le siège de quelques offices internationaux, son rôle semblerait tout tracé. Lorsque, répondant généreusement aux aspirations des déshérités, un protocole international aurait fixé à huit ou neuf heures la journée normale de l'adulte et fermé à la mère de famille la porte des ateliers, il nous semble que l'Etat aurait fait d'un seul coup le plus gros de sa tâche économique et qu'il n'aurait plus besoin d'y revenir de quelque temps. Avec la journée de huit heures, qui n'entraînerait ni chômage des machines ni réduction des salaires, puisque le nombre des bras employés serait plus grand que jamais, l'ouvrier acquerrait le loisir de vivre, le temps de s'instruire et de travailler à la maison, enfin la faculté d'épargner.

Cet adoucissement du salariat marquerait une première étape. L'épargne de l'ouvrier capitalisée fournit le seul moyen d'arriver au but, en substituant au salariat l'association libre des producteurs; car les rentiers ne prêteront que sur garantie et des avances arrachées au trésor public seraient infailliblement gaspillées. Ce qui a fait avorter jusqu'ici la production coopérative, c'est l'indiscipline de l'armée ouvrière et l'absence d'un état-major préparé à ses fonctions. Les progrès de l'instruction générale et des études professionnelles dirigées vers un but nettement conçu subviendront peu à peu à ce défaut. Quand l'instruction aura rendu les plus intelligents capables de concevoir une affaire et de la conduire, quand l'éducation aura rendu la masse ouvrière capable de se soumettre aux chefs de son choix, quand l'épargne (que la sobriété rendrait facile sur des salaires déjà croissants) l'aura mise en possession d'une première avance, elle trouvera du crédit, elle rachètera l'usine, dont tout le prix tient à son concours, et pourra travailler pour son propre compte.

Entre le salariat et la production sociétaire, la participation au bénéfice, que la prudence et la générosité conseillent ensemble au patron d'accorder à l'ouvrier, formerait une transition naturelle. Cette combinaison, qui se propage si lentement, bien que le succès l'ait partout et toujours couronnée, suffit pour supprimer l'antagonisme des classes: avec la participation aux bénéfices, tous sont intéressés à la qualité du travail et tous les ouvriers se surveillent les uns les autres; tandis que sous le pur salariat l'antagonisme est absolu, l'ouvrier ayant intérêt à donner le moins possible de sa personne en échange du peu qu'il reçoit, et le patron à extraire de son ouvrier le plus de travail possible. Les maîtres objectent que les ouvriers voudraient voir leurs livres et critiquer leur direction, ce qu'ils ne sauraient admettre : mais l'ascendant que tend à prendre dans la grande industrie la société anonyme, où les comptes sont rendus publics, donne à penser que l'obstacle n'est pas insurmontable. La participation aux bénéfices, susceptible de gradations et de modifications infinies, conduit d'elle-même à la production sociétaire si la part de chaque ouvrier lui est délivrée sous la forme d'un coupon d'intérêt dans la fabrique, et le patron peut refuser aux ouvriers toute ingérence et tout contrôle jusqu'au moment où leur copropriété aurait atteint une certaine importance proportionnelle.

Ainsi la transformation de l'industrie se produirait naturellement, sans exiger l'emploi de la contrainte et sans dépouiller personne, après une première secousse résultant d'une application générale d'un droit que chaque état s'attribue aujourd'hui. Quant à la rente des terres, il n'est pas impossible et il serait probablement avantageux de la restituer à l'Etat en indemnisant les propriétaires, dans les pays où ceux-ci sont peu nombreux et où la richesse mobilière abonde. Pour ceux où le paysan cultive lui-même son champ, nous ne voyons pas trop comment on pourrait s'y prendre, et si la révolution agraire y était possible, les inconvénients en surpasseraient peut-être les avantages; mais l'introduction des machines agricoles et l'exemple de l'industrie sociétaire y conduiraient assez naturellement à l'exploitation collective de la commune par les propriétaires associés[1].

Tous ces progrès exigeraient la confiance réciproque et le consentement à des sacrifices momentanés. Ils demanderaient aux gouvernements le courage de froisser l'opinion d'une classe encore très puissante. Les patrons devraient accepter la réduction de leurs profits avant de se récupérer par des économies dans la fabrication et par l'extension de leurs affaires. Il faudrait que l'ouvrier renonçât à l'espoir de prendre, à l'espoir de punir, qu'il épargnât sur son nécessaire, qu'il s'instruisît et qu'il attendît.

II

Le préliminaire indispensable du progrès social est donc un renouvellement moral, une conversion à la bienveillance réciproque non pas universelle, mais sérieuse, mais considérable. Tel est le premier résultat de nos réflexions.

[1] Quant à l'attribution de la rente à l'Etat, sous forme d'impôt, sans changer la propriété nominale, elle équivaudrait à une confiscation partielle ou totale que l'intérêt public ne saurait ni conseiller, ni justifier. La terre étant dans le commerce par les dispositions de la loi, les propriétés foncières acquises par l'épargne sont respectables au même titre que l'épargne elle-même. Si la société a eu tort de permettre l'appropriation de la terre, des particuliers de bonne foi ne pourraient être rendus responsables d'une erreur de la société ni condamnés à supporter seuls les frais d'une transformation jugée nécessaire.

Qu'est-ce qui nous permet d'espérer une rénovation pareille ? Quels sont les moyens d'y travailler ? Le peu de bienveillance et de courage dont vit encore notre société repose sur le sentiment de la responsabilité personnelle, sur le respect imparfait d'une loi morale que l'individu croit trouver écrite dans sa conscience et dans laquelle il voit le commandement d'un Dieu créateur. Fortifier le sentiment de la responsabilité, développer le contenu de la loi morale, féconder la crainte de Dieu par l'amour de Dieu en rendant Dieu manifeste, tels seraient les moyens de se rapprocher du but suggérés par le bon sens vulgaire. On les méprise. La démocratie a brisé tous les freins, la guerre sociale gronde incessamment, une nouvelle éruption s'en prépare à ciel ouvert par la glorification des éruptions passées, et l'opinion qui se pique de monopoliser la science choisit ce moment précis pour éteindre la responsabilité dans le déterminisme, pour résoudre la conscience morale en illusion héréditaire, dont l'égoïsme est le dernier fond, et pour flétrir la croyance en Dieu comme une superstition puérile. Si l'école qui se croit scientifique est réellement en possession de la vérité, il ne reste qu'à s'incliner, et si la société doit périr de cet enseignement, il faut se résigner à périr avec elle. La vie ne possède pas un charme si grand que nous eussions goût à la défendre par l'imposture. Mais il est parfaitement évident pour nous que les prétentions scientifiques de l'athéisme moderne sont dépourvues de tout fondement et qu'il importe à la vérité plus encore qu'au salut public de le démontrer.

L'athéisme du XIXme siècle, nouvelle édition très peu augmentée de l'athéisme du XVIIIme, repose comme ce dernier sur l'explication empirique de la connaissance. Si l'homme n'est pour rien dans sa pensée, si les jugements se forment en lui, comme en un creuset, par le mélange des choses qui y tombent du dehors, et si ses actes résultent de ses jugements, il est assez clair que, ne faisant rien, il n'a pas d'existence propre et que la personne est une illusion. De même on comprend aisément que si toute réalité se termine en un mécanisme aveugle, il n'est pas besoin d'un Dieu pour en rendre compte. Mais peut-être n'est-il pas absolument logique de chercher l'explication de la conscience dans un dehors qui n'est donné que par la conscience, dans les conditions de la conscience. Il semble contradictoire à qui réfléchit de nier l'existence des lois de l'esprit en se fondant sur des inductions dont toute la valeur probante ne pourrait résulter que d'une conformité parfaite aux lois de l'esprit. Nous nous sommes efforcé de saper la base de l'athéisme en faisant ressortir ce vice radical de l'empirisme dont l'athéisme procède, vice dont le public et les savants ont peine à se rendre compte, en raison soit des instincts, des appétits, des nécessités de l'existence, soit des conditions inhérentes aux recherches particulières, qui jettent l'esprit au-dehors et le détournent de lui-même. Une théorie générale ne saurait mériter d'être appelée scientifique aussi longtemps qu'elle n'explique pas le fait de la science. Les règles qu'observe l'esprit dans la recherche convergent toutes dans l'affirmation de l'unité, de l'ordre et de la perfection. En retrouvant l'homme, nous retrouvons Dieu. Nous avons le droit de croire en Dieu. La loi morale doit devenir le principe fondamental de la pensée pour pouvoir rester la loi suprême de la vie, et Dieu nous explique seul la valeur universelle et l'autorité absolue que nous reconnaissons à cette loi. Trouver une explication des faits donnés par l'expérience qui sans choisir, entre eux, sans en altérer la figure, s'accorde avec l'idée que le bien moral est la dernière raison des choses, c'est résoudre le problème concret de la philosophie; c'est poser le fondement d'une religion rationnelle qui puisse servir de mesure à l'appréciation des religions historiques; c'est suggérer à ceux qui l'adopteront un motif puissant pour travailler à ce redressement moral sans lequel la société moderne nous semble perdue.

Dans l'ensemble, on ne saurait méconnaître l'influence des convictions de l'esprit sur la pratique de la vie. La concorde seule peut donner la paix et nous ne comprenons pas la concorde sans un objet commun d'affection. Un rapprochement durable des nations et des classes n'est concevable que sous une influence religieuse. Mais la seule religion où se puissent ranger aujourd'hui les populations civilisées est une religion toute spirituelle et qui comprenne la science, lors même que la science ne la comprendrait pas. Sincèrement et fermement convaincu depuis bien des années de la vérité des vues que nous avons essayé de résumer ici, tout en sentant trop bien ce qui nous manque de lumières et d'éloquence pour les faire prévaloir dans l'esprit de nos contemporains, nous n'allons pas jusqu'à penser que d'autres conceptions ne puissent pas suggérer des résolutions pareilles à celles que nous attendons de la nôtre. Nous n'avons d'ailleurs que trop souvent mesuré la distance qui sépare une théorie de la conduite qu'elle exigerait. Si nous avons foi dans nos idées, ce n'est pas la foi qui transporte les montagnes, car nous sentons la montagne retomber sur nous. Nous croyons que le malade guérirait s'il usait du remède, mais nous craignons qu'il ne le prenne pas.

La cause que nous aurions voulu servir, la crise qu'appellent nos vœux, ce n'est pas un retour au passé, c'est l'avènement à une ère nouvelle, c'est le christianisme en esprit et en vérité, qui a toujours subsisté dans quelques âmes et qui n'a jamais régné. Le Christianisme était déjà corrompu avant d'avoir achevé de transformer l'ancienne civilisation. Elle s'est écroulée. Celle que l'Eglise a fondée au sein des nouvelles nations n'a jamais été vraiment chrétienne, quelle que fût la prépondérance de l'intérêt religieux dans son activité collective; sans entrer dans un détail inutile, l'opposition du laïque et du prêtre qu'elle a conservée et parachevée suffirait pleinement à le démontrer. Pourquoi le paganisme a-t-il pu refleurir depuis quatre siècles, sinon qu'ameubli par la corruption des institutions et des croyances, le sol où sa graine était semée n'en avait plus d'autre à nourrir? Les inconséquences de la Réforme préparent bientôt une évolution nouvelle. Dans la combinaison des deux éléments sous l'influence de l'esprit d'examen, qui constitue la vie moderne, l'évidence païenne d'un monde existant par lui-même, principe indifférent du bien et du mal, tend à prévaloir sur le paradoxe chrétien d'une perfection invisible, cause volontaire d'un monde imparfait. Avec l'idée païenne, le paganisme revit tout entier, sans la fleur de beauté toutefois qui avait séduit les hommes de la Renaissance. Les vices païens n'avaient pas disparu sans doute, mais on ne les nommait plus. Maintenant ils reprennent la place qu'ils occupaient autrefois dans la conscience. Cependant le bien idéal n'a pas absolument perdu son empire; tout en lui refusant avec passion l'être permanent, on lui promet l'avenir. Notre espoir le plus aventureux semble le calcul d'un esprit positif au prix des rêves dont se bercent les Comte, les Spencer, les Guyau, sans se demander comment pourra se produire un état de choses dont le principe ne subsiste pas. Ceux qui refusent l'existence à la raison n'ont pas besoin d'en observer les lois; mais la puissance de la raison, qui est la perfection, se donne gloire en leur déraison même.

Cependant le Christianisme, qu'on dit épuisé, démontre sa vitalité par des œuvres fécondes. Il se purge peu à peu des éléments étrangers introduits dans les constructions hybrides de son dogme et de son église sous l'influence du milieu païen qui fut son berceau. Dégoûté d'un dogme qu'il ne sait pas encore simplifier, il se concentre dans la charité, sa pure essence.

Des deux principes en conflit, lequel l'emportera ? Que doit-on augurer de la civilisation ? Nous l'ignorons. Ce que nous voyons avec tout le monde, c'est que notre équilibre n'est pas stable et que l'état présent des choses ne saurait durer. Il faut que cette civilisation se purifie et se transfigure dans le feu de la charité, ou qu'elle s'écroule dans l'incendie allumé par la haine, qui couve partout. Et nous ne concevons le triomphe de la charité que dans l'adoration de la Charité; nous la cherchons vainement ailleurs. C'est elle qui nous commande de tout espérer. Mais son œuvre intérieure n'est pas achevée, le siècle écoulé pèse sur nous. Tout peut être sauvé si l'idée chrétienne manifeste son harmonieuse évidence et sa puissance irrésistible à ceux qui se disent encore chrétiens, tellement que chacun d'eux aille jusqu'au bout de ses forces dans le travail de la régénération morale, intellectuelle et sociale. Mais s'il ne se fait pas un plus grand effort qu'aujourd'hui, quoique ce qui se fait aujourd'hui soit déjà beaucoup, nous n'apercevons aucune issue. Mettant en balance la condition précaire du travail manuel, l'énormité des dettes publiques, des budgets et des armées avec l'accumulation de richesse due à des perfectionnements industriels qui se manifestent par l'adultération de tous les produits, nous nous prenons à douter que la condition moyenne du pauvre civilisé se soit vraiment améliorée;

et le fût-elle en réalité, l'exemple du passé nous enseigne que les révolutions ne sont pas l'œuvre des plus misérables, mais de ceux dont le fardeau s'est assez allégé pour qu'ils se sentent la force de le rejeter. Tout peut s'apaiser, tout peut s'organiser et tourner à bien dans la paix par une large effusion d'amour, qui dépend en quelque mesure des résolutions de chacun de nous. A son défaut, sans parler des Jaunes, dont les incalculables multitudes ont besoin de place et dont la prévoyance occidentale s'exerce, depuis les premières guerres de l'opium, à réveiller les vertus militaires, les convulsions politiques et sociales que l'Occident ne saurait éviter prédisent un avenir pareil aux siècles qui s'étendent depuis l'arrivée des Goths dans la Mésie romaine jusqu'à la prédication des Croisades. Momentanément interrompue par des soins plus urgents, la discussion des problèmes que nous agitons aujourd'hui reprendrait ensuite au milieu de peuples nouveaux.

Quant à la civilisation sans Dieu, nous n'y croyons pas, ne pouvant concevoir une évolution sans terme. L'évolution naturelle de cette planète se termine à l'humanité pour faire place à l'histoire. Dans l'humanité, l'agent de l'évolution historique prend conscience de lui-même en se rattachant à son principe. L'humanité sans Dieu ne serait plus l'humanité.

FIN

TABLE DES MATIÈRES

                                                            Pages.

Préface 1

PREMIÈRE PARTIE

La situation.

Chapitre   I. La question politique 15
»   II. La question économique 47
»   III. La question véritable 119

DEUXIÈME PARTIE

Les problèmes de la philosophie.

Chapitre   I. Le libre arbitre 154
»   II. Les sources de connaissance et les méthodes 177
»   III. Recherche de la cause première 225
»   IV. Théodicée 259
»   V. Création, Évolution 295

TROISIÈME PARTIE

La religion.

Chapitre   I. Base philosophique de la religion ; résultats obtenus 333
»   II. L'idée chrétienne 353
»   III. Le fait chrétien 411
»   IV. L'enseignement de la religion 427

Conclusion 457

LIBRAIRIE F. ALCAN

108, Boulevard Saint-Germain, 108
PARIS

OUVRAGES DE L'AUTEUR

La philosophie de la liberté. 3ᵉ édition : 1ʳᵉ partie, l'Idée ; IIᵉ partie l'Histoire. 2 volumes in-8º . . . Fr. 10 —
Précis élémentaire de philosophie. 1 volume in-12. Lausanne, 1868 . . . . Fr. 3 —
Discours laïques. Le problème de la philosophie. — Empirisme. — Darwinisme. — Matérialisme. — Phénoménisme contemporain. — Athéisme. — Le bonheur. — La conscience. — Une condition de la liberté politique. 1 volume in 12º. Paris, 1877. . . . . Fr. 3 50
Le principe de la morale. 1. v. in-8º. Lausanne 1884 Fr. 7 —

Recherches de la méthode. 1 vol. in-12. 1857 . Fr 2 50
La raison et le christianisme. Douze lectures sur l'existence de Dieu. 1 volume in-12. Lausanne, 1863. . Fr. 3 —
Théologie et religion. 1 volume in-32 de la *Petite bibliothèque du chercheur*. Lausanne 1883 . . . . Fr. — 60

Le droit de la femme. 1 volume in-12. 3ᵉ édition. Lausanne, 1887 . . . . Fr. 1 20
La question sociale. 1 volume in-32 de la *Petite bibliothèque du chercheur*. Lausanne, 1880 . . . . Fr. — 60
(Forme le second chapitre du présent volume).

Lausanne. — Imp. A. Genton et Virct.

www.ingramcontent.com/pod-product-compliance
Lightning Source LLC
Chambersburg PA
CBHW072108220426
43664CB00013B/2035